久保亨
菊池敏夫
広田寛治
著

中国労働史・工場法史研究序説

汲古書院

刊行にあたって

中国における労働者と労働法制の歴史をひもとき、現代中国に対する歴史的理解を深めることが、本書刊行の第一の目的である。一九世紀半ばに生まれ、今や就業人口の八割近くを占める中国の労働者は、とくに一九二〇年代から四〇年代にかけ、よりよい生活を求めて様々な運動を繰り広げ、社会変革の重要な一翼を担う時もあった。一方、そうした労働者の権利を守り、労働条件を改善するための労働法制を整える試みも、すでに百年以上の歴史を刻んでいる。中華民国期（一九一二—四九年）に着手され、人民共和国期（一九四九年以降）に整備が進んだ工場法を軸とした労働法制は、労働者の要求に応える面を持つとともに、労働者を社会秩序の中に組み込む役割も果たした。以上に略述した過程を一望の下に見渡せる歴史書は、残念ながら未だに見当たらない。序章冒頭と資料一に記されたような研究状況が、そうした叙述を困難なものにしてきた。本書は、**序章**で、近現代中国における労働者と労働法制の歴史全体の流れを俯瞰する。

第二に、中国の労働者と労働法制の歴史を理解する鍵となる重要な問題について、本書は、過去に日本で発表されながら必ずしも十分に注意されてこなかった個別研究を収録し、紹介する。**第一章**は、西欧諸国や日本における場合と同様、中国でも最初に組織的な労働運動を主導する役割を果たした機械工業労働者の形成過程を具体的に明らかにした研究である（「清末工業化と機械工」）。続く**第二章**は、軽工業を中心とする輸入代替工業化が急速に進んだ中華民国期の労働者の状態を概観し、一九三〇年代から四〇年代にかけ最も重要な役割を果たした労働団体である中国労動協会の運動を解明している（「民国期中国労働者の構成・意識・組織」）。そして工場法を軸とした労働法制が一九三〇年代に整備され、実施されていく過程を全面的に明らかにした作業が**第三章**である（「南京政府工場法研究序説」）。それぞれの研究の意味については序章の中でも触れるようにした。

　本書刊行の第三の目的は、一九七〇年代末から一九八〇年代にかけて活動した中国労働運動史研究会の足跡と研究成果を記録に残しておくことである。その概要は、**資料一**として収録した「中国労働運動史研究会の軌跡」、並びに**資料二**として収録した研究会の会誌『中国労働運動史研究』総目次によって、知られるであろう。なお本書に収録した第一章・第三章は、いずれも同誌に掲載された論文が初出であり、歴史学研究会大会近代史部会報告を転載した第二章も、中国労働運動史研究会の活動を反映した成果である。

目次

中国労働史・工場法史研究序説

序章　中国労働史・工場法史への招待

久保　亨

はじめに

二〇二〇年代に入ると、中国における就業人口の約三割に当たる人々は製造業などの第二次産業で働き、半数近くは商業、サービス業などの第三次産業で働くようになった。こうして現代中国を支える存在になった労働者は、どのようにして生まれ、どのように組織され、どのような運動を進めてきたのだろうか。中国の労働者と労働運動の歴史を顧みることは、近現代中国を担う社会層の過去・現在・未来を考えることにつながる。労働者という存在は、社会経済の発展や政治社会秩序の在り方と密接に関連しており、時には体制変革の主体にもなり得るし、時には体制維持の主体にもなり得る存在だからである。

なお本書では、労働史という言葉を、労働者の状態史と労働運動史の双方を含む幅広い概念として用いている。また工場法は、様々な労働者保護立法、労働者福利制度の核になる法律であり、中国の場合、その立法作業につながる動きは一九一〇年代から始まり、中華民国国民政府が統治していた一九三〇年代に一応の法体系が完成した。その実質的な内容は、戦後、一九四九年に中華人民共和国が成立して以降も引き継がれている。

これまでも中国労働史・工場法史に関わる研究は存在したし、概説書類も書かれてきた。中国労働運動史に関する論著が極めて多く刊行された時期もあった。しかしその大部分は、共産党、もしくは国民党の立場から論じたものになっており、国共両党それぞれの革命史に傾いた叙述に陥っていた(1)。実際には労働運動は国共両党が成立する以前から存在したし、両党の成立後も、両党と密接な関わりを持たずに展開された場合が多い。その一方、国共両党を含む政治勢力の様々な働きかけは、労働運動に大きな影響を及ぼした。そうした諸側面を過不足なく認識することが求められる。また工場法に関しては、多くが同時代的な現状分析にとどまり、歴史的な考察は不足している。以上のような傾向は、戦前の研究にも、近年の研究にも見られるものであった。

一九七〇年代末から一九八〇年代にかけ、東京で活動した中国労働運動史研究会は、本書の資料一として収録した文章に記されているとおり、それ以前の研究の限界を打ち破る意欲的な研究を進める場になった。その中には、今でも十分に学術的価値を持つ成果も多い。但し残念ながら書籍として出版された論著が少なかったこともあって、その成果は必ずしも学界全体のものになっておらず、中国近現代史研究者の共有財産として十分に継承されているとは言いがたい状況にある。

一方、一九九〇年代から二〇一〇年代にかけ、中国における労働史関係の研究成果にも見るべきものがあった。また、日本では、直接、中国労働史を論じた研究こそ数少なかったとはいえ、この間に二〇世紀の中国社会経済史に関する認識は飛躍的に深まったといってよい。例えば、以下の本文で触れる『アジア長期経済統計』中国巻は、中国労働史を再定位する有力な手がかりになる。

本書は、以上に述べたような新たな研究の進展を加味しつつ、中国労働運動史研究会による研究成果の一端を紹介するものであり、この序章では、時期を追って、中国労働史・工場法史の概要を整理しておくことにしたい。

一　労働者の誕生

中国の近代産業が勃興した一九世紀半ば以降、そこで働く近代産業労働者も同時に誕生した。(2) 近代産業の勃興を牽引したのは近代的な交通機関の発展である。一九一〇年の内河沿海航路の貨物輸送量は二〇年前の一八九〇年に較べ三・四倍の三、一七三万トンに増加し、鉄道の延長距離は、三七・四倍の八、二三三キロメートルになった（**表1**）。こうした発展を支えるべく、香港と上海で船舶修理業が開始され、とくに上海では長江を行き来する内河航行汽船を建造する造船業が成長した（久保二〇二〇b、第Ⅱ部第二章）。ほぼ同じ頃、清朝政府が各地に設けた江南機器局、福州船政局などの軍需工業の分野にも近代的な機械工業技術が導入される（本書第一章）。さらに一九世紀末までには、北京、漢口、天津、上海などを結ぶ鉄道敷設に伴い、鉄道車両の修理・組み立てを行う機械工場が各地に設置された。

表1　中国の近代産業と交通の発展、19世紀末〜20世紀初め

項目	単位	1890年	1900年	1910年	1920年	1930年
機械製綿糸生産量	万t	0.4	6.1	8.6	16.8	44.0
機械織綿布生産量	百万㎡	5.2	42.3	50.5	160.4	565.3
製糸工場数(上海)	工場数	5	21*	48**	63	107
鉄道営業距離	km	220	1,066	8,233	10,954	13,807
汽船輸送量	万t	948	1,493	3,173	3,771	5,268

出所：久保亨他『統計でみる中国近現代経済史』東京大学出版会、2016年、23・24・36・76・82頁。

注：*は1902年の、**は1912年の数値。汽船輸送量は、内河沿海航路の貨物輸送量。

近代的交通産業の発展にともない、そこで働く海員、鉄道員、郵便員などの中国人交通産業労働者が急速に増えた。それと並行して、造船業、軍需工業、鉄道車両製造業、並びに船舶、兵器、車両等の補修と部品製造にあたる下請け工場を含む生産現場では、イギリス、フランスなど西欧諸国からやってきた技術者の下、実際に金属を加工し機械を組み立てる作業に多くの中国人機械工が雇用されるようになった。交通産業労働者、機械工らの労働にはそれぞれの専門分野に応じた近代的科学技術に関する知識と、それに裏付けられた相当程度の熟練が必要とされ、他の労働者たちに較べ相対的に高い賃金水準を維持し、体系的な等級賃金制が施行されている場合が多く見られ、雇用関係も比較的に安定したものになった。中国で最初に労働組合的な組織をつくり、持続的な運動を始めたのは彼らである。ここでは彼らのことを近代産業で働く第一の類型（タイプ）の労働者と呼ぶ。やはり一九世紀末頃から発展した印刷出版産業で働く労働者や近代国家の形成につれて増大する公務員、教員なども、それぞれ専門的な知識と技術が求められ、比較的安定した雇用関係の下にあった。彼らも組織的持続的な労働運動を早くから始めている。

一方、汽船や汽車の燃料になる石炭を採掘する鉱山業も勃興し、当然ながら石炭の採掘にあたる鉱山労働者も増大した。港湾や鉄道駅で貨物の積み下ろしにあたった苦力《クーリー》と呼ばれた労働者や都市で市民の足になっていた人力車夫も相当の数に達する。彼らは、第一のタイプの労働者とは異なり、特別の熟練を要しない厳しい肉体労働に長時間従事しており、多くは日給もしくはノルマ制の低賃金で働いていた。こうした第二のタイプの労働者の場合、その労働には一時的、出稼ぎ的、季節労働的な性格がつきまとい、総じて不安定な雇用関係の下に置かれていた。そのような不安定性を補完する機能を果たしたのが、労働請負人の役割を持つ「工頭」と呼ばれた親方的な労働者と一般の労働者との間に存在した、苦力帮《クーリーバン》と称された独特な「親分・子分」関係である（小山一九一九）。中国における近代的な運輸業や商工業の発展は、こうした人々の労働によっても支えられていた。その意味において、彼らもまた近代産業が新たに作りだした存在だった。

さらに一八八〇年代から九〇年代にかけ、器械製糸業、綿紡織業などの繊維産業、製粉業、紙巻タバコ製造業などの食品産業でも近代的工業技術を用いた工場が設立されるようになり、数百人以上の労働者が働く大規模な工場も出現した（**表1**）。そこで働く労働者は近代的機械工業の分業体系の中における非熟練労働を担う存在であり、賃金水準がかなり低いものであったことから、若年もしくは女性の家計補充的労働者を主力としており、綿紡績業や製糸業に多く見られた。彼らは第三のタイプの労働者と呼ぶことができる。但し、非熟練労働として概括できるとはいえ、基幹的な部分の作業においてはある程度の経験的熟練が求められていたし、機械設備を取扱うために最小限必要な知識と技術も備えていなければならなかった。

そして、以上に述べた鉱工業、交通産業に加え、商店、銀行、サービス業など第三次産業に分類される領域でも、たくさんの中国人労働者が雇用されるようになっていた。第三次産業で働く労働者の多くは中小の在来商店で働いており、その労働は在来産業における手工業労働者に近似したものであった。

　以上のような労働者の総数は、全体としてどれほどの規模に達したか。これまでも様々な推計が試みられてきたとはいえ、その根拠には乏しいものが多い。ここでは、二〇一四年に刊行された『アジア長期経済統計』中国巻の国民経済計算に基づく数字を示しておく。この推計は、一〇年以上の歳月を費やした共同研究の成果であり、現時点では最も信頼性が高いものである。それによれば、一九三三年の中国の就業人口二億八、二八七万人のうち、鉱工業、運輸通信業などで働く労働者は二、九三五万人、商業、金融業などで働く労働者は二、八九四万人であった（**表2**）。近代的な工業分野で働く工場労働者は、機械工業などの熟練労働者と紡績業などの非熟練労働者を全て合計しても一三六万人だったのに対し、在来産業の職人らをはじめ、原動力を用いない作業場で働く手工業労働者は二、一〇四万人に達した。

表2　中国の産業別就業者の推計、1933年

万人

産業	就業者
農林水産業	**22,459**
鉱工業・運輸通信業等	**2,935**
鉱業	59
製造業	2,240
工場*	136
手工業*	2,104
運輸・通信	469
建設、その他	168
商業・金融業等	**2,894**
商業・金融	1,198
雑業	516
家事	568
政府、教育、その他	612
合計	**28,287**

出所：南亮進／牧野文夫編著『アジア長期経済統計 3 中国』東洋経済新報社、2014年、60頁、483-484頁。

注：*工場労働者と手工業労働者を区別した推計は中国本土の比率に拠った。

　一方、同年の工場労働者の業種別人数については、巫宝三編『中国国民所得（一九三三年）』に、綿紡績業三七万七千人、製糸業一三万六千人、紙巻タバコ製造業四万八千人などとする統計表が掲載されている（**表3**）。但し、この統計の場合、兵器工場を集計の対象外とした結果、機械製造業の労働者数が二万人という過小な数字になっているなど、遺漏も多い。なお**表2**に示された運輸通信業で働く労働者数四六九万人という数は、近代的な運輸通信業で働く労働者とそれ以外の荷運び労働者、人力車夫などを合算した数字である。主に近代的な運輸通信業で働く労働者の数として、一九二〇年頃の政府統計で確認できる数を挙げれば、鉄道関係で一〇万人前後、郵便通信関係で二万人前後となる（**表4**）。

中国の労働者は、中国社会の伝統を受け継ぎながら、それぞれの産業や職域ごとに固有の社会意識を形成していた。民衆全般に通じる伝統的な意識としては、①日本のイエとは異なるはるかに広範囲に及ぶ同族的な結びつき意識、②寧波帮《ニンポーパン》、広東帮《カントンパン》、山東帮などと呼ばれ、固有の言語や生活習慣を伴う同郷的な結びつき意識、③職人ギルドの

表3　中国の業種別工場労働者数の推移、1912-40年

万人

業種	1912年	1920年	1930年	1933年	1940年
綿紡績業	6.9	15.4	29.9	37.7	42.8
製糸業	2.5	5.5	10.8	13.6	15.4
紙巻タバコ製造業	0.9	2.0	3.8	4.8	5.5
発電業	0.9	1.9	3.7	4.7	5.3
マッチ製造業	0.8	1.8	3.6	4.5	5.1
綿織布業	0.8	1.8	3.6	4.5	5.1
絹織物業	0.5	1.0	2.0	2.6	2.9
印刷業	0.4	1.0	1.9	2.4	2.7
機械製造業	0.4	0.8	1.6	2.0	2.3
その他	3.7	8.3	16.1	20.3	23.0
合計	17.8	39.5	77.0	97.1	110.0

出所：巫宝三編『中国国民所得（一九三三年）』中華書局、1947年、原書上冊70-71頁（商務印書館、2011年の改版復刊本では104-105頁）「第五表 全国工廠工人人数統計表」。原表の1933年の数値を注記の方法で修正し、その他の年については労働者１人当たりの生産性を一定と仮定し、久保亨『20世紀中国経済史論』汲古書院、2020年、90頁の工業生産指数によって推計。

注：巫編73頁の記述により管理労働者６％と雑役労働者20％を加えた上で、南亮進／牧野文夫編著『アジア長期経済統計 3 中国』東洋経済新報社、2014年、60頁及び483-484頁により満洲分4.41％を積み増した。4.41％の根拠は、中国本土の製造業労働者数2,145万人に対し、満洲は94.6万人という数値である。なお兵器工場が統計対象から除外されているほか、中小規模の工場の遺漏も多いため、表２の就業者数の推計にある工場労働者数136万人（1933年）より、かなり少ない。また近代産業労働者という点からすれば、鉄道･水運などの運輸通信産業や鉱山業で働く労働者も、この統計では除外されている。

表4　運輸通信労働者数の政府統計、1920年代

業種	年	人数（万人）	中華民国政府編纂の統計書名
鉄道*	1920年	7.8	『交通部国有鉄路会計総報告」
鉄道**	1923年	14.4	同上
郵便	1920年	1.6	『中国郵政統計専刊』
電信電話	1924年	0.9	『交通部統計年報』

出所：中国社会科学院近代史研究所 劉明逵編『中国工人歴史状況』第1巻第１冊、中共中央党校出版社、1985年、161、165、166頁。

注：* 中東鉄道、満鉄などの外国経営鉄道、及び民営鉄道の労働者を含まない。

** 中東鉄道と満鉄の概数を含む。他の外国経営鉄道、及び民営鉄道の労働者を含まない。

歴史的な伝統に根ざし独自の会館なども備えることが多かった同業的な結びつき意識、④青帮《チンパン》や哥老会《かろうかい》などの相互援助的な秘密結社を軸にした結びつき意識、などを挙げることができる。中国の労働者は、こうした伝統的な種々の結びつき意識をも一つの手がかりとしながら、新しい労働者としての社会意識にもとづき、独自の組織的なつながりを模索していくことになった（本書第二章、Perry, 1993）。

第一のタイプとして挙げた熟練機械工の組織としては、船舶修理などの機械工業が早くから発展した広東地方の機械工がつくった広東機器研究公会（一九〇九年成立）が最も早い時期のものであり、広東省機器総会（一九二一年成立）はその後身である。一九二六年には中華全国機器総工会という全国組織も結成された。交通産業の労働者についてみれば、鉄道労働者の間では、主要幹線ごとに、〔津浦鉄路〕職工同志会（一九一二年成立）、粤漢鉄路工会（一九二一年成立）、〔京漢鉄路〕工人倶楽部（一九二二年成立）などが組織されている（菊池一九七九ａ）。また海員の場合は、まずはじめに出身地別——広東と寧波が海員の二大出身地であった——、職種別の相互扶助団体である聯義社（一九一三年成立）や炎盈《えんえい》社（一九一四年成立）、中華海員公益社（一九一五年成立）などが生まれ、やがてそうした諸組織を結集した中華海員工業連合総会が、外国船の乗組員であった陳炳生（生没年不詳、広東）、蘇兆徴（一八八五—一九二九、広東）、林偉民（一八八七—一九二七、広東）らによって一九二一年に結成された（古山一九七八）。さらに郵便労働者は、上海郵務公会（一九二五年成立、当初は「工会」の使用を回避）など各地の主要郵便局ごとに組織化が進んだのを踏まえ、朱学範（一九〇五—一九九六、浙江）、陸京士（一九〇七—一九八三、江蘇）らの主導で一九三二年に全国郵務総工会を結成した（田明二〇一七）。このように熟練機械工や交通産業労働者の間では、一九一〇年代頃から近代的な労働組合の組織化につながる動きが広がり、中には全国組織を設立したものもあった。

それに対し第二のタイプの労働者の間では、持続的安定的な労働組合運動は稀であった。ただ労働組合を名のる組織がまったく作られなかったわけではない。五・四運動期から国民革命期にかけ反帝国主義運動が活発化した時、埠頭に働く苦力たちの間では碼頭工会の活動が見られたし、上海・北京・武漢などでは人力車夫工会が組織されている。しかし、そうした組合は、往々にして従来からあった作業請負のための組織が周囲の状況に対応して名前を変えただけ、といったものであり、その責任者にも親方的な労働者が就いていた（Strand, 1989, Ch.7 & 10）。

第三のタイプの労働者の場合、上海の製糸女工が組織化を試みた繅絲女工同仁公会（一九二二年成立）や上海女子工業進徳会（一九二二年成立）、あるいは一九二二年の上海日華紡ストや一九二五年の在華紡ストなどの際、各工場ごとに結成された紡績女工中心の工会などを挙げることができる。こうした労働者の組織は、自らの労働条件の改善のため、ストライキも構えて経営者側と交渉するなど労働組合的な性格を強く持っていた。しかしこうした労働組合的な組織にしても、多くの場合、ストライキのために一時的に組織されたという状況に近かったのであり、ストの収拾後も活動を継続できた例は少ない（Honig, 1986）。機械工、鉄道員、海員の組合のような安定性・持続性はなかなか保てなかった。

なお第三次産業に属する労働者の間では、国民革命期の政治状況の中で店員工会を組織する動きが広がったこともあるが、多くは一時的なものに終わった（巴杰二〇一八）。それに対し後述するように一九三〇年代半ばになると、銀行員、商社員らが新たな労働団体をつくるようになる（岩間二〇一一）。

こうして近代産業労働者の間では、それぞれの条件に規定されながらも独自の組織作りが進み、一九二〇～四〇年代の社会的政治的変動に大きな関わりを持つようになった。むろん労働者組織の実態は、各種の労働団体、並びに労働組合連合組織のあり方を規定するものともなった。それについては次節で触れる。

二　社会現象化した労働争議と労働団体の結成　一九二〇年代

一九二〇年代を迎える頃、中国各地で大規模な労働争議が起こり耳目を集めた。とくに二二年初め、香港の海員が五六日間ストライキを続け、賃上げをはじめとする待遇改善を実現した出来事は、全国に大きな衝撃を与えた。労働者が要求を掲げ組織的にその実現をめざす行動は、当時、中国の近代的な交通と産業を代表する存在であった鉄道業、鉱山業、紡績業、製糸業、紙巻タバコ製造業など様々な分野に波及している。労働組合とその連合体、そして各種の労働団体の結成も相次いだ。この時期が「中国労働運動の第一次高揚期」と呼ばれるのも故なしとしない。このように労働運動が拡大した背景には、欧米や日本の場合と同様、中国の社会経済の発展と新たな政治思潮の影響があった。

そして、労働運動の発展は、一九一九年の五・四運動から一九二〇年代半ばの国民革命に至る政治変動とも深く関わりあうものになった。上海で起きた五・三〇運動は、日本資本の在華紡で起きたストライキに端を発する反帝国主義運動であったし、広東省と香港を巻き込み「省港罷工」と呼ばれた対英ボイコット運動は、香港の貿易港としての機能をマヒさせ、イギリスの対華政策を転換させるほどの力を発揮した。一方、いわば社会現象と化した労働争議の頻発に直面し、労働問題の解決に向け、労働法制の整備をめざす動きもみられるようになった。

二〇世紀初頭、中国における近代産業と交通の発展には目を見張らせるものがあった。とくに第一次世界大戦が始まり、戦場となった西欧からの工業品輸入が激減すると、綿糸布、小麦粉、マッチなどの軽工業製品を中国国内で製造する輸入代替工業化が急速に進んだ。一九一〇年から二〇年にかけ機械製綿糸の生産量は約二倍に、機械織綿布の生産量は三倍以上に増加している（前掲**表1**）。当然、それに伴って労働者も増える。さきに挙げた推計によれば、一九一二年に一七万八、〇〇〇人であった工場労働者数は、一九二〇年に三九万五、〇〇〇人まで急増した（前掲**表3**）。上海など沿海都市で働いていた工場労働者は、近代的交通手段である汽船や鉄道の運行を支えた海員、鉄道員、並びにその燃料となる石炭を採掘した鉱山労働者らを含め、中国社会における存在感を急速に増した。

一九二〇年に争議が頻発した要因の一つは、物価上昇によって実質賃金が大幅に下落していたことにあった。同年の卸売物価上昇率は対前年比一六・三%、生活に響く農産品についてみれば三〇・四%に達している（**表5**）。日常

表5　中国の都市卸売物価指数、1913-37年

1933年＝100

年	総平均	農産物	工業製品の食料品
1913	76.2	82.0	72.9
14	75.1	78.2	73.1
15	82.8	83.9	84.5
16	84.0	83.0	84.4
17	87.1	84.6	86.9
18	89.1	82.5	88.7
19	89.5	81.0	82.8
20	104.1	105.6	94.8
21	105.9	106.3	99.8
22	109.1	113.1	98.5
23	111.9	116.2	102.1
24	110.2	114.5	97.7
25	123.8	128.5	114.7
26	131.9	149.2	113.9
27	133.8	150.1	118.2
28	122.4	129.5	116.1
29	127.6	142.5	115.8
30	142.0	162.8	127.0
31	127.9	134.3	113.6
32	118.4	125.1	109.2
33	100.0	100.0	100.0
34	96.3	105.3	86.0
35	108.5	125.8	97.0
36	121.6	129.8	124.8
37	143.0	150.4	142.4

出所：南・牧野編『アジア長期経済統計 4 中国』413頁。
注：上海と天津の資料を基礎にまとめたもの。但し1913-20年は天津の資料のみ。

表6　銅元の暴落、1916-26年

年	銀元1元相当の銅元枚数
1916	133.9
17	123.5
18	134.2
19	138.0
20	141.0
21	152.8
22	170.7
23	193.2
24	232.9
25	285.5
26	368.0

出所：南・牧野編『アジア長期経済統計 4 中国』422頁。

生活で用いられる銅貨の価値が低下したことも、庶民の生活を直撃した（**表6**）。銀元表示価格での物価上昇は、この時期に銅貨の対銀価格が低落傾向にあったことから、銅銭表示価格では、さらに割高なものになった。

一方、労働力市場では、需要に供給が追いつかず、労働者側に有利な売り手市場の状況が生まれていたことも見逃せない。とくに機械工のように全国規模の横断的労働市場が生まれていた分野では、たとえ労働争議が紛糾し解雇されたとしても、比較的容易に次の職場を見つけることができるため、大胆に行動することができた。製糸業や紡績業でも労働力市場は拡大基調にあり、労働側が経営側に強い態度で臨むことを可能にさせた。

以上のような社会経済的な背景に加え、この時期、労働者の主張を支える様々な新しい政治思想が広がっていた。そこには、労働者の権利と待遇の改善を労働者自身の団結で勝ちとることをめざす労働組合主義(3)もあれば、民生主義を掲げる国民党の社会主義思想もあり、労働者をはじめとする民衆の自治による統治を理想とするアナルコ・サンディカリズム(4)もみられるなど、様々な潮流があった（古厩一九七八）。一九一八年五月一日には、広州の機械工らによって小規模ながら中国初のメーデー集会が開かれている。また同年一一月の第一次世界大戦戦勝記念集会で、ヨーロッパ戦線に派遣され連合軍の後方支援に当たった中国人労働者の貢献を称えた「労工神聖」という言葉は、労働者の地位向上を重んじる象徴的な言葉として広がった。そして、そうした新しい政治思想の一つとして、革命の成功によって世界の注目を集めたロシア社会民主党多数派（ボリシェヴィキ）が掲げた共産主義思想も伝わっていた。労働者が搾取される資本主義制度自体の廃絶をめざそうとする社会主義思想である。そうした様々な政治思想の下、中国でも労働団体の組織化が活発に推し進められた。

一九二〇年代初めに労働運動が活発であった華南地域では、その先駆けになった一九二〇年の香港機械工スト以降、各業種に運動が広がり、その波は一九二二年の香港海員ストで頂点に達した。そして一九二一年から二二年にかけては、粤漢《えつかん》線（広州―漢口）・京漢線（北京―漢口）・京奉線（北京―奉天）などの幹線鉄道、安源炭鉱（江西萍郷《ひょうきょう》県）・開《かい》灤《らん》炭鉱（河北）などの大規模鉱山、さらには中国経済の中心地上海にあった日華紡や英米タバコなど数千人の労働者が働く大工場で賃上げと組合の承認を求める争議が次々に広がり、二二年五月には広東政府統治下の広州で第一回の全国労働大会――これについては後述する――が開催された。社会学者陳達が新聞報道を整理した統計によれば、参加者数が報じられたストライキは一九二〇～二二年の三年間に七一件、参加人数の合計は二九万三、二一五人であっ

表7　中国のストライキ統計、1918-26年

年	件数（うち上海）	参加者数			損失労働日		
		判明件数	合計	平均	判明件数	合計	平均
1918	25（ 21）	12	6,455	537.92	15	124	8.27
19	66（ 23）	26	91,520	3,520.00	52	294	5.65
20	46（ 33）	19	46,140	2,428.42	22	157	7.14
21	49（ 19）	22	108,025	4,910.23	21	155	7.38
22	91（ 29）	30	139,050	4,635.00	54	452	8.37
23	47（ 14）	17	35,835	2,107.94	21	134	6.38
24	56（ 16）	18	61,860	3,436.67	26	241	9.27
25	183（ 75）	103	403,334	3,915.86	95	505	5.32
26	535（257）	198	784,821	3,963.74	120	2266	18.88

出所：陳達『中国労工問題』商務印書館、1929年、147-148頁。
注：新聞報道に基づき作成された統計であることに留意する必要がある。
　原表の参加者数平均の1919年と1920年の数値にある小数点以下の誤記は訂正した。
　判明件数とは、それぞれの数が判明する件数を意味する。

た（表7）。同じ期間に参加者数不明のストが一一五件発生しており、新聞に報道されなかったストライキも相当数あった。

一九二〇年の香港機械工ストは、ジャーディン・マセソン商会傘下の黄埔造船及びスワイヤーズ商会傘下の太古造船の労働者を主力とする華人機器会が同年四月に起こしたものである（古山一九七七ａ）。香港では前年に比べ米価が六四％、家賃が七〇％、衣類が一〇〇％も高騰し、ヨーロッパ人労働者には三〇％の賃上げが実施されていたにもかかわらず、中国人労働者の賃金は据え置かれていた。これに反発した機械仕上工、組立工、旋盤工、鋳物工、電気工など五、五〇〇人が、四〇％以上の賃上げを求めてストライキに入り、参加者の一部は香港を離れ、広州で要求の実現を待つ体制に入った。広州の機械工や小さな機械工場の経営者らも香港の華人機器会の行動を支援した。これに対し、好況期の営業中断の長期化を嫌った経営側が譲歩し、労働者側が勝利した。二〇年香港機械工ストを起点に香港や広東に続々と労働組合的な組織が結成された。二二年海員ストの中核を担った労働者にも船舶の動力部門の機械労働者が数多く含まれていた。

そして中国全土に大きな衝撃を与えたのが、一九二二年一月から二月にかけ五六日間続いた香港海員ストライキである。これは一九二一年三月に結成された中華海員工業連合総会（以下、海員工会）が中心になって起こしたものであった（古山一九七七a）。海員の間には、出身地別、職種別に相互扶助的な共済機能と雇用紹介機能を兼ね備えた組織が形成されており、香港の場合には、それが一〇〇を越えるほど存在したという。そして労働組合主義的な思想を抱いた海員や国民党員になった海員らを中心に、そうした組織を統合する形で、すでに一九一五年に中華海員公益社が成立していた。公益社は一九一九年に慈善会と改称し、香港政庁にも社会団体として登記した。これが海員工会の直接の前身となった組織である。「包工頭」と呼ばれる親方労働者兼海運請負業者を軸に作られていた労働請負制、「辦《べん》館」「行船館」を拠点に形成された労働者雇用制度と、公益会や慈善会、あるいは海員工会がどのような関係にあったかは、時期によっても異なる。雇用に関わるネットワークが工会を組織する手がかりになった場合もある。そして同時に重要だったのは、このストライキを通じ、海員工会が包工制を問題視するようになり、労働組合的な性格を強めたことである。

一九二一年末から船主側との交渉を続けてきた海員工会は、一九二二年一月一二日、三〇％ないし四〇％の賃上げを要求してストライキに入り、一月下旬には八一隻の船舶の運行が止まった。これに対し船主側は強硬な姿勢を維持し、その意を受けた香港政庁は、二月一日、海員工会を「非法団体」としてその事務所を封鎖する。しかし、スト参加者が広州に移動してストを堅持する姿勢を示す中、一月二七日の春節を機に、香港の他業種の間にも大規模な同情ストライキが広がった。これによって香港の都市機能全体がマヒする事態となり、ついに香港政庁の斡旋で二月末に交渉が再開され、三月四日、三〇％ないし四〇％の賃上げを含む多くの要求を船主側が呑む形で妥結し、同月七日にストは解除された。香港海員ストの影響下、一九二二年八月には上海でも海員ストが起きた。

なぜ一九二〇年代初めの中国労働運動において、香港と広州が主導的な役割を発揮したのか。国民党の政治的な役割が指摘されることが多いとはいえ、そして、実際、第一回全国労動大会の広州開催をはじめ、国民党が重要な役割を果たした事実は確認されなければならないとはいえ、それに全てを帰すべきではない。一九二〇～二二年に広州を支配した陳炯明《けいめい》政権の存在も大きな意味を持った。陳炯明は一九一〇年頃から新しい政治思想に触れ、連省自治と民治精神を主張し無政府主義にも理解を示していた。ストライキ中の海員の生活を広州政府が支援した背景には、そうした陳自身の判断があった。さらに、一九世紀末から造船機械工業が勃興した香港・広州地域は、中国の近代工業発展における先進地域の一つであったこと、第一次世界大戦後の物価上昇の波がいち早くこの地域で起きていたこと、英領香港に独特の政治的社会的な条件が存在したこと、などにも注目する必要がある。国民党の影響力が強かったことも、ある意味では、そうした諸条件の結果であった。

この時期、華中から華北にかけての地域では、鉄道労働者と鉱山労働者が活発な運動を展開している。粤漢線の開通区間（武昌―長沙区間）では、一九二一年の小規模な争議に引き続き、一九二二年九月、初任給の引き上げ、二年以上勤続者への月給制適用、全労働者の賃上げ、縁故人事の撤回などの要求を粤漢鉄路工人倶楽部連合会がまとめ、粤漢線の鉄道当局に提出した。しかし当局がこれを一蹴したことから、大規模なストライキが始まった。一八日間に及んだストライキは、ついに中華民国北京政府交通部及び当時湖北湖南両省を統治していた呉佩孚が当局に収拾を指示する事態となり、労働者側の全面的な勝利で幕を閉じた（菊池一九七九b）。一方、京漢線（北京―漢口）長辛店工人倶楽部の労働者も、一九二二年六月、賃上げ、二年以上勤続臨時工の正規雇用、定期昇級の制度化などの要求を提出し、八月末、ストライキに入って大部分の要求を当局に認めさせた。こうした動きは各地の鉄道に波及した。

粤漢線と京漢線の事例に共通するのは、旺盛な鉄道輸送需要を背景に、政府ないし当局側が争議の収拾に動いたこと、修理工場の広東籍機械工と機関車運転士らが運動を主導したこと、先行して国語の読み書きや初級英語を無料で学べる貧民学校や労働者親睦クラブが生まれており、それが運動の結集軸になったこと、などである。それに対し異なるところは、粤漢線の争議が長期化し、労資間の激しい衝突まで伴ったことである。これは、京漢線の営業が安定的に推移し、労働者が掲げた要求も比較的に穏健な内容にとどまっていたのに較べ、粤漢線の場合、一九二〇年から二二年にかけ旅客収入が六倍化するという営業の急拡大がみられ、労働者も二年間に五倍化して様々な歪みが生じていたことが背景にあった。

鉱山労働者の運動としてよく知られているのは、一九二二年九月、江西省萍郷《ひょうきょう》県の安源炭鉱で起きた争議である。この炭鉱は漢冶萍公司に石炭を供給するため開発され、坑内電車や換気設備を備え二万人が働いており、すでに労働者親睦クラブや消費組合も設立されていた。近接する粤漢線の争議にも刺激を受けた労働者は、賃上げ、クラブの労働組合への改組と交渉権の承認などを求め、ストライキに突入した。労働者側は秩序を維持して当局に弾圧の口実を与えず、大半の要求を実現した。また同年一〇月から一一月にかけ、河北省の開灤《らん》炭鉱でも大きな争議が発生している（高綱一九八一）。開灤炭鉱はイギリス資本によって開発された露天掘りの大炭鉱であり、五箇所の鉱区で約五万人が働いていた。会社側は、英人技師らの保護を口実に天津から在華英軍部隊の派遣も求めて強硬姿勢を示し対抗した。これに対し労働者側は、隣接する唐山地域をはじめ、全国から支援も得ながら二七日間のストライキを継続し、賃上げ、労災時の手当支給などの要求を実現した。

中国の工業的発展の中心地上海についていえば、前述した陳達の統計によって、一九一八年以降、別表のようなストライキ発生件数が確認されている（一四頁、**表7**）。一九二〇年と一九二二年には、前年に較べ四割ないし五割程度多い数のストライキが起きた。

一九二〇年に起きたストライキには日本資本の日華紡と上海紡で何度か起きたストライキが含まれている。好景気を背景として、米価高騰に対する手当を要求したり、待遇改善を要求したものであった。一九二一年七月には、アメリカ資本の英米タバコで外国人管理職が工場の機械部門で働く中国人労働者に暴力を振るう事件が起き、それに抗議する一〇〇人あまりの機械工がストライキを始めた。しかし加害者解任などの要求に会社側が応じなかったため、機械工は工場全体の労働者に同調を呼びかけ、最終的には、物価高に応じた賃上げなどその他の要求も掲げ、八、〇〇〇人が参加する大ストライキになった。このストは、八月、会社側が労働者の要求の多くを受け入れ、ようやく収拾された（Cochran, 1980, Ch.6）。また以前から争議が頻発していた日華紡では、一九二二年四月から一一月にかけ、賃上げ、労働組合の承認、解雇撤回などの要求を掲げたストライキが、断続的に三回も発生している。日華紡の前身は一八九〇年代にアメリカ資本が設立した鴻源紡であり、経営不振に陥った際、日本資本が買収し改称している。ここでも機械工が運動を主導する役割を果たした（佐藤一九七八a、高綱一九八〇）。

一方、一九二二年の上海では、製糸女工が労働団体を結成しようとした動きが衆目を集めた。女工の募集と作業を指揮する立場にあった女工頭の穆《ぼく》志英らが、一〇時間労働の実現、休日の厳守、賃金の季節変動撤廃などを掲げ上海女子工業進徳会という団体を結成しようとした動きである（曽田一九九四）。社会の下層の存在と見なされてきた江北出身の女性製糸労働者が、こうして労働者としての権利を主張したことに上海の人々は驚きの目を向け、「中国における女性労働の新紀元」（『婦女雑誌』）と評するメディアもあった。彼女たちの活動を支えた一人に中国ＹＷＣＡの幹部で国際労働婦人会議に参加した経験もある程婉《えん》珍がいる。経営者団体である絲繭《しけん》公所は、穆らの要求を拒む一方、警察当局や江蘇省政府とも協議し、労働者の待遇改善と専用の病院開設、子弟のための学校開設などを約束した。生糸の国際価格低落を理由に賃下げの動きが広がった一九二四年には、絲廠女工協会の結成準備会が開かれ、省議会議員の仲介もあって、僅かとはいえ賃上げと団体結成の認可が実現している。但しこの女工協会のメンバーは、穆志英のような正規労働者に限定され、彼らの作業を補助する非正規労働者は参加していない（Perry, 1993, Ch.8）。その後、一九二六年になると、各工場毎に罷工委員会が設置され、賃金の大幅引き上げや産休の規定などを求める動きが広がり、一九二七～二八年には、製糸業で働く男性労働者が主体となって経営者団体との間で雇用条件を規定した労働協約を結ぶ状況も生まれた（上野一九八五）。

香港、広州、上海などに較べ平穏であった印象を与える華北の工業都市天津でも、一九二〇年代半ばには紡績工場で大きなストライキが起き、労働運動が広がった（Hershatter, 1986）。

ここで時計の針を前に戻すと、一九二二年下半期から戦後恐慌が発生し労働側に厳しい条件が生じていたことに加え、二三年二月七日、鉄道労働組合に対する流血の弾圧（二・七事件）が起きたことから、労働運動の勢いは一時やや鈍化した。これは一九二三年初め、京漢線の労働者が京漢鉄路総工会を設立しようとした際、一帯を統治する呉佩《はい》孚《ふ》がそれまでの融和的な態度から強硬姿勢に転じ、二月七日、武力弾圧を加えた事件である（高綱一九七七c、菊池一九七九b）。この日、大会開催をめぐって労働者側と治安当局が対立する中、ストライキを敢行しても開催をめざした労働者側を、それに脅威を感じた治安当局が武力弾圧した結果、漢口、鄭州などでの死者は五二人、負傷者は一〇〇人以上にのぼり、事件後は多数の解雇者、離職者が続出した[5]。

中国の労働運動は、一九二三年の一時的退潮の後、一九二四年春頃から再び活発化した。とくに上海では、蘇州河沿いに紡績工場が密集して建てられていた市の西北部で、滬西《こせい》工友倶楽部という労働団体が知識人出身の共産党員鄧中夏（一八九四—一九三三、湖南）、李立三（一八九九—一九六七、湖南）らの働きかけによって結成され、二五年二月以降、日本資本の在華紡工場で賃上げなどを求めるストライキが始まった。ストをめぐる労資対立の激化にともない、五月半ばには会社側による労働者射殺事件まで発生している。

この労働者射殺事件に抗議するデモ隊が、二五年五月三〇日、上海のメインストリート南京路に繰り出し、イギリスが実権を握る租界警察本部前の道路を埋め尽くした。事件は租界内に立地する工場で起きたため、犯人の逮捕と処罰は租界警察が責任を負うべき事柄だったからである。ところが事態収拾を焦った警察側は、群衆に無差別発砲し数十名の死傷者を出してしまう。民族主義的な主権者意識を強めていた多くの中国民衆にとって、租界警察の蛮行は、帝国主義列強の横暴を象徴する許し難い行為だった。各地で租界回収、帝国主義打倒のスローガンが叫ばれ、上海では工場が操業を停止し、商店や銀行が店を閉じ、学生は授業を放棄して抗議する、という事態になった。一連の動きは、事件発生の日にちなみ五・三〇運動と呼ばれる（高綱一九九九）。運動の高まりの中、六月一日、労働組合、労働団体の代表の合意に基づき上海総工会の成立が宣言され、委員長には李立三が就いた。

六月二三日には広東省広州でも、不平等条約撤廃などを掲げ市内の沙基地区を通るデモ隊に対し水路対岸の沙面からイギリス兵、フランス兵が発砲し死傷者を出す事件が起き、これを契機に広東省とそれに隣接する香港とが一体となって外国船、外国商品等に対する大規模なボイコット運動（「省港罷工」と呼ばれた）が開始された。これは広州国民政府の支援を受けながら実に一六カ月にも及ぶものとなり、とくにイギリスの在華権益に大きな打撃を与え、イギリス政府に対し中国民族運動に対する譲歩を真剣に考慮させる一要因となった。

こうした都市民衆の反帝国主義的な運動の一つの頂点に位置するのが、二七年一月、武漢国民政府の下で起きた漢口租界回収事件である。武漢国民政府の成立を祝す民衆のデモ隊が、一月三日、漢口のイギリス租界に入り込んで実質的にそこを占拠し、その後の外交交渉を経て租界行政権が中国側に返還された。

以上に述べた上海、広州、武漢などにおける反帝国主義民衆運動の広がりと北伐の進展、すなわち国共合作下の国民革命軍の進軍の下、国民党政権が統治する都市部では労働運動、それも賃上げなどの経済闘争よりも政治的性格を帯びた運動が極めて活発になった。一連の運動の中では、暴力の応酬が広がった（衛藤二〇一五）。政治環境が激変する下、急速に運動が拡大した地域では、さまざまな問題も生じた。一九二六年秋から二七年初めにかけ、労資争議が急増した武漢地域では、運動を呼びかけた湖北全省総工会自身、労働者側の「行き過ぎ」や「知識の乏しさ」から無用な紛糾が生じていることを認めざるを得ず、とくに店員・職員層の組合を対象に、経営者の指揮権の擁護や性急なストライキ決行を禁じるなどの統制措置をとった。民衆運動の大きな広がりをつくりだしたとはいえ、まさにそのことによって、店員・職人層と中小企業経営者の間の利害対立が深刻化した。懸命な調整策が試みられたにもかかわらず、結局、それは有効に機能せずに終わった。店員・職人層の組合に在来の同業組合的色彩が強かったという事情も考慮せねばならない（久保二〇二〇a、第Ⅰ部第二章）。

上海では、一九二六年一〇月以来、共産党指導下の労働者による武装蜂起が試みられ、二七年三月二一日の蜂起を経て、北伐軍の侵攻と敵軍敗退を背景に、ついに資本家をも含む上海特別市臨時政府が成立した。だが、北伐の進展に伴う支配領域の拡大と民衆運動の急進化は、国民党内の対立を激化させ、国民政府の分裂を招いた。一九二七年初めに武漢に移った国民政府は国民党左派と共産党の拠点となり、その統治下では急進的な労働運動や農民運動が展開された。そうした運動を真っ向から押さえ込み新たな秩序の形成を図ろうとした国民党蔣介石派と右派の連携勢力は、同年四月一二日に上海で起きた弾圧事件（以下、四・一二事件）を皮切りに各地で急進的民衆運動を武力で押さえ込み、同月一八日、暫定的に南京国民政府を発足させた。

一方、武漢国民政府は、経済的困難、労農運動の急進化、地方勢力の離反、内部闘争の激化の中で崩壊の道をたどり、七月一五日には共産党と袂を分かつことになり、共産党は共産党で国民党政権の打倒をめざし、武装蜂起路線に走ることとなった。その後、武漢、南京両政府の妥協が成立し、南京に合同した国民政府が成立した。一九二八年四月、中断されていた北伐が再開され、全国を統治する南京国民政府が一〇月に正式に発足した。労働運動も、こうした新たな条件の下で展開することになる。

前に整理したような労働者組織の実態は、当然のことながら各種の労働団体と労働組合の連合組織のあり方を規定するものともなった。知識人が呼びかけ、都市雑業層や非熟練労働者らの組合を含め、多数の労働者を一時的に結集した組織として、湖南労工会（一九二〇年成立）、それよりやや遅れて成立した中華全国総工会（一九二五年成立）などが挙げられる。それに対し、熟練労働者の組合が主力となって連合を結成した事例としては、上海工団連合会（一九二三年成立）や上海七大工会（一九二八年成立、次節参照）などがあった。以下、それぞれをもう少し詳しく見ておこう。

湖南労工会は、黄愛（一八九七―一九二二、湖南）、龐人銓《ほうじんせん》（一八九七―一九二二、湖南）などアナルコ・サンディカリズムに共鳴した若者らが中心になり、一九二〇年一一月、労働者の生活改善と知識向上を掲げて設立した個人加盟制の団体で、二人が卒業した湖南省立甲種工業学校につながる知識人のほか、紡績工場、兵器工場などの近代産業労働者、手工業労働者の間にも組織を広げた。しかし、二二年一月、省営紡績工場（湖南第一紗廠）の民営化と一時金カットに反対するストライキが起きた際、二人は省政府当局に惨殺され、労工会も解散に追い込まれた。

　中華全国総工会の結成を呼びかける中心になった中国労動組合書記部は、一〇〇名足らずの知識人を主体に発足した中国共産党が、発足直後の一九二一年八月、労働者向けの宣伝教育と運動支援のため上海租界の一角に設けた機関である。「労動組合」という日本語由来の名称(6)が示すように、国際的な共産主義運動の影響、とくにコミンテルンから派遣されてきたマーリンの示唆が書記部設立の契機になった（沈以行他一九九六）。当初は張国燾（一八九七―一九七九、江西）と李啓漢（一八九八―一九二七、湖南）の二人が中心になり、秘密結社青帮《チンパン》のネットワークも生かして英米タバコや紡績工場の労働運動を支援した。そのため李啓漢自らも青帮に加わったという。書記部は地方にも組織を設け、各地で鉄道労働者、鉱山労働者らの運動を支援した。二二年七月、ストライキを扇動したとして租界当局によって活動を禁止され、北京に活動の場を移し、二三年の二・七事件後に再び上海に戻ったが、結局、同年六月、書記部としての活動は停止した。当時、共産党の影響が及んだ範囲は、それほど大きかったわけではない(7)。

　一方、共産党の動きに距離を置く人々が中心になって設立した上海工団連合会は、当局に弾圧された京漢鉄路総工会と湖南労工会の関係者らが上海に集まり、中華海員工会、上海機器工会、南洋煙草職工同志会などの賛同を得て、一九二三年八月、三二の労働組合、労働団体を結集して発足させた連合体である。労働組合としての実体を備えた組織は少なかったとはいえ、中心となった幾つかの組合は労働組合主義的な政治思想を持つ活動家を擁し、持続的な活動を続けた（小杉一九七三b）。こうした流れは、次節で触れるように二〇年代末の上海七大工会の活動などに継承された。

以上に述べたような諸勢力が未分化なまま結集したのが、一九二二年五月に広州で開かれた第一回全国労動大会である。開催を呼びかけたのは共産党が設けた労動組合書記部であったにもかかわらず、大会には、湖南労工会、中華海員工会をはじめ、共産党の方針とは一線を画す組織の代表も多数参加した。さらに五・四運動後に結成された中華工業協会のように、労働者の組織という実体を備えず、当時から「招牌工会《しょうはい》」（看板だけの労働組合）と批判された政治団体的なグループの代表も出席した。その後、一九二五年五月に広州で開かれた第二回全国労動大会は、すでに実質的な活動を停止していた中国労動組合書記部の名で召集され、中華全国総工会の設立を決議した。委員長には、海員工会の指導者の一人として知られ一九二四年にソ連を訪れ、ソ連滞在中に共産党に入党したとされる林偉民が、また書記長には上海の紡績労働者の組織化などに携わってきた共産党員鄧中夏が就いている。共産党指導下の全国総工会は、国民革命の展開という政治情勢の下で急拡大した後、一九二七年、前述したように上海で四・一二事件が発生し、武漢国民政府が崩壊するなど国民革命が収束過程に入り、国民党政権の統治が確立するにつれ、ほとんどその勢力を失った。

一九二〇年代は、労働立法を軸に、労働者を組み込んだ社会秩序が模索されるようになる時代でもあった（向山一九六八）。一九一九年一〇月二九日、ワシントンで開催された国際労働機構（ＩＬＯ）第一回総会で採択された中華民国北京政府に対する勧告が一つの契機になった。その勧告は、中国政府に一日一〇時間・週六〇時間の労働時間上限規制（一五歳未満の幼年工には一日八時間・週四八時間）、一〇〇人以上を雇用する全工場への適用などを盛り込んだ労働者保護の立法措置を求めている。これに対し北京政府が一九二〇年四月二一日に発したのは、原則には同意しつつ、その実施は「わが国の産業発展段階では時期尚早」という事実上のゼロ回答だった。

しかし、これを機に内外で中国の労働問題に対する関心が高まった結果、在華キリスト教団体が推進した幼年工保護運動に促された上海の公共租界当局は、一九二五年六月、幼年工保護に関する内規草案をまとめた。また、中国労動組合書記部も、ストライキ権の承認、八時間労働制、深夜業の規制、女工・幼年工の保護などを謳った労働立法運動を呼びかけた。

広東の地方政府は一九二二年に中国最初の工会条例を公布しており、一九二四年一月に広州で開かれた国民党第一回全国大会は、労働法の制定、労働者の生活状態の改善、労働者の団結権の保障などを政綱に盛り込んだ。一九二四年一一月には新たな工会条例が公布されている。

このような状況を無視できなくなった中華民国北京政府も、一九二三年三月、「暫行工廠通則」という規定を公布施行している。適用除外規定が多く、検査・監督機関も設けられていないなど、この通則は極めて名目的なものに過ぎなかったとはいえ、中国における最初の工場法制定の試みであった。

三　労働者の再組織と工場法体制の模索　一九二〇年代末～一九三〇年代

国民革命の末期、上海総工会、中華全国総工会など共産党指導下の組織が国民党軍によって弾圧され、労働者の動きは、一時、静まった。しかし、一九二〇年代末から一九三〇年代の全体を通じてみると、中国の労働者は決して沈黙してしまったわけではない。国民党政権による全国統一が進み、抗日運動が高揚する下、経済的には恐慌の襲来と幣制改革以降の活況という変動を経る中、労働運動は様々な展開を見せ、労働者とその団体は大きな社会的存在感を保っていた。そして国民党政権にとっては、そのような労働者を、政権がめざす社会秩序の下にどのように再組織し、民衆統合を進めていくかが大きな課題となる（久保二〇二〇ａ、第Ⅰ部第四章、第五章）。

一九二八年から一九三一年まで、中国経済は全体として活況を呈していた。これには折からの銀安が輸入防遏《あつ》効果を発揮したことに加え、一九二九年から不十分ながらも保護関税的な性格を帯びた新関税が実施されたことも影響している。それに対し、一九三二年以降、中国の経済は、日本の東北侵略に伴う市場の喪失、金本位制を離脱した諸列強の為替ダンピング、アメリカの銀買上げ政策による銀価の高騰と銀の国外流失がもたらしたデフレ効果、世界大恐慌の影響の顕在化、経済の中心地上海で起きた戦火の影響などにより、深刻な恐慌状態に陥ることになった。そして、一九三六—三七年、幣制改革の成功、農産物の豊作、世界的な景気回復などを要因として中国経済は急速に復興した。

政治的社会的に大きな意味を持った変化は、国民革命が終結し、国民政府の統治下で全国統一と集権化が進展したことである。そして国民政府が新たな社会秩序を構築し、国民統合を図ろうとした時、都市部に集住する労働者の要求を受けとめ、彼らの状況を改善し、その支持を獲得することは、最も重要な課題の一つとなった。中国労動協会をはじめ新たな労働団体が生まれるとともに、工場における労働環境などを規定する工場法（中国語では「工廠法」）を軸に、労働組合法（同じく「工会法」）、労資争議処理法まで含む法制が整備されていった。

この時期の労働運動も、それ以前と同様、民族運動の一翼を担い、その機会を自らの組織力の強化に生かすとともに、労働者の要求の実現を図った。一九二八年の済南事件に抗議する反日運動、一九三一年の満洲事変と三二年の第一次上海事変に際しての反日運動、そして一九三六年頃から全国に広がった抗日運動など、その全てにおいて労働団体は大きな役割を発揮した。

上海における「罷工停業」の件数と関係工場数の推移（表8）をみると、一九二八年から三一年までは、あとで触れる一九三〇年の落込みを除き、比較的に高い水準で推移した。一九二八—三一年の好況期には、労働力市場が売り手である労働者側に有利なものとなっていたため、ストライキを起こすことも比較的に容易だった。発生原因をみても、労働側が攻勢をかけた賃上げ要求が多く（表9）、部分的実現を含めるならば労働者側の要求が実現した割合は六割以上に達していた。その一つ、英米タバコの争議では、一九二七年一〇月八日から翌年の一月一六日まで、一〇〇日以上もストライキが続き、待遇改善の要求が実現した。争議の背景には、紙巻煙草税の徴収に応じない英米煙草に対し政権側が圧力をかけた側面、さらにアメリカ資本の英米タバコに圧力をかけ中国資本の煙草会社を擁護する側

表 8　上海のストライキ統計、1918-38年

年	件数	関係事業所数	関係労働者数	損失労働日数
1918	21	…	…	…
19	23	…	…	…
20	33	…	…	…
21	19	…	…	…
22	29	…	…	…
23	14	…	…	…
24	16	…	…	…
25	75	…	…	…
26	257	…	…	…
27	117	11,698	881,289	7,622,029
28	118	5,433	204,563	2,049,826
29	108	1,011	65,557	711,921
30	87	672	64,130	801,531
31	122	1,825	74,188	685,942
32	82	450	71,395	800,828
33	88	574	74,727	478,501
34	73	454	31,023	500,572
35	94	435	78,227	475,353
36	128	646	79,202	668,076
37	213	907	80,820	917,157
38	34	60	17,027	58,473

出所：「民国二七年上海罷工停業」『国際労工通訊』6-6、1939年、3 頁。但し、1918～26年は陳達『中国労工問題』に主に依拠し、1927-32年の分は上海市社会局『近十五年来上海之罷工停業』上海市社会局、1933年に拠るものである。なお1927年前半については経済討論処の調査が参照された。

注：古山隆志「上海市社会局ストライキ統計の紹介と業種別再集計」『中国労働運動史研究』第13号、1984年が詳細に検討している。

面もあったといわれ、政権や中国資本から財政的な支援があった可能性も高い。そうした支援がない限り、九、三〇〇人もの労働者が長期にわたるストライキを続けるのは困難だったであろう。しかし、恐らくそうであったが故に、国民政府財政部長の宋子文が調停に乗り出すと、急転直下、ストライキは収拾された（Cochran, 1980, Ch.7）。

一九二八年五月、山東出兵に対する反日運動が高揚し労働者の動きも活発になると、労働運動の復興と呼ばれる状況が生まれ、同年五月から一二月にかけ上海で起きたストライキは八三件、参加人員は一一万六一三三人に達した。この時期の運動の頂点に位置するのが、上海郵務工会の二八年一〇月のストライキである（久保二〇二〇a、第I部第三章）。上海郵便労働者は、約一割を占める管理職、約六割を占め仕分け業務を担当する郵務生、揀《かん》信生、約三割を占め集配業務を担当する信差、郵差に分かれ、その間には著しい待遇格差があった。賃金・生活水準は、他産業に比べれば良好だったとはいえ、そ

表9　上海の「罷工停業」と「労資糾紛」の原因、1928-32・37年

年	賃上げ			賃下げ反対			解雇反対		
	罷工停業	労資糾紛	合計	罷工停業	労資糾紛	合計	罷工停業	労資糾紛	合計
1928	22	11	33	3	4	7	21	94	115
29	15	7	22	3	0	3	32	197	229
30	18	8	26	8	8	16	11	194	205
31	18	10	28	8	3	11	29	197	226
32	15	7	22	4	14	18	21	129	150
37	31	6	37	1	5	6	27	50	77

出所：久保2020a、158頁。上海市社会局の統計による。

れは相対的なものに過ぎず、やはり生活難を訴えるものが多かったという。他方、文化水準の高さは、組合運動に有利な条件であった。二八年一〇月二日、上海郵務工会二、五〇〇人の労働者はストライキに突入した。掲げた要求は、①賃金格差の是正、③全国郵務総工会の公認、⑧死亡時見舞金規定の公布、⑨病休保障と医薬品支給、⑪日曜休日の休業、もしくは休日出勤手当の支給、など一六項目にのぼり、生活権、待遇格差、賃金格差の三つを解決することが目標とされた。

これに対し、郵政当局は、「財政負担の増大」「他の労働者への悪影響」などを口実に賃上げ交渉に応じず、租界警察による組合員の拘引、制服没収、中国警察による郵政局内からの組合員排除といった弾圧策を講じた。上海の国民党市党部と市政府は、南京の国民政府及び国民党中央の指示を受けて調停に乗りだし、組合の対当局交渉へ党と市政府が協力すること、没収された制服を返還することなどを条件に、一〇月六日、ストは収拾された。組合側は、僅かな賃上げや死亡時見舞金制定などの部分的成果にとどまったことに不満を抱きながらも、結局、矛を収めた。その背景には、政府機関・公共事業におけるストライキを禁じる国民党中央の厳しい態度が存在した。組合側の運動は、全国の郵便労働者の中でも、また上海労働運動の中でも孤立する傾向が強く、そこにも限界があった。とはいえ、市民生活に密着した公共サービス部門において、国民政府足下の公務員労働者がストライキに起ちあがり、部分的成果すら獲得したことから、その社会的な影響力には無視できないものがあった。その重大性を自覚していた国民党中央は、上海市党部工人部長の更迭、上海工会整理委員会の解散

など、思い切った対策も講じている。

上海郵務工会は、経済的要求の実現を三大宗旨の第一に掲げ、それに沿った運動を展開しており、民主的運営によって執行部と一般組合員との結びつきも強化されていた。賃上げ要求の内容にせよ、ストライキという闘争方針にせよ、すべて組長連席会と各小組を通じ、全労働者の意志としてまとめられている。経済闘争の蓄積と民主的な運営とが上海郵務工会への労働者の結集を強め、労働組合としての闘争力量を形成していた。

一九三二年から上海経済が深刻な落ち込みを示すと、労働力市場において買い手たる資本側の優位を招く結果になり、ストライキの発生件数は減少した。参加労働者数や損失労働日数もほぼ同様の傾向をたどり、労働争議（「罷工停業」と「労資糾紛」の両者を含む）の原因も、賃下げ反対や解雇反対が増加している（表8、9）。

このように労働運動全体をめぐる状況が困難を増す中、一九三二年、「護郵運動」という言葉を掲げ、労働条件の悪化を阻んだのが郵便労働者であった（久保二〇二〇a、第Ⅰ部第六章）。経済不況に日本の満洲侵略が重なり、郵便行政の深刻な財政難に直面した国民政府は、一九三二年五月から郵便料金を一・五倍ないし二倍に引き上げる大幅な値上げ案を打ち出すとともに、銀安手当（「金貴銀賤津貼」。銀元の低落に伴う経済的損失を補う毎月二元の手当）の撤廃、昇格昇給の抑制など、郵便労働者の賃金引き下げを企てた。これに対し、上海郵務工会と上海郵務職工会は、同年五月三日、連名で「郵政の基盤を強化する方案」という全面的な対案を提示し、郵政の再建と労働条件の擁護を要求し、同月二二日からストライキを開始する。上海の行動に呼応し、北平・天津・済南・洛陽などの郵務工会もストに入った。驚愕した南京国民政府は、上海郵政局局長と交通部郵政司司長を更迭するとともに、国民党上海市党部、上海市市政府と協力してストの早期解決をめざした。その結果、スト突入から五日目の五月二六日、郵務工会・郵務職工会側と郵政当局、調停者側の三者会談が開かれ、組合代表が参加する郵政経済制度検討委員会を新設し、直ちにストを中止するという妥結案がまとまり、ストは終結した。護郵運動は、反日民族運動の高まりを機とした民衆運動の蘇生情況と社会的世論の支持とを背景に、労働条件の擁護という最も切実な要求に基礎を置くとともに、郵政全体についての体系的な政策要求をも提示し、それを一つの大きな拠りどころとすることによって、極めて大規模な労働争議となり、ある程度の具体的な成果を収めることができた。郵便料金の値上げ案修正、「銀安手当」の復活、昇格昇給制度の原状維持、郵政経済制度研究委員会の新設、郵政儲金匯業局の郵政総局への併合、などがそれである。こうした成果は、後述するように全国郵務総工会の正式発足を可能にする有利な条件にもなった。上海郵務工会を中心とする労働組合主義的な潮流は、南京国民政府期の労働運動を代表する一つに位置づけられる（田明二〇一七）。

一方、不況下の労働運動を代表する事例に、一九三四年、美亜絹織物工場（中国語では「綢廠」）で起きた争議がある。同社は主に人絹布、人絹交織布を製造していた業界最大手の企業で、上海市内の九工場に六、〇〇〇人が働いていた。不況下、すでに前年七月に一律一〇％の賃金カットを実施していた美亜は、一九三四年三月初め、さらに二〇～三〇％の賃金カットを通告した。これに対し、その撤回を求めるストライキが同月五日から開始され、国民党上海市党部と上海市政府が仲裁を試みたにもかかわらず、二〇日には会社側が営業休止を宣言し、労働者が上海市社会局を包囲するほどの事態となった。当局は、組合の活動家を拘束する一方、四月一二日、労働者に職場復帰を呼びかけるとともに会社側にも操業再開を指示する。その結果、労働者側も同月二二日までに賃金カット案の一部を修正することだけで妥結せざるを得なくなり、ストライキは終結した。

一九三五年以降、上海経済が上向きになるにつれ、ストライキは再び活発になり、参加労働者数や損失労働日数も増加した。こうした労働運動の広がりの中でも、規模という点でも社会的な影響力という点でも際立って重要な意味を持ったのが、一九三六年一一月、上海で起きた日系企業、在華紡のストである（古厩一九八三、二〇〇四）。幣制改革以降の景気回復で紡織品の市況が急速に改善し、作業量が増えて労働の密度も高まっていたにもかかわらず、会社の増収増益は労働者に還元されなかった。それに不満を抱いた上海市東部の楊樹浦一帯の在華紡で働く一万五、〇〇〇人は、二〇％の賃上げ、昼食時の一時間休憩の保障など五項目の要求を掲げ、一一月八日からストライキを開始する。会社側は五％の賃上げで幕引きを図ったが労働者側は納得せず、同月一七日から一八日にかけ上海市の西部や浦東にある在華紡工場にもストライキが波及した。争議の拡大は社会的注目を集め、折からの抗日運動の高揚と相まって、救国会などが労働者を支援する動きも広がった。社会不安が増し日中関係にも影響が及ぶことを恐れた国民党政権は、懸命に調停を試みた。中日貿易協会理事長の任にあった銀行家銭永銘（新之）、上海の裏社会を仕切っていた上海市地方協会会長杜月笙らも仲裁に乗り出している。同月二二日に起きた「抗日七君子」逮捕事件は、在華紡の労働争議で日中関係をこじらせたくないという当局の強い意思表示でもあった。こうした様々な動きが錯綜する中、最終的に労働者側が五％の賃上げと幾つかの待遇改善策を勝ちとり、争議は終息した。なお、この争議に対する共産党の影響は全くなかったわけではないとはいえ、限定された小さなものであった。直接、紡績労働者に接触できた党員は二～三名に過ぎない。当時、上海の党組織は崩壊し、極めて弱体化していた（上海市紡織工人運動史編写組一九九一）。

以上に概観した一九二〇年代末から三〇年代にかけては、様々な労働団体が興亡を繰り返した。以下、労働運動の中心地上海を中心にみていこう（久保二〇二〇a、第I部第四章）。国民革命の最終局面で起きた革命勢力の分裂にともない、共産党の影響下にあった上海総工会は国民党軍によって弾圧され、壊滅的な打撃を受けた。その直後の一九二七年四月、軍の政治部によって労働組合を統括する上海工会統一委員会という組織が設立されている。しかし同会は、英米煙草、三友実業社、先施公司（デパート）、永安公司（同）、中華書局などで起きた争議で何の役割も果たさず、労働者の支持を得られずに終わった。代わって同年秋以降、国民党左派と目された上海市党部農工部長周致遠を中心とする勢力が台頭した。彼らが出版していた『工人運動』、『群衆運動』などのパンフレットは、資本主義制度の維持を前提に置きながら労働者の生活改善と権利の保障を呼びかける改良主義的な労働運動の理念を示している。二七年一一月には、英米タバコのストライキ支援集会の場で周致遠らの主導下、上海工人総会という新組織も結成された。

だが一二月に共産党が広州で起こした武装蜂起は、こうした動きに大きな影響を及ぼした。蜂起自体は三日間で鎮圧されたとはいえ、国民党の統治下で、民衆運動全体を警戒し抑制する傾向が強まったからである。上海工人総会の活動は萎縮を余儀なくされ、二八年四月、上海工会整理委員会という国民党中央が新たに設置した組織に吸収された。だがこの会も労働者の支持を得ることはできず、組合員再確認や組合再登録といった作業が難航し、結局同年一〇月、解散に追い込まれている。

軍の政治部、あるいは国民党による直接的な労働界統括の試みが失敗に終わる間に、上海では「七大工会」と呼ばれた商務印書館、商務印書館発行所、上海郵務、英米タバコ、南洋タバコ、華商電気、報界（新聞業）の七つの企業・業界の労働組合が連合して行動し、改良主義的な労働運動を推進する役割を果たした。一九二八年二月、国民党第二期四中全会が開催された際、民衆運動を全面禁止しようとする一部右派委員の動きが伝えられると、七大工会は、国民党の本部に代表を派遣し、そうした策動に反対することを請願した。また同年四月、労資仲裁条例が労働側に不利な内容に改変されようとした際も、ストライキ権を擁護する立場から、改変に反対する主張を発表し、八月の国民党第二期五中全会に対しては国民党左派の主張と共通する「労工の建設事項」を請願した。一連の行動が示すように、七大工会の立場は改良主義的労働運動を目指す国民党左派に近いものであった。

その後、一九二八年秋から年末にかけ、七大工会を中心とする上海の労働運動は、郵便労働者のストライキとフランス租界電車労働者のストライキを軸に一つのピークを迎え、国民党政権との間に緊張した関係を生じることにもなった。同年一〇月の上海郵便労働者のストライキは、労働条件の改善をある程度実現した。しかし、ストライキを通じて明らかになったことの一つは、七大工会の消極的な姿勢であった。薬業職工会、加工品業職工会など一三の組合がストライキを支援する宣言を発表したのに対し、七大工会はというと、当の郵務工会を除く他の六つの労働組合は支援声明などを発表することはなく、ストライキ終結後に「我々は人民の通信を妨害することを願わず、ストライキの解除を勧告した」とまで述べた。これ以降、七大工会に対する労働者の支持は低下したといわれる。

一九二九年一一月に工会法が施行された後、全市的な労働組合の連合体は成立の法的根拠を失い、それまで全国の労働運動を牽引してきた上海でも全市的な労働団体は姿を消した。しかし一九三一年の九・一八事変以降、反日運動への参加を契機として、上海の労働運動は極めて活発化し、上海特別市総工会、上海市総工会等の組織が次々に生まれていく。そして、これらの組織を統合する形で、一九三二年一月二二日、六〇団体以上の代表四〇〇人余りを集め、上海総工会が結成された。実際の運動の広がりが、当初の法的規制の枠組みを乗り越えていったともいえよう。注目されるのは、この運動の中心にも、朱学範、陸京士ら上海郵務工会の関係者がいたことである。一方、産業別の全国的労働組合組織の結成でも、郵便労働者が先頭に立った。全国郵務総工会籌備委員会の常務委員には、上海郵務工会の陸京士ら三人と南京郵務工会の王樹藩ら二人が選任され（その後、朱学範ら二人を増員）、彼らが中心になって各地の郵務工会の組織形態の統一と組織系統の整備、未組織労働者の組織化などが推し進められていく。上海郵務工会が積極的だった理由の一つは、一九二八年一〇月の上海郵便ストが全国からの支援を得られず大きな成果を勝ち取れなかったという苦い体験である。そして一九三二年五月に全国的に展開された護郵運動を経て、同年七月二五日、南京で第二次全国郵工代表大会が開かれ、ここに全国郵務総工会が正式に発足した。

当初、郵務総工会の籌備委員会は、全国組織結成の法的根拠をどこに求めるかという難問に直面した。一九二九年一一月に施行された国民政府の工会法は、総工会、即ち全国的な産業別組合組織の結成を認めておらず、また三〇年三月には、郵務工会が全国組織結成の有力な法的根拠になるものと期待していた特種工会組織条例そのものも廃止された。二九年の第三回全国大会に向け、国民党内においては蔣介石派と右派との連携が強まる一方、左派を政権中枢から排斥する動きが進行した。その一つの帰結が、全国組織を認めない工会法の制定であり、特種工会組織条例の廃止であった。そこで籌備委員会は、鉄道・郵便・海員等の総工会結成を法的に根拠づける特種工会法の制定を改めて政府に求めるとともに、正式に合法性を獲得する以前の段階の活動として、全国組織たる内実を整備することに力を注いだ。折から国民党左派系の一部の指導者が政権に復帰したことも、重要な意味を持った。国民党中央の民衆運動訓練委員会が改組され、その責任者となった陳公博により、労働組合の全国組織の必要性を認める立場が表明された。これらの動きのすべてが、厳密にいえば合法性を持たなかったにもかかわらず、全国郵務総工会という全国組織の結成を可能とする条件になった。

地域と産業の枠を超えた全国的な労働団体、中国労動協会（以下、労協と略称）は、一九三五年二月二四日に上海で結成され一九四〇年代半ば過ぎまで活発な活動を展開した団体である。労働組合の全国的連合組織を国民党・国民政府は認めていなかった（一九二九年「工会法」の規定）ため、労協は労働問題の学術文化団体を標榜して発足した（創設期の「中国労動協会章程」第二条）。実際、中国労働図書館の開設、学術講座の開講、労働問題に関する月刊誌の発行などの方針も労協は決めている。しかし労協の活動を実質的に支えたのは、郵務工会および郵務職工会、海員工会、津浦鉄路工会、上海市総工会などであり、前述した区分でいえば「熟練工層」が組織していた労働組合主義的な性格の強い労働組合であった。また個々の組合を組織する際には、「恒社」や「毅社」などの青帮系都市型秘密結社の人脈も重要な意味を持った。結成以降の労協は、次節で触れるように戦時下の重慶や戦後上海で大きな役割を果たした。

この時期、弾圧を受けたことに加え、極左的な方針で労働者の支持を失った共産党系の労働運動は、ほとんど姿を消した。一九二〇年代末、共産党自身、①白色テロ（国民党政権の武力弾圧）に労働者が抱いている恐怖、②階級意識の薄弱さ、③改良主義の与える僅かな経済的利益、④国民党改組派、第三党、蔣介石派らの影響、⑤当時の共産党自身の極左的な方針が結果的に労働者を党から遠ざけ、七大工会に接近させていたこと、などの理由を挙げ、自らの指導下の労働組合が急速に影響力を弱めたことを認めていた。

一方、一九三〇年代半ばになると、金融機関や商社で働く労働者の間に中間層的な意識が共有されるようになり、彼ら自身の労働団体をつくる動きが広がった（岩間二〇一二）。その代表的な存在が一九三六年一〇月に設立された銀銭業同人連誼会であり、相互の親睦、学識の向上、余暇の充実などを目的に、最大時は一万二、〇〇〇人を結集したという（「銀連」）。同年末には上海市洋行華員連誼会も結成された（「洋連」）。彼らは平時の繋がりを基礎に抗日運動に参加し、戦時から戦後にかけても独自の活動を継続した（沈以行等一九九六）。

一九二〇年代末から三〇年代にかけ、国民政府は工場法を軸に体系性を備えた労働法制を整備していった。ここではそれを工場法体制と呼び、その全体像を簡潔に整理する（本書第三章参照）。

労働運動と労働組合に直接関わる法律としては、工会法（労働組合法）、団体協約法、労資争議処理法の三つが制定された。工会法（一九二九年一〇月公布、一一月施行）は、労働者が自発的に労働組合を設立することを、団体交渉権とともに権利として認める一方、その活動については、国民党と政府の指導・統制色が強いものであった。同一の産業・職業に一つの組合しか認めず（第一九条）、監督官庁への届け出を始め様々な規制を加え、産業・職業の異なる組合の地域的な連合体を「多大な紛糾を引き起こす」として禁止している（第四五条）。ストライキ権は、調停・仲裁を経ることを条件に認められた。一方、工会法に書き込まれた団体協約権を具体的に規定した団体協約法（一九三〇年一〇月公布、施行）は、主管官庁の監督の下、雇用者もしくは雇用者団体と労働組合とが、ほぼ対等な立場で労働関係に関し約定できることを定めていた。

また、争議が起きた際の調停や仲裁の手続を定めた法律が労資争議処理法（一九三〇年三月公布施行、三二年一〇月修正施行）である。正式施行以前に一九二八年六月から暫定的に実施された際は、強制仲裁が採用されたのに対し、三〇年三月の公布施行後は、任意仲裁に変更された。しかし、解決に至らず争議が長引く場合が多いとして、三二年一〇月の修正で再び強制仲裁が復活した。このような変化は労働争議の結果に大きく影響した。上海の労働争議の処理に関する年次推移をみると、一九二八年から三〇年までは直接交渉による解決が少なく、ほとんどは何らかの仲裁機

表10　上海の「罷工停業」と「労資糾紛」の処理、1928-33・37年

年	直接交渉			調解委もしくは仲裁委の仲裁			社会局などの仲裁			未解決		
	罷工停業	労資糾紛	合計	罷工停業	労資糾紛	合計	罷工停業	労資糾紛	合計	罷工停業	労資糾紛	合計
1928	24	7	31	25	106	131	50	123	173	19	1	20
29	8	2	10	32	187	219	59	149	208	9	0	9
30	9	18	27	18	94	112	52	227	279	8	0	8
31	23	59	82	13	51	64	49	213	262	37	1	38
32	18	47	65	7	17	24	37	189	226	20	0	20
33	19	62	81	7	31	38	49	207	256	13	1	14
37	109	26	135	1	3	4	81	100	181	22	7	29

出所：久保2020a、159頁。上海市社会局の統計による。

関が間に入って解決を見ていたこと、それに対し、一九三一年と三二年には直接交渉が激増し、未解決件数も増えていること、また労資双方の代表が参加して協議する「調解委員会」や「仲裁委員会」による解決が激減し、社会局による強制的な行政仲裁が増加していること、などを読みとることができる（**表10**）。こうした傾向は、上海市社会局の『近十五年来上海之罷工停業』（一九三三年、一三頁）及び『近五年来上海之労資糾紛』（一九三四年、一〇―一二頁）によれば、労資争議処理法関係の法的規制に変化があったため生じたものであった。同法は一九二八年六月から暫定実施され（上海では、市の条例により前年五月からほぼ同様の規定が施行）、強制仲裁的色彩が強かった当初の性格が、一九三〇年三月の修正によって、若干、緩和された。一九三一年以降の直接交渉件数と未解決件数の増加は、以上の法律修正内容を反映したものとみられる。しかし、直接交渉は、労資双方の賄賂、利益誘導、脅迫、暴力行為等々を招き好ましくないということになり、結局、一九三二年九月に労資争議処理法は再改訂され、一九二八年の強制仲裁的性格がほぼ復活した。なお上海市社会局による行政仲裁が増加したことについていえば、各種施行細則が一九二九～三〇年に制定され、「不法行為」があった時や会社側または組合側のいずれかが正式に登録されていない時は、全て社会局が仲裁機関となるように規定されたことも影響している。

そして、労働法制の中心に位置し、たんに労働者を保護するだけではなく、生産政策的、社会政策的な内容を含めて立案・施行された中国で最初の実効力ある工場

法が、一九二九年一二月公布、三一年八月施行、三二年一二月に一部修正された国民政府の工廠法（以下、本書では工場法と表記）であった。その内容は相当に充実したものであり、本書第三章で詳しく検討されている。同法には、法文上、八時間労働、週休一日制、女性労働者・幼年労働者の深夜業や危険作業の禁止、産前産後の有給休暇など、先進的な労働者保護規定が含まれていたうえ、労働者の福利厚生、労働保険などを規定することによって健全な労働力を確保しようという生産政策的な見地も中核にすえられていた。さらに雇用関係の諸規定により労働契約関係法規としても機能する面を持ち、工場会議の設置など労資協調的視点まで盛り込まれた総合的、体系的なものであった。一九三三年八月には中央工廠検査所（以下、本書では中央工場検査所と表記）が成立し、工場法の漸進的施行が開始されている。実際には、工場検査の実施体制が不備であった地方が多く、小規模工場は適用対象から除外され、租界にあった外国企業への適用も外国側が様々な理由をつけ拒否していた。しかし国民政府は、外国企業への適用を諦めず、日中戦争が始まるまで粘り強く交渉を続けている。工場法の規定が、不況下で地位の不安定な労働者の最低限の要求を守る規準として機能した労働争議の事例も見られた。

こうして、さしあたりは中規模以上の中国企業に限定されていたとはいえ、工場法体制は、労働者の経済的要求の実現を助け、労働組合主義的な労働運動の発展を促す意味を持った。国民政府による労働法制がある程度の形を整えてきたことは、中国労動協会、全国郵務総工会、上海総工会などを軸に、労働者の運動と組織が持続的な活動を展開する条件になり、全体として国民党政権の統治体制を支えることになった。

四　戦時から戦後にかけての労働者と労働運動　一九三〇年代末〜一九四〇年代

一九三七年、日本の全面侵略が始まると、中国の労働者状態には大きな変化が生じ、労働運動も新たな展開をみるにいたった。それは、大別すれば、日本軍占領下に置かれた上海、天津などの沿海都市部と、国民党政権下にあった重慶、昆明など西南内陸地域の都市部とに、分けて捉えることができる。同時に、それぞれの地域の戦時統制経済の下、両地域の労働者状態に共通する傾向が生じていたことにも留意すべきであろう。

戦後になると、中国の労働者状態と労働運動は再び大きな転換期を迎えた。沿海都市部でも西南内陸の都市部でも経済が混乱し、労働者の生活防衛が最重要課題になり、労資間の対立は先鋭化した。そのような状況も背景に政治的対立が激化し、国民党政権と共産党の間の軍事衝突が拡大していく。戦前、国民党政権を支える労働者組織になることが期待されて設立された中国労動協会は、戦時中に大きな発展を遂げながら、その性格を変えていき、戦後は反政府運動に合流した。

なお、大陸で出版された労働運動史の通史では、辺区、根拠地、解放区などと呼ばれた共産党統治地域における労働運動について詳述されることが多い。しかし、そうした地域の大部分は、そもそも工業化が立ち遅れ、工場労働者の数も限られていた農村部であった。本章では、共産党統治地域が東北、華北などの大都市を含むようになる戦後の一時期について叙述するにとどめる。

日本が一九三七年に始めた全面侵略は、中国経済を大きく変容させた。重慶国民政府統治下にあった四川、雲南などの西南地域では、軍需を担う重化学工業を軸に一九三八年から四二年まで鉱工業生産が増え続け、その戦時経済は中国の抗戦を支える重要な役割を果たした。これは、沿海地域からの生産施設移転、新たな民間投資、国営企業の創設などの結果である。中国経済の中で西南地域の経済が占める比重も上昇傾向をたどり、全体の一割程度を占めるようになった。一方、一九三八年から四〇年にかけては東北地域や華北・華中の日本軍占領地域においても戦時増産が奨励され、鉱工業生産は伸長した。とくに一種の戦時景気が生じた華中地域では、中国国内市場と東南アジア市場向けの移輸出が活発化し、鉱工業生産が上向いた。重慶国民政府の下でも、日本軍占領地域でも、それぞれに異なる形ではあったにせよ、戦時統制経済の構築がめざされた。この戦時統制経済下で、大規模な工場ごとに労働者の労働と生活を全面的に管理する機構が生まれ、それは人民共和国期の単位社会と呼ばれる制度の起源となった。

一九四一年になると、ヨーロッパで勃発していた第二次世界大戦の影響を受けて全国的に鉱工業生産は減少に転じ、さらに同年末に始まったアジア太平洋戦争が激化するにつれ、一九四三年以降、西南地域も含め全国の鉱工業生産は急速に落ち込んだ。さらに深刻な打撃は、日本の侵略によって中国経済の統一が損なわれたことである。すでに満洲事変以降、東北が中国全体から切り離されていたのに続き、日中戦争の勃発以降は華北が華中から切り離され、日本軍占領地全体が国民党政権下の西南地域から切り離され、国民経済としての統一性が著しく弱まった。

戦後、中国経済は大きな混乱に陥る。戦後直後に国民政府が断行した経済開放政策が破綻する一方、不適切な経済圏再統合策が内陸地域に深刻な不況をもたらし、旧日本企業施設の接収作業も混乱を極めた。多くの要因が重なって起きた猛烈なインフレーションは、国民党政権の経済運営のみならず、その統治全体に対しても致命的な打撃を与えた。

戦時から戦後にかけ、中国の労働運動はこのような経済的激変の中で展開された。全体のほぼ九割を占める労働者は日本軍占領下の上海、天津などの沿海都市に居住していたため、厳しい制約の下で働きながら運動を進めることになった。全国的な労働団体の活動こそ困難であったとはいえ、個々の業種や職場では切実な状況を反映した動きが見られる。一方、国民政府統治下の西南地域では、戦前に設立された中国労動協会が、戦時下にあって自らの性格を大きく変えながら運動の中心としての役割を果たした。

日中両軍が砲火を交える戦場が内陸に移った後も、日本軍が占領した上海や天津などの沿海都市には一〇〇万人を超える中国人労働者が住み続け、個別の労働争議は、ストライキを含め不断に発生していた。ＩＬＯ中国分局がまとめていた上海の労働統計によれば、ストライキの発生件数は一九三八年に三四件に激減した後、三九年に一二一件、四〇年に二八六件と戦争が始まる前の水準を回復している（**表11**）。租界という特殊な環境の下、ある種の戦時景気が生じた上海では、物価上昇によって実質賃金が目減りしたため、賃上げを求める争議が増えた（表12）。その中には、一九四〇年九月から一〇月にかけて起きた租界の路面電車労働者のストライキのように、戦前から組織されていた労働組合が相当の力を発揮し、賃上げと待遇改善を勝ちとる例もみられた。その後、アジア太平洋戦争の勃発にともない経済状況が悪化すると、工場閉鎖や解雇、賃金カットに反対する防衛的な争議が増加している。戦時下の上海で起きた争議の大部分は、個々の企業や職場の労働者たちによる自発的な行動であって、労働組合の連合組織が呼びかけたり、政党が指導したりして起きたものではない。日本軍占領下の都市部で、日本の侵略に対する抵抗を続けていた国民党や共産党の組織が公然と活動するのは困難を極めた。

表11　戦時期上海の「罷工停業」、1938-41年

年	件数	関係工場数	関係労働者数	損失労働日数*
1938	34	60	17,022	58,473
39	121	433	33,433	…
40	286	2,599	120,722	…
41	329	…	137,620	1,189,441

出所：『中国工人運動史』第六巻、175-177頁。
注：*関係労働者数に「罷工停業」日数を乗じた延べ日数。
…は数値が不明なもの。

表12　戦時上海の労働者所得、1936-41年

年	名目所得指数	生計費指数	実質所得指数
1936	100.00	100.00	100.00
37	84.83	119.09	71.23
38	92.38	155.28	59.49
39	119.09	202.99	58.67
40	242.47	430.61	56.31
41	467.65	871.89	53.64

注：上海日本商工会議所『上海日本商工会議所（昭和16年度）』1942年、135頁。

占領下の上海では、日本軍や対日協力政権が様々な名称の労働団体を組織し、民衆からの支持を獲得しようとした。日本軍特務機関の資金で一九三八年一〇月に設立された中華工人福益会は、戦前の上海市総工会の職権を代行すると称したものの、肝心の労働者を結集できず、三九年一〇月に解散した。代わって戦前から実際に労働運動に関わっていた勢力の一部が同年五月に設立したのが上海工運協進会である。協進会は、一九四〇年三月に発足した汪精衛対日協力政権の支持も得て、同年六月二三日、一一四組合の代表を集めて上海市総工会と改称し勢威を誇った。しかし、この動きに反発する勢力が、同年八月二一日、上海特別市政府と結び、別に上海特別市総工会を名のる組織を設立する。さすがに汪精衛政権の内部でも二つの総工会の並立は好ましくないという判断が強まり、翌一九四一年二月一日、上海市工会整理委員会が発足し、二つの総工会はともに解散された。整理委員会も一九四三年四月に解散し、その後は、一九四二年一二月に発足した上海特別市労工福利協会が労働問題を扱った。このように、日本軍占領地域につくられた組織は、上海市総工会が二年近く活動したのを除き、ほとんどが短命に終わり、労働者からの支持獲得にも失敗した（沈以行等一九九六）。

一方、戦時にあって国民政府統治地域の労働運動の中心的存在になったのは、中国労動協会であった（本書第二章）。日本の侵略にともない、労協の活動は侵略への抵抗＝抗日戦争の中で展開されることになり、上海から武漢へ、さらに重慶へと、その本拠地を移すとともに、一九四三年頃から、日本軍占領地からの技能労働者の移住援助、労働者福祉施設の開設、労働者への出産手当・疾病手当支給など大規模な福利厚生事業を展開するようになった。こうした事業は、国民党政権が労働者を戦時動員体制に組み込む政策の一環に位置づけられ、労協がアメリカの労働組合組織、ＡＦＬ及びＣＩＯから巨額の支援金を得たことによって可能になった。それはまた、労協の活動が福利厚生・学術文化事業の範囲を超え、労働争議を指導するようになることを規制する意味も持ったであろう。もっとも、さしあたり西南内陸地域では、前述したように一種の戦時景気が生じ、労資間の矛盾が先鋭化することが避けられていた。

しかし、やがて最も深刻な意味をもつことになる事情は、労協の組織のあり方が変わり始めていたことである。創設期の労協は、主に熟練労働者が組織する労働組合の連合体という性格が強かった。それに対し戦時期の労協は、個人加入型労働組合ともいうべき新しい性格を備えるようになっていくのである。戦時期になると、近代産業・交通通信事業が集中していた沿海地域を日本軍に占領され、既存の産業別組合の力量が相当に低下した。一方、西南内陸地域では、戦時経済の急速な発展にともない、戦前と較べ労働者の数自体が激増しつつあった。さらにこの時期には、既存の組合に入っていない個々の労働者が、個人会員として直接労協に加入する例も急速に増えた。このような変化は、全体として労協内部において労働組合主義的な潮流の占める位置を相対的に低下させるとともに、労協が不特定多数の労働者を対象とする福利厚生事業に力を入れていく要因にもなった。

この時期、西南の国民党政権統治地域でも、満洲、華北などの日本軍占領地域でも、戦時統制経済が広がり、中国の労働者状態に大きな変化をもたらすことになった。それは、労働の現場のみならず人々の生活全般を一括して管理統制下に置く「単位社会」が、軍需産業の大鉱山や大工場を中心に形成され始めたことである。職場とそこで働く人々の住宅が準備されるだけではなく、商店や学校、病院、郵便局といった公共施設まで、要するに生活していくために必要なあらゆる施設が設けられ、人々は所属する単位の中だけで暮らしていくことが可能になった。単位は統制計画経済の下では欠かせない食料や衣料品の配給を受け取るための場にもなった。元来、都市部から離れた山中に開発された大規模鉱山などでは、これに類似したシステムが出現していたが、とくにこの戦時統制経済の下で、それが一挙に拡大し、戦後、共産党政権が社会主義化を強行する過程で、社会全般を覆うシステムになっていく（Bian, 2005）。その雛形は戦時期につくられた。

戦後、中国は、政権交代につながる激動の時期を迎え、労働運動も各地で新たな展開を見せた。日本に勝利した時点では、国民党政権下での戦後復興と憲政の実現に向け、多くの人々が希望を膨らませていた。国共両党をはじめとする政党代表、無党派知識人らが集まって開いた一九四六年一月の政治協商会議は、野党が政権に参加し、国民党の主導権を制約する方向性を打ち出し、三権分立を保障する憲法改正の原則も決めている。一方、戦後の到来は、侵略に抵抗するため一致団結する大義名分が失われたことを意味し、様々な政治勢力の間で激しい抗争が繰り広げられる合図にもなった。国共両党の間では日本軍部隊の投降受入れ手続きや共産党軍部隊の配備をめぐって抗争が絶えず、各地で軍事衝突すら生じていた。政治協商会議が決めた国民党の主導権を制約する方針に対し国民党内で反発が強まり、四六年三月の中央委員会ではそれを覆し、一党独裁体制を維持する諸決議が採択された。民主同盟の幹部があいついで暗殺される事件も発生した。国民党の強硬策は、一時的には国民政府の統治を固めるかに見えたものの、長期的には国民党の支持基盤を狭め弱体化させていくことになった。

国民政府がさらに政治的な孤立を深める要因になったのは、財政経済政策の失敗であった。一九四六年三月に実施した外国為替市場の開放と貿易自由化政策は失敗に帰し、四七年六月に至っても生産力は戦前の三五％までしか回復しなかった一方、巨額の貿易赤字が生まれた。旧日本軍占領地域の経済を接収する作業も混乱した。実勢レートより高く評価された内陸地域の通貨が上海などの沿海地域に流入しインフレが助長された。その反面、重慶など内陸地域では、沿海地域の高品質の商品が安価で販売されるようになり、生産者が甚大な打撃を受け、深刻な金融難と不況に悩まされることになった。日本軍や日本資本が経営管理していた生産設備の接収も、それが大きな利権でもあったことから種々の思惑が衝突し、調整作業は難航した。

経済開放政策の破綻と旧日本軍占領地経済接収作業の混乱は、戦後国民政府の財政経済をきわめて困難な情況に追い込んだ。生産と流通の復興が遅れたため、市場に供給される物資が不足し、物価が上昇した。しかもインフレが進んでいるにもかかわらず、国共内戦に対応する戦費確保のために膨大な赤字予算が組まれ、通貨が乱発され、インフレに拍車をかけた。当然、物価は暴騰した。すでに一九四六年の上半期、物価の上昇率は二・五倍になり、四七年の通貨発行量は前年の八・九倍に、物価上昇率は一四・七倍にもなっている。国民政府は四七年二月、物価に上限を設け賃金も凍結する緊急対策を打ち出したが、インフレの勢いは増すばかりであった。

次の段階で国民政府が打ち出したインフレ対策は、新通貨への切替による物価の抑制であった。四八年八月には金円券を発行し、従来の法幣三〇〇万元を金円券一元に強制的に交換することによって物価と賃金の動きを沈静化させようとした。しかし規制を嫌った市場からは商品が姿を消し、新通貨を用いない物々交換が広がることになり、この改革も失敗した。四九年七月には銀兌換券が発行されたが、やはり経済活動に混乱をもたらしただけに終わり失敗した。こうした財政経済政策の相継ぐ失敗は、国民政府に対する民衆の信任を大きく損ない、政府の政治的な孤立化を決定的なものにした。

国民政府統治下の都市部では、政府の失政を批判し生活擁護と内戦反対を掲げる運動が知識人、学生、労働者などの間に広がった。一九四七年二月から六月にかけては、政府の賃金凍結政策に反対する労働者の運動が各地に拡大している。戦後、国民政府が設立を認めた上海市総工会なども運動の拡大を担った。物価上昇を押さえられなかった政府は、結局、賃金凍結策を撤回せざるを得なかった。また同年五月二〇日、内戦に反対し飢餓から救うことを求め、首都南京の中央大学の学生らが呼びかけた運動は、当日の街頭デモが官憲に弾圧されたにもかかわらず全国に波及した（五・二〇事件）。

さらに上海最大の紡績工場の一つであった申新第九工場（略称は申九、その前身は上海機器織布局）では、一九四八年一月から二月にかけて起きたストライキに対し、二百人を超える逮捕者を出す弾圧事件が発生し社会問題化した（斎藤一九八六）。ストライキの主な原因になったのは、他の紡績工場の労働者には支給されていた米、石炭（煤球）、油、砂糖などの配給物資が申九では五カ月も遅れていたことにあった。これは、元来、税金逃れを策した経営者が正確な労働者数を市政府へ登記しなかったことが理由とされ、経営者もその非を認めたことから、早期解決も可能な問題であった。しかし、組合側が要求をつり上げたことに経営者が態度を硬化させ、さらに調停に当たっていた上海市社会局当局者の不適切な発言もあって、組合は一月三〇日からストに突入した。折から同月二九日には自治会公認を求めた同済大学学生に対する弾圧事件、三一日にはダンスホール閉鎖命令に抗議する女性ダンサーが市の社会局に乱入する事件が起き、上海社会には騒然とした空気が漂っていた。その結果、申九ストの早期収拾を決意した当局は多数の武装警官を動員し、二月二日、工場に立てこもるストライキ中の労働者を実力で排除し、死者三人、重軽傷者一四〇人以上を出す大惨事となった。逮捕者は二三六人に及び、三六五人が解雇された（沈以行他一九九五）。

この時期、国民党政権は、地方レベル、全国レベルの労働組合連合体の設立を禁じていた一九二九年工会法の改訂を進めていた。県・市レベルの連合体設立許可という一九四三年の改訂に続き、一九四七年の改正で全国組織の設立も容認する。これは世界労連（世界労働組合連合）への参加を意識したものだったといわれ、四八年四月には南京で中華民国全国総工会が設立された。もっとも四六年に再建された上海市総工会の場合、二五人の理事の内六人は共産党の秘密党員だったという。一方、国民党政権側の動きに対抗し、四八年八月、共産党も支配地域の労働組合の代表らを結集してハルビンで第六回全国労動大会を開き、中華全国総工会の再結成を宣言した。大会には、上海、天津、武漢など国民政府が支配していた地域からの参加者もみられ、労協幹部の一人朱学範も参加した。

戦時期に西南の国民党統治地域で展開されていた労協の活動は、戦後を迎え大きく変化した。戦後経済の混乱に直面し、労働争議の仲裁や失業者救済事業にかかわる機会が激増するとともに、しだいに活動全体が急進化し、国民政府に対し政治的に自立した立場を取ることが多くなっていく。労協の変化の背景には、戦後、西南内陸地域の経済が深刻な不況に陥ったことに加え、労働者の構成が戦時期に大きく変動したことが影響していた。西南の都市部には農村から大量の非熟練労働者が流入した一方、熟練労働者の流動性が極めて大きくなり、その一部は工場を退職し、機械工場、印刷工場、電器修理店などの経営者やそうした製品の取引業者に転身した。こうして組合運動の経験がない非熟練労働者が大半を占め、安定した組合活動を担っていた熟練労働者の多くが組合から離れてしまったことが、労協の急進化の一因であった。

こうして構成員が変化する間に、労協指導部の顔ぶれにも変化がみられた。一九四一年の第三回大会で会務報告を担当した常務理事諶小岑《しんしょうしん》（一八九七―一九九二、湖南）は、かつて湖南労工会や上海工団連合会に参加し、共産党とも関係を保っていた。一九四三年の第四回大会から書記長を務めた易礼容（一八九八―一九九七、湖南）は、国民革命期に湖南の国民党幹部の一人で、共産党員だったこともあった。これらのメンバーは、創設期労協の主役とは異なる人脈に属し、中共が連絡をつけやすい立場にあった。彼らは戦後の労協が直面した労働運動の急進化に対しても比較的柔軟に対処できた。

西南地域の経済が深刻な不況に陥る中、失業者救済を求める請願運動を果敢に組織するなど、労協は国民政府に対する批判的な姿勢を強めていた。これを警戒した国民党政権は、ストライキを煽り生産を妨害しているとして、一九四六年八月六日、重慶にあった中国労動協会の本部事務所と関係施設を、国民党中央の意を受けた重慶市総工会に接収させ、勤務していた職員ら三八人を警察当局に逮捕させた。しかし、不在であった労協幹部の一人、朱学範が上海で抗議声明を発表するなど内外の世論の批判が高まる中、蔣介石まで収拾に乗り出す事態となり、九月までに逮捕者全員が釈放されている。一方、朱学範は一一月、香港に移り、新たに労協総部を設立する。その後、共産党とも連絡を取りながら一九四七年六月にプラハの世界労連会議に出席した朱は、パリ、ロンドンなどを経て、四八年二月、共産党支配下のハルビンに入り、同年八月に開かれた第六回全国労動大会に参加した（労協の解散は四九年一一月）。

五　人民共和国期の中国労働者

一九四九年一〇月に成立した人民共和国は、中国の独立・民主・平和・統一及び富強のために奮闘する新民主主義――「人民民主主義」と同義とされた――の国家であることを標榜し、その時点ではソ連型の社会主義をめざす国家ではなかった。政権の主導権を掌握した共産党も、それを繰り返し強調している。しかし五〇年六月に朝鮮戦争が勃発すると、それを新国家存亡の危機と捉えた中国共産党政権は、同年一〇月に参戦して戦時体制の構築を急ぐ。国内の政治思想統制が強まるとともに、経済面でも民間企業に対する統制が強化された。そして、社会主義をめざす憲法を制定した一九五四年以降、中国は工業の国営化と農業の集団化を急ぎ、五六年初めには社会主義化を基本的に達成したと宣言した。ソ連型社会主義の中国の誕生である。

表13　中国の労働者数、1952-78年

年	人数（万人）
1952	1,603
56	2,977
58	4,532
60	5,969
63	4,082
76	6,860
78	9,499

出所：高愛娣編『中国工人運動史』2008年、128-129頁。
注：1963年の数値は、60年の数値から63年６月までの減少数を減じ算出。

その社会主義中国が最初に直面した国際的な激震は、スターリン批判であり、ハンガリー事件であった。国内でも農業や軽工業分野を中心に経済不振が続き、社会主義に対する不安が広がる。そこで共産党政権は、五八年から一挙に社会主義建設を進めようとする「大躍進」政策を強行し、結果的には惨憺たる失敗に終わった。その後、やや軌道修正を試みたのも束の間に終わり、六六年から「文化大革命」という急進的な社会主義建設路線の第二幕を演じ、やはり中国は大きな混乱に陥った。以上のような政策の転変は労働者数の推移にも如実に示され、「大躍進」期に激増した後、大幅な減少をみることになった（**表13**）。

一九七〇年代を迎える頃から文革期の内外政策の修正が始まり、七八年からは「改革開放」を掲げ、事実上、ソ連型社会主義から離脱する過程が開始された。そして九〇年代以降、「社会主義市場経済」という名の下、高度経済成長が続く時代を迎える。

こうした変動を経る中、労働者が置かれた状況にも大きな変化があった。すでに新民主主義の国家となった時点で、憲法に近い意味を持つ中国人民政治協商会議共同綱領には「労働者階級が指導し、労農同盟を基礎とし、民主的諸階級と国内の各民族を結集する」国家であることが謳われている。これは、実際のところは労働者階級の前衛をもって任ずる共産党が政権の指導権を掌握する文言にすぎなかったにせよ、労働者と労働組合の社会的な地位は高まるかに見えた。一方、人民共和国期における現実の政治過程に即してみると、中国の労働者は、自ら行動する主体にも、政権によって動員される対象にもなった。そして、共産党が、その指導下の労働組合を通じて統制していたにもかかわらず、労働者の自発的な行動は絶えることがなかった。

共産党軍が大都市を占領した当初は、労働者側から過大な要求が噴出し、経済活動に混乱が生じる状況が見られた（李国芳二〇一二）。新政権の下で物価が直ちに落ち着いたわけではなく、労働者の生活難が続いていたことも影響を及ぼしている。一九五〇年三月の上海の卸売物価は一九四九年一二月の一・八八倍に達した（**表14**）。そこで人民共和国政府は、新民主主義という枠組みの下、企業経営者と労働者の双方の立場を尊重する制度を設け、各業界・各企業ごとに労資協商会議が組織された。しかし、賃金をはじめ様々な労働条件で双方の妥協点を見つけるのは容易な作業ではなく、必ずしも労働者の要求ばかりが実現していたわけではない。そうした状況の中で一九五〇年六月に朝鮮戦争が始まり、同年一〇月に中国が参戦すると、再び物価が上昇する勢いを示した（**表14**）。一九五一年末から官僚の汚職などを摘発する三反運動が開始され、一九五二年の初めには、戦時経済下における贈賄、脱税、手抜き工事などの不正行為に反対する五反運動に動員された労働者が、経営者を摘発する先頭に立ち、経営に対する国家統制の強化を支えた（泉谷二〇〇七）。物価をつり上げる一因は投機筋の買い占めにあったとされ、経済活動全般に対する統制の強化は、民衆から支持を受けやすい政策になっていた。三反・五反運動は、物価が安定した局面にはいる転機になった（中国科学院上海経済研究所・上海社会科学院経済研究所一九五八）。

表14　上海の卸売物価指数、1949年6月-52年12月

年 月	指数
1949. 6	100.00
9	270.29
12	1,192.28
1950. 3	2,242.93
6	2,015.20
9	2,384.27
12	2,621.94
1951. 3	2,651.97
6	2,884.05
9	3,038.39
12	3,073.15
1952. 3	2,904.43
6	2,880.16
9	2,896.75
12	2,870.32

出所：中国科学院上海経済研究所・上海社会科学院経済研究所1958、448-450頁。

一九五〇年代初頭の新民主主義期における労働者の構成は、民間企業の産業労働者が一六四万人で産業労働者全体の五五％を占めていたとされ、産業労働者以外の民間の商店、流通サービス部門で働く労働者が約五〇〇万人ほどに達していた。こうした民間企業に働く労働者が、あるいは労資協商会議に出席して発言し、あるいは五反運動に動員され経営者を追及する先頭に立った。[8] しかし、一九五〇年代半ば以降、前述した過程を経て社会主義化が強行されるとともに、大多数の労働者は、統制計画経済の下、国営企業の「単位社会」に組み込まれた。

一方、労働者の労働条件を規定する労働立法についてみると、十分な整備が進んだとは言いがたい状況が続いた。人民共和国が成立した直後の一九五〇年六月、新たな工会法が制定されたのに続き、失業者救済のための職業紹介所（中国語は「労動介紹所」）組織条例、労働争議解決のための手続規定なども同年に発表され、翌五一年には労動保険条例と工廠安全衛生暫行条例も制定された（高愛娣編二〇〇八）。しかし、以上のような個々の法令や規定を体系的にまとめた労働立法は、一九九四年に労働法が公布されるまで十分に整備されることがなかった。国民政府が成立初期から工場法体制を築こうと努力したのに較べ、かなり遅れた対応といわざるを得ない。この背景には、統治政党となった共産党内部における深刻な意見対立があった。新民主主義の国家体制における労働組合の役割を重視する李立三——一九二〇年代に労働運動に関わった共産党幹部の一人である——らの意見に対し、すでに一九五一年から労働組合主義（中国語は「工団主義」）、経済主義と非難する意見が出された（石井二〇〇七、第一章）。社会主義化を強行した直後の大躍進期になると、労働組合不要論まで飛び出している（同上）。

このような状況の下、生産規律が乱れた一九五三年には、各地の工場でサボタージュが横行するようになった。その一方では経済建設が推進され、労働強度が増したことを背景に、労働災害が多発した。一九五四年には全国の鉱山と工場で一日平均死者九人、負傷者六〇〇人以上の労災事故が起きていた（高愛娣編二〇〇八）。

スターリン批判が始まりハンガリー事件が起きた一九五六年、中国でも労働者・学生の間に生活改善を求めるストライキが広がった。全国総工会の集計によれば、一九五七年に全国で一、四〇三件の労働問題が発生しており、そのうちの四六二件はストライキであった。直接の原因は、賃金問題が三八％、待遇改善が二四％などだったとされ、その背景には、上海などで労働者の実質賃金が低迷していたこと、労働者の動きが極めて活発であった上海が全国に大きな影響を及ぼしたこと、退役兵士の労働者や青年労働者が待遇の低さに強い不満を抱いていたこと、などの事情が存在した。ソ連型社会主義の統制計画経済の下、労働力市場が実質的に消滅していたことは、労働者のストライキを有効な闘争手段にさせていた。しかし、全国総工会の幹部に何よりも衝撃を与えた事実は、総工会傘下の労働組合が関与した事例が僅か二・四％にとどまったことである（高愛娣二〇一三）。共産党指導下の労働組合は、労働者に見捨てられていた。「単位社会」による統制は、必ずしも万能ではなかった。しかし、その後の、労働組合改革の試みは、「反右派」闘争によって妨げられ、長い試行錯誤が続くことになる（小嶋二〇二一、第一部第二章、第三章）。

一九六六年から六七年にかけ、上海をはじめ各地で起きた「文化大革命」時の混乱の背景にも労働問題があった。アメリカのベビーブーマー、日本の団塊世代に当たる中国の紅衛兵世代は、中国経済が低迷を続ける中、高校や中学を卒業してもなかなか定職に就けず、臨時工として不安定な生活を強いられ、鬱屈たる思いを抱えるようになっていた（上原一九七八、第五章）。激増しつつあった戦後生まれの若年の失業者ないしは半失業者こそ、紅衛兵を称した学生や若者たちの主たる供給源にほかならない。『首都紅衛兵』第二一号に「請負工よ、臨時工よ、革命を起こそう」との呼びかけを掲載した西安の建設労働者のように、不安定で劣悪な労働条件の下に置かれてきた労働者も文革に期待を寄せた（マンダレ一九七六）。彼らにとって、文革は、新しい可能性を期待させる動きであった。それに対し、ある程度安定した職に就いていた大多数の労働者や農民は、すでに大躍進政策の破綻に失望し幻滅を感じており、文革派が掲げる急進的な社会主義化政策は、同じような失敗を繰り返すものとしか映らなかった。多少なりとも労働者の生活を改善し、農村経済を活性化させた経済調整政策を彼らは支持していたのであり、急進的な社会主義化政策に対しては強い拒否反応を示す。文革派が民衆の一部を動員し得たにとどまり、多くの民衆から反発を受けるのは避けがたかった。

一九五〇年代半ばから七〇年代末までのソ連型社会主義の時代には、幹部と一般労働者の間にあった大きな格差を別にすると、中国の労働者の状態は、四つの類型に分けて考えることができる。一九七八年の時点で七四五一万人に達していた国営企業の労働者の内、正規雇用の労働者は相対的には高い賃金水準を保障され、労働保険なども整っていた。それに対し都市部で増加していた集団所有制の企業――協同組合的な小企業もあれば、国営企業が設立した下請け工場もあった――で働く労働者の賃金水準は、国営企業の正規労働者の賃金より四割から六割程度低かった。一方、国営企業の臨時工など非正規雇用の労働者の待遇は、さらに低い場合が多かった。こうした労働者の数は時期によって大きく異なり、農林水産業以外の雇用者の中で一〇％から四〇％を占めた。その他、一九七八年には農村部の郷鎮企業で働く労働者も増え始めており、全国で二、八二六万人に達していた。

おわりに

現代中国の最大の社会層は、今や農民ではなく労働者になった。就業人口七億五、〇〇〇万人中、製造業など第二次産業で働く労働者が二億一、二〇〇万人、流通・金融・サービスなど第三次産業で働く労働者が三億五、六〇〇万人にのぼるのに対し、農林水産業など第一次産業で働く人々は一億七、七〇〇万人であった（二〇二〇年時点、『中国統計年鑑』）。そして、労働者と労働者を雇用する経営側、あるいは行政機関などの間では、労働争議が今も不断に起きている（中国語では「集体労動争議案件」）。その数は、二〇二〇年の政府統計によれば、八、三二一件、参加者数は二〇万八二四人に達した。この数は、コロナ禍で減少した二〇二〇年の数字であるから、今後、この数字を上回る状況が生まれるのは間違いない。

中国に近代的な産業労働者が誕生してから、すでに百数十年が経った。第一次世界大戦後に最初の労働運動の高揚が見られた後、様々な条件の下で労働者は自らの組織をつくり、要求を実現するための運動を展開してきた。経済面からいえば、労働力市場の動向が労働運動の展開を左右する大きな要素になっていたことを確認することができる。

そして、産業別職業別に異なる労働者の在り方が、労働者の組織と運動に深く関わっていたことも明らかになった。また労働者の組織化と運動の展開には、様々な政治勢力が関わってきた一方、中華民国北京政府、南京国民政府、人民共和国政府など時の政治権力は、労働立法を通じて労働者の労働条件を改善し、労働者を政権の統治下に統合する試みを重ねてきた。近現代中国の歴史理解にとって、労働者と労働運動、労働立法の問題は避けて通ることのできない重要な研究課題の一つである。

注

（1）一九二〇年代に共産党の革命運動史の観点から書かれた通史が鄧中夏『中国職工運動簡史』と鈴江言一『中国無産階級運動史』である（鄧中夏一九四九、鈴江一九五三）。その後の展開を含め、膨大な研究成果を集大成した六巻本の通史として『中国工人運動史』刊行された（劉明逵・唐玉良主編一九九八）。それに対し国民党の立場から編纂された通史として『中国労工運動史』全五冊がある（中国労工運動史編纂委員会一九五九）。欧米の学界において参照されるシェノーの本は、共産党の革命運動史の観点を基礎に置きながらも、国民党側の研究を含め多くの文献や史料を参照した優れた概説であった（Chesneaux 1968）。

（2）以下に叙述する近代中国労働者の類型論は、中国労働運動史研究会の共同研究の成果であり、本書第二章に収録された文章に整理されている。

（3）広義には、労働組合を組織し、経営側との団体交渉によって労働条件の改善・経済的地位の向上をめざす思想全般をさす。狭義には、資本主義社会の変革のような政治的目的を追求することを排除する思想として、共産党などが批判的に用いた。

（4）自由を拘束する国家権力の存在を認めず、労働組合をはじめとするさまざまな民衆団体の自治によって社会経済を動かしていこうとする政治思想。一九世紀にフランスなどで生まれて中国に伝わり、毛沢東もその影響を受けていた。

（5）二・七事件を題材に同時代の日本の劇作家村山知義が「暴力団記」という戯曲を書き、一九二九年夏に日本国内で上演されている（久保亨『日本で生まれた中国国歌――「義勇軍行進曲」の時代』岩波書店、二〇一九年、一四七―一四九頁）。

（6）英語のLabor Union, Trade Unionなどにあたる欧米語を、日本では労働組合と訳し、中国では工会と訳している。しかし、一九一〇～二〇年代の中国では、日本語の「労働」を中国語の「労動」と訳す場合が多く見られ、「労動組合」という単語も用いられた。なお「働」は日本の国字で、中国の漢字には存在しない。

（7）中国共産党が結成された一九二一年に起きた大規模なストライキ七件についていえば、そのうちの二件で党は指導的役割を果たし、他にも二件で勝利に寄与した、というのが、当時、労動組合書記部で活動していた鄧中夏の評価である（鄧中夏一九四九、一九頁）。翌二二年以降、共産党の組織的力量は急速に増大し、知識人の党員が設立・運営に関わった長辛店工人倶楽部や滬西工友倶楽部のように、多くの労働者を結ぶ触媒を形成した事例も存在する。しかし、それは労働運動全体の中ではむしろ少数であった。当時、中国の労働運動全体が同党の影響下にあったわけではない。

（8）五反運動が労資関係に新たな問題をもたらしたことは、経済史研究の分野でも注目されている。李方祥「〝五反〟運動後国家対労資関係調整的経済史分析」『中国経済史研究』二〇〇八年第一期、霍新賓「建国初期労資関係的国家整合――以上海労資協商会議為中心」『中国経済史研究』二〇一〇年第三期。

第一章　清末工業化と機械工——福州船政局の考察——

菊池敏夫

はじめに

中国近代の工業化は、鉄鋼、機械など基底産業の未形成や、封建的危機、植民地化の危機に対応するための、軍事・基幹産業の先行的移植政策につよく規定され、総合工業的色彩を濃厚にもった少数の大規模機械制企業の登場に初発形態を有する。それは、一八六〇年代中期、太平天国の乱の終焉を機に洋務派と呼ばれる地方大官たちの主導によって創辦《そうべん》された江南製造総局（一八六五年）、金陵機器局（一八六五年）、福州船政局（一八六六年）、天津機器局（一八六七年）などのいわゆる官辦企業に代表される。

ところで、この西洋技術移植過程において、これらの諸企業は近代的機械制工業の諸工程に対応しうる専門技術を体得した多様な新型熟練労働力の確保や形成・鍛練を重要な課題とした。かかる工業の歴史をもたない中国において、それは一体いかにして可能であったのか。また、彼らはいかなる存在であり、その後の中国工業化過程に対してどのような意味をもったのであろうか。本稿では、四大兵砲工廠の一つであり、清末中国最大の造船工廠であった福州船政局を例として機械工の形成、集積過程をめぐるいくつかの断面に照射を試みることにしたい。

一　福州船政局の経営特質

船政局は、一八六六年、洋務派官僚の左宗棠が同光新政の一環として福建省福州に創辦した造船工廠である。工廠の全体規模は、前年上海に創設された江南製造総局に劣ったが、造船部門のみをとれば、それをはるかに凌ぐ大規模な機器工廠であった。船政局創辦における左宗棠の意図は、まず「防洋」「自強」にあった。とはいえ、それが軍事にとどまらず、民族経済全体の発展を図ろうとする深意と深くかかわっていたことは、近代工業の基礎は造船にあり、という彼独自の造船主義の理念によっても明確に裏打ちされていた。(1)

1　船政局の創辦

左宗棠は一八六四年から杭州で造船を試みていたが、一八六六年、福建南部の太平軍の壊滅、自らの閩浙総督就任を機に船政局創辦に踏み切った。創辦費用は閩《びん》（福建）海関収入から四〇万両を充当し、さらに経常費として同海関収入から毎月五万両を給することとした。こうして船政局は総額三〇〇余万両の五か年予算計画をもって一八六八年一月に正式に着工されるに至った。

機器類、諸設備はフランスから購入され、技術陣も主として同国から五か年の雇用契約に基づいて招聘された。フランス人の構成は、年により異なるが、およそ工程師二～四人、同秘書一人、教務処六人、工務処の船匠工長、鉄工廠領班各一人、工頭一三人、職工三〇人であった。この他、イギリス人などを含め西洋人は五二～七五人であった。実務の全体統轄者は左宗棠の信任が厚かった正監督のP. M. Giquel（元寧波海関税務司）と副監督のP. A. N. d'Aiguebelle（元寧波常捷軍管帯）で、共にフランス人であった。これらの西洋人は一八六九年から一八七四年の契約期間満了までの約五年間にわたり船政局に在職し、経営管理、工作技術、船舶工程、航海技術および近代海戦の実際と基礎的原理などを船政局労働者や前后学堂（求是学堂）の学生に指導した。(2)

2　業績と経営上の問題

まず、創辦から西洋人技術者が帰国する一八七四年までと、七五年から船政局が一時閉鎖される一九〇七年までとに大別して、該廠の造船実績と技術水準についてみておこう。

一八七四年までに船政局は第一号船「万年清」号（木製軍艦、一四五〇トン、一五〇馬力、一八六九年進水）を始め一五隻、総排水量一万五九三二トンの軍艦、商船建造を行い、「極東最大の造船廠」として名声をほしいままにした。少し詳しくみると、第一～四号船の輪機（タービン）は輸入品であったが、第五号船「安瀾」以降は原材料を除くと輪機を含めすべてが船政局の自家製であった。これらの建造船はすべて木船であった(3)。但し、当時の造船先進国イギリスでも木製船から鉄製船への移行期にあたっていた。この時期は、船政局の各工場が増設や拡充を重ね、その基本的陣容を確立した時期であり、労働者数も四～五〇〇〇人と史上最大であった。技術者養成の点でも一八七〇年代は前后学堂の運営が軌道にのり（前学堂：造船工程師養成班。全七次卒業生一四三八人。后学堂：航海士養成班、同二四八人、機関士養成班、同一二六人。なお、この中には厳復、鄭世昌、詹《せん》天祐、薩鎮水など中国近代史上著名な人々が多数含まれている）、学生・芸徒の英仏留学および帰国が相次ぐなど、船政局史上最も華やかで希望に満ちた景観を呈した時期であった(4)。

次に、一八七五～一九〇七年の間の造船実績は、三隻の商船を含む二五隻、総排水量三万一四一四トンに達した。この期には、西洋人技術者・労働者の帰国という事態があったにもかかわらず、船政局建造船の質、性能、排水量は飛躍的に増進した。一八七六年には鉄脅廠が建設され、翌年から鉄製船の建造が開始された（鉄製一号船は「威遠」一二八八トン、一五〇馬力）。またタービンも同年からコンパウンド式（複式汽機）の模造が開始され、七五〇～二四〇〇馬力船の製造が可能となった。一八八一年の第二四号船「開済」の建造は船政局史上画期的な出来事とされる。つまり、同艦は二二〇〇トン、二四〇〇馬力の巡洋艦で、部品も繁雑でいずれも重要なものばかりであったが、学堂出身の呉徳章、李寿田、楊廉臣ら中国人技術者が西洋人技術者帰国後自力で設計、建造したものであった。一八八八年になると、鋼甲艦建造の時代が到来した。双機の鋼甲艦・第二九号船「龍威」（二一〇〇トン、二四〇〇馬力）は、留仏帰国学生の魏瀚、陳兆翔が外国人の援助なしに設計、監督、建造したもので、中国造船史上の壮挙とされた。この間、一八八四年の中仏戦争で船政局の各工場は被害を被ったものの大規模なものではなく、むしろ大被害を受けた福建水師の再建のために作業量は増大したといわれる。これまでのわが国における研究では、この期の造船実績に対してきわめて否定的なものが一般的であるが、実際にはその後も一八九四年の日清戦争まではかなりコンスタントに高水準の生産が維持された(5)。

かかる結果、例えば一八六五～九五年の間における中国各水師所有艦船中に占める船政局建造船の比率は圧倒的に高く、それぞれ広東水師：一七隻中四隻、福建水師：二〇隻中一四隻（但し、中仏戦争で二〇隻中九隻が沈没した）、南洋水師：二二隻中七隻、北洋水師：二〇隻中五隻に達した。ちなみに船政局建造船以外の艦船は、南洋の七隻が上海で建造されたのを除くと、他はすべて西洋からの買船であった(6)。

ところで、船政局は一九〇七年に財政逼迫が原因で閉鎖を余儀なくされた。次に船政局の経営上の問題点について触れておく。

船政局の運営費は閩海関収入から拠出される月額五万両であった。当時の清朝関税取扱規定によれば、海関税収は四割を中央へ送付するほか、残余の六割は当該省の軍餉《しょう》、その他の費用とすることになっており、これに関する地方督撫の権限は大きかった。左宗棠は、督撫権力の弊が船政局に及ぶのを回避するため、創辦時から独自の権限をもつ船政大臣の職を特設し、これに旧知林則徐の女婿であった沈葆楨を任用した。このため沈在任中の一八七五年までは船政局の資金難が顕現することはなかった。しかし、後任の呉贊成以降の時代になると、関税拠出金は逓減していった(7)。一八七六年には、当該省取得分からの拠出金五万両が三万両に削減され、中央送付分から二万両を補填する措置が下された。また、一八七九年以降は当該省取得分からの拠出が断続的となり、そして途絶え、中央送付分からの月額二万両の拠出のみとなった。累積赤字は三〇〇余万両に及んだ。この時期から船政局の収入政策は、南洋、両広、北洋各水師からの特注艦受注および各水師による建造費の半額負担とによって減少した収入を補填するものへと構造的変化を遂げていったのである。第二四号船「開済」から第三五号船「福安」までの一二隻の戦艦・魚雷艦建造がこれに該当する。他方、かかる過程は同時に、一八七〇～八〇年代に表面化してくる銀安や清朝の財政難のもとで各水師の戦艦購入方針が費用のかさむ国内自造（造船主義）から対外購入（買船主義）へ転化するのを促進した。このようなかで財政打開の方途を見出せず、日清戦争直後には、維新派から船政局民営化の建議が出されたが、華僑・国内両資本ともに引受手がなく、一八九七年、船政局はやむなく再度フランス技術陣を招聘し廠内工程の整備・強化策を講じたが、これもまた奏功せず、一九〇七年、停辦するに至った。

船政局の資金調達法と経営再生産構造の問題をめぐって林慶元は次のように指摘している。すなわち、近代的機械生産は不断の生産拡大と一定期間毎の設備更新を必要とする。船政局の経営は内部の資本累積に依存する方法を採らず、封建財政からの固定拠出に依った。この近代的機械工業生産と封建的経営形態との矛盾が財政困窮化の原因であった、と。[8]もちろん一九世紀末以来の銀安の中国経済に対する打撃や日清戦争戦後賠償による清朝財政への打撃が、この背景として存在したことは言うまでもない。

船政局は、長期の停辦を経て、辛亥革命後、民国政府海軍部に接管され、馬尾造船所と改名された。「但し、該所は停頓して既に久しく、機器工具は多くが既に銹失し、技術員工もまた全国に散佚し、廠房、ドックは朽壊に堪えず、回復は困難であった」ため、[9]修船廠として再出発するほかなく、造船の再開は一九三〇年代のことであった。

二　熟練機械工の状態

ここでは、二〇世紀初頭まで船政局における生産を支えた労働者の状態について、生産過程と労働力編成、機械工の来源および熟練の形成などを中心に概観する。

1　生産過程と労働力編成

まず船政局には、各種事務機関のほかに、付属施設として健丁営、水師営、芸圃、前后両学堂が含まれた。

次に各車間、つまり各工場を見ると、それらは歴史的に規模の変遷が見られるが、基本的陣容の形づくられた一八七○年代以降の概略と労働力編成は以下のとおりであった(10)。

模型廠　船模型、各種機器部品の型、木彫刻などを製造する。廠中には切断機、平削盤、その他の各種旋盤二○組を備えている。最盛時工匠数一六○人。平時四七人。

鋳鉄廠　鋳鉄、鋳鋼の各種部品を製造する。鋳鉄、鋳鋼用の大小の炉、その他の炉一一座、ローラー、ふいごなどの機器二三組を備える。最盛時工匠数一六○人。平時五○人。

船廠　船の車身（ボディ）工程を担当する。石製船台（約九○メートル）、木製船台（約八○メートル）があり、木質、鉄質、銅質穹《きゅう》甲、鋼甲の各種船身を四○基製造してきた。四○○～五○○トン級船の製造が可能である。また製材機八架を備え、皮（薄鉄板）廠、船板（サンパン）廠、版築所（竈、厨房、厠所等を製造）を付設する。最盛時工匠数一三○○余人。平時五○人。

鉄脅廠　船体構造の土台をなす船殻（船体）、竜骨（キール）、横梁、泡丁（丸頭鋲釘）および船台の各種鋼鉄部品を製造する。また鍛造、拗穹（ねじまげる）、鑲配（組み立てる）などの工作を行う。製造した船身は大規模鋼甲鋼鉄船だけでも二十余基に及ぶ。廠中には、切断機、剪断機、ポール盤、捲上機、ローラー、平削盤など三五組が装備されていた。最盛時工匠数七○○人。平時六八人。

拉鉄廠　長大な銅・鉄・鋼板、銅・鉄・鋼条などを製造し、回転車輪軸、車軸、鉄錨などを打造する。廠内には、七トン・ハンマーを始めスチーム・ハンマー七架が装備され、その他ブローチングマシン、剪断機、ボール盤、平削盤など五一組、打鉄炉五七座を配していた。最盛時工匠数三八○余人。平時八七人。

輪機廠　船内の大小各種機器を製造する。平削盤、切削盤、ボール盤、スクリュープレート（ボルト螺旋溝を削る）など二二三組が配備されている。最盛時工匠数三六○人。平時八七人。楼上は絵事院（製図室）で、船身、船機、鍋炉、はめ込み部品などの総図、分図を作成する。製図担当職員四〇人。

鍋炉廠　一切の鍋炉、煙突、煙管、湯管、圧力計、羅針盤などを製造する。これまで大型船用ボイラー四〇基、小型船用ボイラー一〇基を製造した。製管機、水力打鋲機、剪断機、ボール盤、平削盤など四一組を配す。最盛時工匠数三五〇人。平時一一七人。

帆纜《らん》廠　一切の風帆、天遮帆、マスト上の取付部品、各種縄索、機重搭架（台座、骨組）などを製造する。手工によるものが多い。最盛時工匠数七〇人。平時四〇人。

儲砲廠　砲械、砲弾、魚雷を貯蔵する。

その他　材料貯蔵所（長夫など九七人）、船舶修理用の船槽がある。後者は一〇〇〇トン以上の船舶の修理が可能であり、常駐工匠数六〇人である。

これらの工場やその生産の状況について、一八七〇年代に船政局を訪問したあるイギリス人の報告は次のように述べ、技術や生産・管理の自立化傾向と高水準の維持とを示唆している[11]。

私が船政局を訪問したとき、労働者は一六〇〇人だった。但し、その数は増減する。労働者は中国人工頭によって管理されていた。工頭は船政局の学堂で訓練された者である。工程師のSegonzac氏によれば、これらの工頭は完全に信頼できる人物で、欧州人となんら区別なく任を果たしている。（中略）船とエンジンの設計は船政局の学校で訓練された中国人製図員が担当している。但し、欧州人の監督の下でだが……。

それ（輪機廠）は、きれいな広い建物で、なかには各式各様の、そして大小様々の旋盤や平削盤があり、それらすべてがフランス製であった。私が着いた時、人々は一五〇馬力の船舶用エンジンを二対、一緒に運び出していた。それらは本船政局製で、その技芸、仕上げの細工は我がイギリスの機械工場のいかなる製品に比しても遜色がなかった。

2　機械工の来源と熟練の形成

次に船政局機械工の来源および新型熟練の形成・鍛練過程について考察する。

船政局には、創辦時より粤《えつ》工（広東籍機械工）、寧工（寧波など江浙籍機械工）、福工（福州籍機械工）の三つの機械工グループがあった。彼らは主要には元来中国の旧式船製造の労働者、手工業職人、特に開港場の外国資本修造船廠労働者であり、農民出身ではなかった。

まず粤工について見ておこう。

「広州の黄埔は元来中国旧式造船業の中心地の一つで、若干の旧式ドックがあり、中国の帆船を修理していた。アヘン戦争前後にはイギリス商船が広州に来ると必ずそのドックに修理を委託していた」(12)。一八四五年、イギリス資本の大英輪船公司（Peninsular & Oriental Shipping Co.）が中国航路を開設した。初め同社船舶は必ず中国人に修理を依頼していたが、その後、同社職員であったCouperなる者が中国人からドックを租借し修船工場を開いた。イギリス資本が広州で経営した最も早期の工場であった。第二次アヘン戦争後になると、英米資本は黄埔にいくつもの船舶修造廠を設立した。これらの工場は、非常に多くの広東本地居民を黄埔沿岸に移住させたといわれる(13)。こうして黄埔では、この時期、広州一帯に中国人経営の中小規模機械工業が簇生してきたことと相俟って、中国における近代的機械工業の揺籃期に直接生産現場を担ってゆくことになる機械工の原初的蓄積が進行していった。また、類似の状況は香港、九龍でも見られ、これら南方の小さな一地域は、中国の近代的機械工業のあるところ必ず顔を出し、その技術の優秀さで知れ渡った広東機械工（粤工・南方工）の豊かな給源を形成していったのである。

次に寧工・江浙籍機械工について。

上海の近代的修造船業も外国資本の手によって開始された。それは一八五二年に設立のアメリカ資本伯維公司（Purvis & Co.）を嚆矢とするが、一八五〇〜六〇年代にかけて江南製造総局の前身でアメリカ資本である旗記鉄廠（Thos. Hunt

& Co.）やイギリス資本の耶松船廠（S. C. Farnham & Co.）、祥生船廠（Boyd & Co.）を含め一〇社を超す中小規模の修造船企業が営業していた[14]。祥生船廠は、一八六〇年代には造船・造機の一貫した生産体制を確立し、七〇年には一三〇〇トン級商船を建造した。また、耶松船廠も一八八四年には上海で初めて二〇〇〇トン級沿海汽船を進水させた。他方、清朝官辦の江南製造総局の船渠では一八六八～八五年の間にイギリス人技師の指導のもと三〇〇～二八〇〇トンの木製、鉄製、鋼鉄製の軍艦八隻、小型砲艦七隻が建造された。ここでは主な原材料は輸入に依存したが、始めの二隻を除き、各種機器、ボイラー、船体等はすべて自家製であった[15]。一八八〇年当時の労働者数は祥生船廠では一〇〇〇～一四〇〇人、耶松船廠では二〇〇〇人に達した。

さらに、福工は、福州の伝統的造船業や手工業、一八五八年に創辦されたイギリス資本厦門船廠（Amoy Dock Co.）や一八六〇年代初頭、羅星塔に開業したイギリス資本修船廠・福州船廠（Foochou Dock Co.）などにおいて集積した労働者であり、量的には船政局機械工の主要な来源を構成していた[16]。

船政局の開辦時や拡大期における機械工募集は主要にはこれら三つの地域においてなされた。例えば一八六七年、船政局は正監督 P. M. Giquel らを上海に派遣し、鉄匠、航海士、機関士に充当すべく一一九名の江浙技工を募集した。また、六九年にも同地で「一群の輪機（タービン）に通暁した中国人操舵手、水夫」を雇用した。開辦時にこのようなルートを経て募集された機械工はおよそ木工（精細木工・模型製造工）五〇〇余人、鉄工六〇〇人に及んだ。一方、広東機械工の数も多く、例えば船政局で機器を学習したのち、アメリカに留学した青年達のなかには広東機械工の子弟が多く、一七名中一二名に及んだといわれる[17]。

このような人々に学堂、芸圃出身者を加え船政局の労働者は、主に二つのルートを経て養成、再訓練されていった。沈伝経は次のように指摘する。「これらの労働者は、ある者は元来鉄匠、石匠、木匠、運輸労働者、舵手、水手であって比較的高度な鉄、木等各項の専門技術をもっており、またある者は船政局学堂、芸圃、各工廠で逐漸教育され成長してきた者たちで、一定の文化的、科学的知識を備えていた」[18]と。また林崇墉もおよそ次のように指摘する。すなわち、芸徒と最も進歩的な労働者は特別な教育によって工作機器の効能や構造、造船工程の全体について熟知しており、設計図を見て工作することができた。他方、（一般の）各機械工については、科学的な知識や近代造船に関する知識が乏しかったため、各工場・ドックにおいて、自己の従事する工作に限って個別に仔細な指導が行われた。かれらは、設計図を作成したり、ある機械の動力がいかほどであるかを計算したりはできなかったが、細かな設計図を見て工作したり、工頭として工作を指揮したりすることができた[19]、と。

彼らは、西洋式近代造船技術の新たな修得と、伝統的造船業の経験・技術の近代的汽船建造への適用という二つのルートをとおして、新型の熟練工として鍛練され、集積を遂げていった。例えば、一八七五年の外国人技術者・労働者撤退後の状況を見ると、「鉄工廠および船廠のみで労働者は二〇〇〇余人に達し、造船、冷鉄（成形・打鋲）、模型製造、鋳鉄、各種旋盤、鉗工（仕上工・機械組立工）、圧延、ボール盤など一〇数種に及ぶ工種の近代産業労働者を形成し」、また、「七〇〇余馬力の汽船用蒸気機、ボイラー壁用鉄板、その他の部品を製造することができ」たなど、その技術は当時の世界的水準に達していたと評価された[20]。かくて船政局は、清末洋務期の近代機械工業中に枢要の位置を占めただけでなく、機械工の歴史においても、その養成・仕上地、あるいは供給地として中心的、先駆的地位を占めることになり、民国期へと連なる中国の工業化の胎動を促迫していったのである。

3　賃金水準・決定機構

船政局の労働者は、労働賃金に依存して生計を立てていた。しかし、賃金水準の変動や賃金の決定機構を歴史的に追うことは困難である。いま一八七〇年代を中心にその概略を見ておこう。

ある史料によれば、西洋人は、正副監督が月額一〇〇〇両、監工・洋匠が一五〇〇両前後であった。これに対し中国人労働者は、洋行帰りの技術者が通常二〇余両、高額の場合で八〇両、一般の熟練工の賃金は更に低く、工場勤務の鉄匠・木匠らは四・二〜八・二両、彼らを監督する匠首はその四倍前後の額であった。工場労働に比べてより高度な熟練を要した船槽勤務の熟練工は一二両であり、芸徒は在学時四・二両、入廠時一二両であった。また、匠作小工や運搬夫にいたっては月額換算でもわずかに二〜三両であった(21)。

一八六九〜七四年における船政局の人件費は約一一〇万両（総支出の二〇・五%）を占めた。その内訳は、外国人分が九三・二万両、中国人職員分が八・五万両、中国人労働者分が八・二万両であった。当時西洋人技術者、労働者は本国における賃金の数倍の賃金で雇用されたのである。但し、この点はわが国幕末の西洋造船技術移植期における状況とまったく同様であり、かかる段階に特徴的な賃金体系であったとみることができる(22)。

ところで、中国人労働者の賃金水準やその決定機構はどのようなものであったろうか。林慶元は、船政局における賃金制度の突出した特徴として次の二点を指摘している。第一は、「技術が優れていれば、工種の熟練度をもって賃金高低の基準とした」点である。つまり、一般の労働者が四両とすれば、熟練度の高い者は一二両といった具合である。第二は、労働者賃金が当時の周辺社会の賃金水準から制約をうけたという点である。例えば、福建では製材業が盛んで該業労働者も多く、かれらは豊かな賃金を得ていた。船政局の労働者雇用に際しても、この民間水準を割ることはできなかったといわれ、創辦時にも、この水準に照らして募集が行われたのである(23)。

以上から、船政局労働者の賃金は、原初的労働市場原理の下で労資間において直接かつ自由に、労働者の熟練度に応じて決定されていったといえる。また、周辺の同業種・同技術間に賃金平準化機能が作用していたことに照らせば、その賃金は決して低いものではなかったと思われる。但し、これは船政局の財政が安定的に機能していた初期についてのみいえることである。沈葆楨離任後は、労働賃金の劣悪化の進行が見られた。一八七七年、船政大臣呉賛成の上奏文は、「旧い給料欠配者は杳として知るべくもないが、新しい欠配者は日毎に増加しつつある。」と述べている。また、一八八九年には、木材運搬工の賃金が五両五銭から四両八銭に減額された。一八七〇〜八〇年代以降における銀価の持続的低落は外国商品の購入価格や輸送費の高騰を惹起し、困難な船政局の財政を決定的に悪化させ、その結果労働者の生活を圧迫してきた。さらに二〇世紀に入ると、物価の高騰と銅銭価値の下落が一段と激しくなった。一九〇二～一一年の間に物価は五〇～六〇％も上昇し、労働者の実質賃金は一八八〇年代に比べ五〇％以上も低下したといわれる。船政局の初期財政機構の崩壊や中国経済状況の悪化に伴い経費節減のしわ寄せは賃金の欠配・縮減や労働者削減の方針となって顕現した。労働者の離職は漸増し、ついに一九〇七年、大量失業に帰着した。(24)

4　労働者統轄など

船政局の労働者統轄をめぐり、その封建的性格を指摘されるものに健丁営と軍法編制がある。

工場における製材、冷鉄、鋳造、製罐、旋盤、鉗床、版筑、その他各種の機械工作の主要な担い手は「一般工人」と呼ばれた機械工であった。船政局には彼らの他に、雑業に従事し「健丁」と呼ばれる大量の労働者がいた。健丁営とは、彼らのために船政局が設置した住宅である。それは、健丁たちの無軌道な行為を防止するため高い壁で仕切られており、船政局による封建的人身統轄の象徴とされた。また、軍法編制は、健丁に対して採られた統轄法で、「兵法部勒」に基づいて一〇人を什とし什長に統轄させ、五什長毎に隊長を置き全体を統轄するというものである。しかし、この二つの制度は資材運搬等の作業領域における統轄法としては歴史的にみてきわめて一般的なものであったと思われる。いうまでもなく、「一般工人」については作業内容、機器能力、労働者の技能水準と機械工たちの自立性に基づいた統轄法が採られた。

労働者組織については、機械工の出身地や言語差などに基づいた同郷的な結合とその相互の利害対立などが存在したと考えられるが、詳細は不明である。一八七六年にこの地を訪れたイギリス海軍の軍官は、「彼らは堅実、穏健であり、また恒心を持っている。彼らは行会とは何か、行会とともに発生してくる罷工とは何かを、また労働者と雇主との間における仇恨というものを、まだ知らない。」と報告している。(25)

おわりに

船政局は一九〇七年、第四〇号船「江船」（鋼製商船、五〇〇〇馬力、二一六〇トン）の建造をもって閉鎖された。約四〇年間における建造船の総馬力数は四万六七五〇馬力、総排水量は四万七七〇一トンであった。船政局の歴史は、中国における近代的機械制工場制度の初期的確立とその管理技術の蓄積、近代造船・機械技術の移植と蓄積、新型熟練機械工の大量輩出など中国工業化のための歴史的基礎を創出した。船政局の歴史を封建的危機と植民地化の危機への対応として見る限り、所期の意図は十分に実現されたわけではなかった。しかし、中国工業化の視点から重要なのは、それが生産と生産力の飛躍的増大、新たな生産関係の創出など封建勢力の意図とは隔たった所で大きな歴史的意味をもち、特に民国期の社会経済に対するプラスの遺産は限りなく大きなものであった、という点であろう。

機械工をめぐっては、船政局が四〇年の歴史において十数種の工種について大量の新型熟練の形成を推進した点に着目しなければならない。彼らの力量は何よりもまず四〇号の建造船という巨大な業績に象徴される。次に、学堂、芸圃出身者は、新型技術修得の後、船政局経営の悪化の過程で全国に拡散し、各地の鉄道、鉱山、電信、軍事工廠、民間製造業企業において技師、機械工などの基幹的労働力として活躍した。特に二〇世紀初頭にブームとなる鉄道ではその活躍がめざましく、資本・技術系列を同じくする京漢鉄道を初め、抃《べん》洛、広九各鉄道の測量、敷設、運営、管理を統轄する中国人工程師の全員が船政局の関係者であったし、また芸圃卒業生や機械工たちは京漢、正太、隴《ろう》海各鉄道工場のなかで高い比率を占め生産力の主要な担い手となったばかりでなく、後続の、新たな熟練養成という課題に対しても指導的役割を果たしたのである。

以上から、船政局における機械工の形成と蓄積の過程は、工業化、特に重工業の確立を重要な基盤として近代経済社会や自立した近代国家の創出をめざした近現代中国の歴史の一原点をなすものであったということができよう。

注

(1) 楊東梁『左宗棠評伝』(湖南人民出版社、一九八五年) 九二～九三頁。
(2) 龐百騰「中国早期発展経歴中西方技術人員和技術援助」(楊慎之編『左宗棠研究論文集』岳麓書社、一九八六年、所収) 二二二頁。
(3) 楊東梁、前掲、一〇三～一〇四頁。
(4) 王志毅『中国近代造船史』(海洋出版社、一九八五年) 九七～一〇〇頁。
(5) 楊東梁、前掲、一〇四～一〇六頁。中国やアジアに対し偏見のない目で叙述されたすぐれた研究書である武田楠雄『維新と科学』においても、この期の船政局については、「生産は、事実上、最初の五年くらいでストップしてしまった。加えてせっかく造った造船所と砲艦は、のちに (一八八四年の中仏戦争時) フランス海軍の砲撃でついえてしまうのである」と述べられており、再検討されるべき余地を残している (岩波新書、一九七二年、一二四～一二五頁)。なお、日本の最初の鉄製汽船建造は船政局よりも五年遅れの一八八二年、イギリス資本小野浜造船所によってなされた。造船においても日中技術水準の逆転は日清戦争を境としている (井上洋一郎『日本近代造船業の展開』ミネルヴァ書房、一九九〇年、七三頁)。
(6) 張国輝『洋務運動与中国近代企業』(中国社会科学出版社、一九七九年) 一〇六～一一六頁。
(7) 林慶元「福建船政局創辦及其発展与改造」(『中国社会経済史研究』一九八三年三期) 一一〇頁。
(8) 林慶元、前掲、一〇九～一一〇頁。
(9) 安忠義「三十年来中国之造船工業」二 (周開慶主編『三十年来之中国工程』下、台北・華文書局、一九四六年、所収) 二～三頁。
(10) 中国史学会編『洋務運動』第八巻 (上海人民出版社、一九六一年) 五一五～五二四頁。林崇墉『沈葆楨與福州船政』(台北・聯經出版事業公司、一九八七年) 三六三～三六五頁。
(11) 中国史学会編、前掲、三七〇頁。

(12) 孫毓棠『中日甲午戦争前外国資本在中国経営的近代工業』(上海人民出版社、一九五五年)七頁。
(13) 孫毓棠、前掲、八頁。
(14) 王志毅、前掲、二九〜三四頁。
(15) 古山隆志「五・四期上海造船業労働者についての基礎的検討」(『中国労働運動史研究』一号、一九七七年)一〇〜一一頁。
(16) 王志毅、前掲、四八〜四九頁。
(17) 林慶元、前掲、一〇七頁。沈伝経『福州船政局』(四川人民出版社、一九八七年)八七頁。
(18) 沈伝経「論福州船政局」(楊慎之編、前掲、所収)八七頁。
(19) 林崇墉、前掲、四八三頁。
(20) 林慶元、前掲、一〇七頁。
(21) 林慶元『福建船政局史稿』(福建人民出版社、一九八六年)二五六〜二五九頁。
(22) 一八六六年、横須賀造船所建設のために来日したフランス人首長ウェルニーの年俸は一万ドルで日本一の高給取りであった(武田楠雄、前掲、一一七〜一一八頁)。
(23) 林慶元、前掲、一〇八頁。
(24) 鄭剣順・羅耀九「福州船政局剖析」(楊慎之編、前掲、所収)二六三頁。林慶元、前掲、三二〇〜三二四頁、など。
(25) 中国史学会編、前掲、三七三頁。

[追記] 本稿は、『中国労働運動史研究』第十五号(一九八六年十二月)掲載の拙稿「近代中国における機械工の形成——福州船政局労働者論ノート——」を大幅に補正したものである。

補記 原載は神田信夫先生古稀記念論集編纂委員会 編『清朝と東アジア——神田信夫先生古希記念論集』山川出版社、一九九二年。

第二章　民国期中国労働者の構成・意識・組織

中国労働運動史研究会報告者集団

はじめに

今回の報告（章末「補記」参照）の課題を二つに限定したい。その第一は一九七〇年代半ば以降の中国労働運動史研究会（以下、中労研と略称）などによる研究成果を整理し、民国期（一九一二～四九年）の中国労働者について、三つの類型を提示するとともに、彼らの間で形成されていた労働者組織もしくは労働団体の基本的な特徴を確認することである。一九六〇年代以前の著作は、そのほとんどが国共両党の革命史研究の一環に位置づけられており、政治的な評価に傾いたものが多かった。それに対し近年の研究成果は、まず労働者の実態を具体的な生産過程に即して把握し、それを踏まえて運動史や組合史の分析を深めようとしている点に大きな特徴がある。そうした新しい研究成果を整理して示すことを、本報告の第一の課題とする。

そして今回の報告の第二の課題は、上記のような研究成果を踏まえつつ、一九三〇～四〇年代に存在した中国最大の労働団体「中国労動協会」について、その組織の性格や活動の足跡に関する歴史的な考察を深めることである。史料的制約などのため、この時期の労働運動に関する研究は、従来、相対的に立ち遅れた分野になっていた。しかしここ数年の間に新しい史料集や各種新聞雑誌のリプリント版等が公刊されたことから、史料的な条件は格段に改善されつつある。本報告は、そうした新しい条件を生かし、研究史上の空白を埋めようとする試みである。〔基本史料〕陸象賢主編『中国労動協会簡史』上海人民出版社、一九八七年（以下『労協簡史』と略称）、斉武『抗日戦争時期中国工人運動史稿』人民出版社、一九八六年（『抗戦期工人史』と略称）。馬超俊等編『中国労工運動史』全五冊、中国労工福利出版社〔台北〕、一九六六年も、いまなお参照に値する（『労工史』と略称）。

一　民国期中国労働者の実態

一九世紀半ば頃から一九三〇年代までの経済発展を通じて、民国期（一九一二～四九年）の中国には、次の三つの類型からなる多数の労働者が形成されていた（**表1**参照、この間の経済発展の概要は久保亨『中国経済百年のあゆみ』創研出版、一九九一年を参照）。

まずその第一は、一八五〇年代頃から沿海都市部の交通通信産業と重工業の発展にともなって形成された一群の労働者たちであって、近代的運輸・通信・出版・新聞関係の労働者、ならびに造船修理・機械製造などの機械工を含んでいる。本報告では彼らのことを「熟練工層」と呼んでおきたい。彼らの労働には、それぞれの専門分野に応じた近代的科学技術に関する知識と、それに裏付けられた相当程度の熟練が必要とされていた。この場合の「熟練」が、産業の発展＝分業の進展にともない、万能的熟練から単能的熟練へ変化しつつあったことも見落としてはならない。彼らの賃金は他の労働者たちに較べ相対的に高い水準を維持することができ、体系的な等級賃金制が施行されている場合が多く見られ、雇用関係も比較的に安定したものであった。

第二の類型の「都市雑業層」は、いわば第一の類型の対極に位置するような労働者たちであって、埠頭や駅構内で働いていた苦力（クーリー、荷運び労働者）や、市民の足になっていた人力車夫などがこれに属する。彼らの間では、ほとんど熟練を要さない肉体労働に従事していた点、教育を受ける機会がなかった点、厳しい長時間労働であるにもかかわらず、日給もしくはノルマ制の低賃金に甘んじなければならなかった点などが共通している。また多くの場合、彼らの労働には一時的、出稼ぎ的、季節労働的な性格がつきまとい、不安定な雇用関係の下に置かれていた。そうし

1920年代前後における労働者類型

③形成過程・労働者結合原理	④労資関係・社会統合	⑤ 研究文献
(1)西洋技術移植過程で軍事・造船工廠・海運業を拠点に旧熟練と異なるレベルにおいて形成・鍛冶・集成 (2)鉄道業・製造業の拡大に伴い(1)から機械工の全国的拡散や拠点の拡大、量的蓄積が進行 (3)クラフト・ユニオンの克服をとおして産業別組合を志向 (4)旧熟練のギルド的結合（親方・徒弟関係）とは異質の、新熟練に基づく企業別的、または養成地別・出身地別的結合の進展（ただし言語・出身地別に基づく競合は激しい）	(1)基幹産業企業・官営企業の基幹部分を担う労働力であり、また熟練形成過程との関係で企業帰属性が比較的強い。同時に資本による包摂の度合もきわめて高い。 (2)国家による社会政策の対象。 (3)労働組合は比較的恒常的に存在、活動	古山隆志「1920～22年の香港労働者の闘い」『歴史評論』328号、1977年８月 高綱博文「中国鉄道労働運動の発展とその構造」『歴史評論』328号、1977年８月 久保亨「1920年代末中国の『黄色工会』」『中国労働運動史研究』２号、1978年１月 古山隆志「中華海員工業連合総会の成立（1921年３月）」『中国労働運動史研究』４号、1978年３月 菊池敏夫「京漢鉄道二七惨案に関する一考察」『中国労働運動史研究』６・７合併号、1979年12月 久保亨「国民政府期の中国労働運動――郵務工会の活動を中心にして」『中国労働運動史研究』15号、1986年12月
(1)都市形成過程、農村困窮化過程において都市流出した労働力 (2)同業種労働者間の競合はきわめて激しい (3)都市型秘密結社とのつながり（口入れ稼業・ピンハネ）	(1)小規模資本と非熟練労働者の関係 (2)資本と労働者の結び付きはゆるやか (3)治安の対象 (4)労働者組織は秘密結社と密接な関係	古厩忠夫「五・四期上海の社会状況と民衆」中央大学人文科学研究所『五・四運動史像の再検討』1986年
(1)近代的機械（器械）生産の発達と非熟練・若年・女子労働との結合 (2)同郷的結合・都市型秘密結社的結合が強い (3)外部活動家による影響が際立って大きい（YWCAなど）	(1)近代的機械（器械）生産と非熟練・若年・女子労働との結合 (2)長時間労働など苛酷な労働条件 (3)国家は厚生の面で問題関心（ILO調査）	高綱博文「中国近代産業労働者の状態――1920-30年代の中国紡績労働者」『講座中国近現代史』第５巻、1978年 Emily Honig, *Sisters and Strangers: Women in the Shanghai Cotton Mills, 1919-1949*, Stanford University Press, 1986 曽田三郎「上海女子工業進徳会の結成計画と製糸女工の活動」『下関市立大学論集』32巻１号、1988年

表1　中国近代、とくに

①類　型	②労働·労働者の特質		
	生産過程·労働の基本的特徴	賃金水準・体系	社会意識の特徴
a〔熟練工〕機械工 近代的運輸・通信・出版・新聞労働者	(1)工作機械使用による生産 (2)工場における集団的な、協業に基づく分業 (3)工作種類は単能的 (4)熟練の性格は単能的熟練化の方向 (5)近代的運輸機関の駆使能力・関連技術・知識による生産 (6)識字能力・その他の科学的知識による生産 ((2)(3)(4)は共通)	(1)賃金依存による生計 (2)相対的高賃金 (3)熟練度に応じた賃金、等級賃金制（比較的安定度があり、体系的なもの） (4)月給形態が多い	(1)農民、雑業層・都市下層民との隔絶 (2)熟練・技能・知識・生産に対する信頼 (3)社会的地位向上の志向と社会的安定の志向
b〔都市雑業層〕 荷運び・人力車夫・都市雑業労働者	(1)熟練を要さない肉体労働による生産 (2)都市の発展に伴う運搬・運輸部門や都市雑業部門に従事 (3)労働の「一時的」・「出稼ぎ的」「季節的」性格	(1)低賃金 (2)労働力の再生産の困難 (3)日給形態、ノルマ制が多い	(1)「その日暮らし」的 (2)親分・子分関係が強い (3)都市型秘密結社とのつながり
c〔非熟練・「家計補充的」労働者〕 製糸・紡績労働者	(1)主として若年・女子労働 (2)近代的機械生産 (3)工場における集団的な、協業に基づく分業 (4)基幹部分は経験的熟練を要する (5)製糸は季節性が強い	(1)低賃金 (2)労働力の再生産の困難 (3)日給形態、ノルマ制が多い	(1)同郷意識 (2)相互扶助グループの結成

た不安定な雇用関係を補完する機能を果たしたのが、労働請負人的な「工頭」と一般の労働者との間に存在していた独特な「親分・子分」関係である。しかし中国における近代的な運輸業や商工業の発展が、こうした「都市雑業層」の労働によっても支えられていたことを見逃すわけにはいかない。その意味において、彼らもまた第一の類型と同様に、一八五〇年代頃からの経済発展が新たに作りだした存在だったのである。

他方、一九世紀の末頃から始まり、一九一〇年代半ばから三〇年代にかけて急速に発展した沿海都市部の軽工業分野において、新しい第三の類型の労働者が登場してきた。彼らは、近代的機械工業の分業体系の中における非熟練労働を担う存在であり、賃金水準がかなり低いものであったことから、若年もしくは女子の家計補充的労働者を主力としていた。綿紡績業や製糸業に多く見られた彼らのことを、本報告では「非熟練・『家計補充的』労働者層」と名づけておくことにする。なお、非熟練労働として概括できるとはいえ、基幹的な部分の作業においてはある程度の経験的熟練が求められていたし、機械設備を取り扱うのに最小限必要な知識と技術も備えていなければならなかった。さきの「都市雑業層」とは、これらの点において大きな相違が存在している。

その後、中国の経済発展は、一九三〇年代末から四〇年代半ばの日中戦争期に特異な様相を呈するようになる。その特徴の一つは四川省などの内陸部において軍需工業を中心とする工業化が急進展したことであり、従来、ほとんど近代的機械工業が存在しなかったそれらの地域においては、第一の類型の労働者＝「熟練工層」の不足がきわめて深刻になった反面、第二・第三の類型の労働者が激増した（後述）。

以上の各類型の労働者の間には、それぞれに固有の社会意識が存在していた。そうした労働者の社会意識には、伝統的な中国社会の中ですでに形成されていた、民衆レベルのさまざまな結びつき意識が大きな影響を及ぼしている。その全体像を詳細に説明する余裕はないが、伝統的な種々の結びつき意識としては、①日本のイエとは異なるはるかに広範囲に及ぶ同族的な結びつき意識、②寧波帮《パン》、広東帮、山東帮などと呼ばれ、固有の言語や生活習慣に基づく同郷的な結びつき意識、③職人ギルドの歴史的な伝統に根ざし独自の会館を備えることが多かった同業的な結びつき意識、④青帮《チンパン》、哥老会などの秘密結社を軸にした結びつき意識、などを挙げることができる。中国の労働者は、こうした伝統的な種々の結びつき意識をも一つの手がかりとしながら、新しい労働者としての社会意識にもとづき、独自の組織的なつながりを模索していくことになった。

第一類型の「熟練工層」に属する労働者たちの組織としては、早くから船舶修理などの機械工業が展開していた広東地方の機械工がつくった広東機器研究公会（一九〇九年成立）が最も早い時期に組織されたものであり、広東省機器総会（一九二一年成立）はその後身である。彼らが中心となり、一九二六年には、中華全国機器総工会という機械工業労働者の組合の全国組織も結成された。また鉄道労働者の間では、それぞれの主要幹線ごとに、〔津浦鉄路〕職工同志会（一九二一年成立）、粤漢鉄路工会（一九二一年成立）、〔京漢鉄路〕工人倶楽部（一九二二年成立）などが組織されている。こうした鉄道労働者の組織化過程においては、車両工場で働く機械工の果たした役割が大きかった。また海員の場合は、まずはじめに出身地別（広東と寧波が海員の二大出身地であった）職種別の相互扶助団体である聯義社（一九一三年成立）や炎盈社（一九一四年成立）、中華海員公益社（一九一五年成立）などが生まれ、やがてそうした諸組織を総結集して中華海員工業連合総会が一九二一年に結成されている。さらに郵便労働者は、上海郵務公会（一九二五年成立、当初は組合を意味する工会の使用を避けていた）など、各地の主要郵便局ごとに組織化が進んだのを踏まえ、一九三二年に全国郵務総工会を結成した。このように第一類型に属する労働者たちの間では、一九一〇年代頃から近代的な労働組合の組織化につながる動きが広がっており、中には全国組織を設立するに至ったものも少なくない。

それに対し第二の類型に属する労働者の間では、持続的安定的な労働組合運動は稀であった。労働組合と称する組織がまったく作られなかったわけではない。五・四運動期から国民革命期にかけ反帝国主義運動が活発化した時、埠頭に働く労働者の間では碼頭工会の活動が見られたし、上海・北京・武漢などでは人力車夫工会が組織されている。

しかし多くの場合、そうした組合は従来からあった作業請負のための組織が名前を変えただけといったものであり、その責任者にも親方的な労働者が就いていた。

他方、第三の類型の労働者の場合、上海の製糸女工たちが組織したことのある繅絲女工同仁公会（一九一二年成立）や上海女子工業進徳会（一九二二年成立）、あるいは一九二二年の上海日華紡ストや一九二五年の在華紡ストなどの際、各工場ごとに結成された紡績女工たち中心の工会などを挙げることができる。こうした労働者の組織は、自らの労働条件の改善のため、ストライキも構えて経営者側と交渉するなど、第二の類型の労働者たちの組織に較べれば、労働組合的な性格を強く持っていた。しかしこうした労働組合的な組織にしても、いわばストライキのために一時的に組織されたという場合が少なくない状況だったのであり、ストの収拾後も活動を継続できた例はきわめて少ない。第一の類型の労働者たちの組合のような安定性・持続性は、なかなか保てなかったのである。

以上に述べてきた労働者組織の実態は、当然のことながら各種の労働関係政治団体と労働組合の連合組織の在り方を規定するものともなった。第一の類型の労働者が主力となって連合を結成した事例としては、上海工団連合会（一九二三年成立）や上海七大工会（一九二八年成立、上海郵務工会のほか大手出版社の商務印書館の組合、新聞社の組合、上海付近の鉄道労働者の組合等が結集）などがある。それに対し、第二、第三の類型の労働者の組合を中心に多数の労働組合を一時的に結集した組織として、湖南労工会（一九二〇年成立）や中華全国総工会（一九二五年成立）が存在した。他方、諸勢力が未分化なまま総結集していた状況が見られたのが、第一回全国労動大会（一九二二年開催）だった。なお一九一二年結成の中華民国工党や、一九二〇年前後の上海に出現した各種「招牌（看板）工会」は、労働団体や労働組合を名乗っていたとはいえ、ほとんどその実体を伴わない政治団体的性格の強い組織だった。

二　中国労動協会の組織と活動

中国労働協会（以下、労協と略称）は、一九三五年二月二四日に上海で結成され一九四〇年代半ば過ぎまで活発な活動を展開した全国的労働団体である。その組織と活動の実態はどのようなものだったのであろうか？　また一般に民衆運動に抑圧的な姿勢で臨んだと理解されている国民政府の統治下にあって、こうした労働団体の全国組織が活動しえた条件は、何だったのであろうか？　以下、労協の組織と活動を、三つの時期――〔1〕創設期（一九三五・二～一九三八・二）、〔2〕戦時期（一九三八・三～一九四五・八）、〔3〕戦後期（一九四五・九～一九四九・一一）――に分けて検討していくことにしたい。

〔1〕創設期（一九三五・二～一九三八・二）

一九三五年二月二四日、上海市総工会の講堂を借りて開かれた労協の成立大会には、関係者三〇〇人余りが参加し、「章程」（規約）や大会宣言などを採択するとともに、理事一九人と理事候補九人を選出して幕を閉じた。当時、国民党・国民政府が労働組合の全国的連合組織の結成を原則として認めていなかった（一九二九年「工会法」の規定）にもかかわらず、労協は、国民党や国民政府の来賓をも招いて公然と結成大会を開くことができた。その理由は、一つには、労協が労働問題関係の学術文化団体を標榜したからであった。創設期の規約「中国労働協会章程」は、その第二条において「本会は三民主義に基づき、労働問題に関する理論を研究し、労働者の文化を創り出し、協力して労働者の福利増進を図り、中華民族を復興することを趣旨とする。」と規定しており、主な活動領域を学術文化方面に限っている（「章程」原文は『労工史』一二二五―一二二九頁）。実際、同年四月一五日の労協理事会も、初年度の学術文化事業として「一　中国労働図書館の開設、二　労働問題に関する学術講座の開講、三　労働問題に関する月刊誌の発行、四『労工補習夜校』の開校」などを決めていた（『上海市年鑑』民国二五年版「労工」章　〇―五九頁）。

労協の結成が可能となった第二の理由は、当時の国民党・国民政府の中に、限定された範囲内ではあるにせよ、民衆運動を推進する志向が存在していたからである。言い換えれば、民衆運動の全面的な禁止が国民党・国民政府の立

表2　中国労動協会略年表

1935. 2.24	成立大会（上海）。個人会員1,200人、団体会員150団体10万人。
1939. 7. 5	国際労連IFTUに加入。公称50万人。
1939.12. 8	第2回年次大会（重慶）。
1941. 1.15	第3回年次大会（重慶）。74団体、41万7,720人。1942年度収支計画9万元規模。
1942	アメリカのCIOとAFLが中国労協に支援金年66万6,000ドルの送金を決定（1943年に送金）。
1943. 3.30	第4回年次大会（〜4.1、重慶）。62県・市総工会、1,032単位組合、59万4,238人。
1945. 2. 6	朱学範、世界労働組合代表会議WTUC（世界労連結成を決議）に出席、司会団の一人。
1945.10	辺区の工会80万人が中国労協に加盟。この頃、個人会員は1万5,000人（『労協簡史』37頁）。
1946. 5	労協の中心メンバー、上海に戻る。重慶にも事務所存続。
1946. 8. 6	重慶の労協事務所接収される。一部のメンバーは国民政府当局により逮捕（9.15釈放）。
1946.11.12	朱学範、香港に脱出。
1946.12. 9	上海の陸京士ら、中国労協を改組。
1946.12.11	香港の朱学範ら、労協改組を否認。労協分裂。この頃の会員数は、公称200万人余。
1948. 8. 1	ハルビンで中共指導下の第6回全国労動大会。中華全国総工会を再建。朱学範ら出席。
1949.11. 5	解散大会（〜11.10、北京）。朱学範・易礼容らの主催。

出所：『労協簡史』、『労工史』、『抗戦期工人史』党により作成。

場だったのではなく、国民党の統制下に民衆を組織化することは、むしろ重視されていた。したがって労協成立大会における国民党上海市党部代表の次のような挨拶も、決してたんなる社交辞令だったわけではない。「本日、中国労動協会が成立したことは、ある一つの組合が成立したということよりも、はるかに重要な意味を持っている。というのは、労動協会は労働界全体の福利を図るものであり、民族全体の中で労働者は重要な地位を占めているからである。……今や我々の救国の道は、国力を集中すること、換言すれば、全民族の力量を団結させ国家のために用いること以外にありえない。そして労働者は、民族全体の中で最も重要な一構成部分にほかならない」（『申報』一九三五年二月二五日）。また国際的な地位の強化を顧慮せざるをえない国民政府にとっては、国際機関たるＩＬＯへ出席者を送り込むため、実質ある労働団体から選出された代表が必要だという事情も存在していた。

労協結成に至った第三の決定的な理由は、その活動を直接支えたメンバーの間に、労働組合の全国的な連合体を何とか組織しようという強烈な志向が存在していたことである。労協の成立宣言はいう――「従来の労働運動には欠陥も少なくない。第一に、労働者の組織に健全ではないものがあった。……第三に、労働者福利事業が十分に実施されてこなかった。……第四に、労働組合の連合組織がなく中心となる力に欠けていたうえ、労働問題の研究史や労働運動に関心を抱く人々と、労働者・労働団体との間の組織的な連係も欠如していた」（同上）。従来の労働運動への深刻な批判の上に立ち、「中心となる力」を備えた「労働組合の連合組織」が必要だとの認識が示されているのである。労協結成は、そうした情況の克服への第一歩だと意識されていた。

労協結成を主体的積極的に推し進め、その創設期の活動を担った勢力を確認しておくことにしよう。労協のトップ、理事長の座は、成立大会からの二カ月ほどを陶百川が務めた後、陸京士が創設期の全期間を通じてずっと保持した。創設期の書記長は、一九三六年の末に病死してしまう趙樹聲だった。また成立大会の際は、陸京士が開会の挨拶をおこない、朱学範が「籌備委員会」（労協結成の準備委員会）の報告を担当していたことが知られる。**表3**に整理したとおり、陸・趙・朱の三人は、いずれも当時三〇歳前後の上海の郵便労働者であり、全国郵務総工会の活動に携わり、同じ大学の卒業生でもあった。

一方、労協成立大会で選出された理事一九人同候補九人の出身母体ないし所属を整理してみたのが**表4**である。判明する二二人についてまとめると、郵務工会および郵務職工会（管理職に近い郵便労働者の組織）から一〇人、海員工会関係から三人、津浦鉄路工会から一人、上海市総工会から三人、国民政府及び国民党の関係者から五人となる。この史料によっても、郵便労働者の組合が、労協の活動においてきわめて大きな役割を果たしていたことが一目瞭然で

表 3　創設期労協指導部の経歴

氏名	生没年	出身	職　業	略　歴
陸京士	1907-83	上海	郵務生	全国郵務総工会、上海法学院夜間部卒、国民党社会部組訓処長、1950～自由中国労工同盟（台北）主席
趙樹聲	1905-36	上海	郵務生	全国郵務総工会、上海法学院夜間部卒
朱学範	1905-96	上海	郵務生	全国郵務総工会、上海法学院夜間部卒、教員の一人に沈鈞儒、1948～中華全国総工会（北京）副主席、全国人民代表大会副委員長
陶百川	1901-2002	浙江紹興	国民党役員	労働問題研究者、国民党上海市党部執行委員

出所：『労工史』、『五十年来中華民国郵工運動』『現代中国人名辞典』（霞山会編）等により作成。
（注：原論文の本書収録に際し、朱学範の没年と陶百川の生没年・出身・職業を補った。）

表 4　労協の第 1 期理事・理事候補の所属団体

役　職	所　属	氏　名
理事（*常務理事）	郵務総工会	*趙樹聲〔書記長、編訳股主任兼任〕、*陸京士、*朱学範、水祥雲
	郵務職工会	傅徳衛〔組織股主任〕
	海員工会関係	王永盛、張剣白、俞嘉庸〔事業股主任〕
	津浦鉄路工会	陳文彬
	上海市総工会	周学昭〔総務股主任〕（タバコ製造業）
	国民党市党部	*陶百川〔初代理事長〕、張小通
	国民政府関係	朱懋澄（1928～30労工司司長）、李平衡（1932～34同）、*程海峯（ILO中国分局局長）
	不明	文壮遊、張導民、*呉英、呉紹澍
理事候補	郵務総工会	郭添、韓大庸、周炳文、王宜聲、張光岱
	上海市総工会	李夢南（薬品産業）、葉翔梟（大公通訊社総務）
	不明	陸蔭初、王家樹

出所：『労工史』、『旧上海的帮会』『二十二年全国労動年鑑』等により作成。

ある。一九三二年七月二五日に正式に発足した郵便労働者の全国組織、全国郵務総工会は、国民政府の「工会法」では認められていない半合法的な存在だったにもかかわらず、一九三三年現在、上海郵務工会三、二〇〇人、南京郵務工会八九二人など全国二六都市の郵務工会に加入している一四、七四三人の郵便労働者を組織していた（実業部編『二十二年全国労動年鑑』第二篇）。一九二八年一〇月の上海郵務工会ストや、「護郵運動」と称される一九三二年五月の郵政事業擁護・労働条件改善闘争を通じ、郵便労働者は、労働者の待遇改善と地位向上にとって、労働組合の強力な全国組織が必要不可欠な存在であることを痛感させられていたのである（久保亨「国民政府期の中国労働運動――郵務工会の活動を中心にして」『中国労働運動史研究』第一五号、一九八六年）。そのほか役員選出母体の労働組合としては、鉄路工会、海員工会および上海市総工会の名が挙がっている。鉄道労働者の場合、当時、全国組織こそ持っていなかったとはいえ、各幹線ごとに相当な力量を持つ労働組合が存在しており、一九三三年現在、津浦鉄路工会二〇、三五三人、平漢鉄路工会一六、七〇七人などをはじめ一一組合に計九二、二三四人が結集していた（前掲『二十二年全国労動年鑑』）。このうち津浦鉄路工会の代表が労協成立大会で理事に選ばれていたことが、**表4**より知られる。一方、かつて一九二〇年代初めに全国組織を結成したことのある海員労働者は、当時、一九三三年七月一日に発足した中華海員工会籌備委員会を中心に全国組織の再建をめざしていた（同上）。この海員工会再建グループからも、労協の理事が選出されている。さらにここに出てくる上海市総工会は、一九三一年一二月三一日、日本の東北侵略に対する反日運動が拡大する中、上海郵務工会を含む上海七大工会などが結成した組織であって、一九三五年現在一一九組合六五、六一八人（ただし職業工会三二、七五一人を含む）を結集していた（『上海市年鑑』民国二五年版「労工」章）。

以上の検討から明らかなように、創設期労協に加入した労働者たちは、前に整理した類型別でいえば、主に第一の類型の「熟練工層」であり、労協の組織的基盤も、それぞれの「熟練工層」が組織していた労働組合主義的な性格の強い労働組合であった。

とはいえ、これまで述べてきた諸条件がそろっただけでは、労協を結成することはなお難しかったであろう。実は、労協の組織化を可能にした強力な人脈が、人目にたたぬ形で存在していた。それは近代的都市型秘密結社としての青《チン》帮《パン》系組織＝「恒社」及び「毅社」の人脈である。近年になって公刊されたかつての労協幹部の一人、朱学範の回想（中国人民政治協商会議上海市委員会文史資料工作委員会編『旧上海的帮会（上海文史資料選輯第五十四輯）』上海人民出版社、一九八六年、所収。この史料の重要性については三谷孝「青帮史研究の画期的資料――『旧上海的帮会』の刊行に寄せて」『近きに在りて』

第一二号、一九八七年一一月、所収を参照）によれば、そもそも「上海の労働者のうち秘密結社に入っていたのは、郵便労働者の場合で約二〇％、上海市全体ではこれよりもう少し多い程度だった」。なぜなら「労働者は、自分たち自身の切実な利害を守るため、連合し相互に助け合うことが必要だった」からである。労働組合運動にとっても、そうした現実は無視できない重みを持っていた。そして労協の幹部になる陸京士や朱学範らが選んだ方策は、自ら積極的にそうした秘密結社に接近し、労働運動の推進のために利用するというものだったのである。「陸京士は、郵務工会に対する統率力を強化し上海の七大工会の中で抜きん出た地位を確保するため〔郵務工会関係者の中から〕一一人を選び出し、一九三一年に杜月笙〔上海最大の秘密結社青帮の有力なボスの一人で恒社というグループを組織〕の配下に加わることにした。最初は彼と私の二人で、どちらも郵務生であった。杜月笙にとっても、郵便労働者を彼の配下に加えることは、面子の立つことだったのである。なぜなら、郵便局は中国政府の正式な行政機構で責任者に外国人を雇ったりしていたことから〔郵便労働者の〕社会的な地位も相当に高かったからである」（前掲書、〔　〕内は引用者の補足）。

しかも朱学範たちは、たんに杜月笙の配下の一人になっただけではない。自分たち自身の下にも、青帮の流れを汲んだ新たな秘密結社のつながりを広げていったのである。「私〔朱学範〕は一九三四年の初めから上海市総工会の内部で『学生』〔秘密結社のグループにおいてボスが配下の者を指していう〕を採り始めた。一九三五年初め……『恒毅為立身之本』という語句を借り、恒社の後を継ぐという意味を込め、毅社と称することになったのである。毅社に入っている労働者は、一九三六年には上海全市で千数百人となり、さまざまな業種の工場や企業に広がっていた。この千数百人の『学生』と彼らが周囲に結集していた多数の労働者を通じて、私は各業種の工会〔労働組合〕やその基礎組織との間に密接な関係を保つことができるようになり、労働組合の社会的支持基盤を拡大するとともに、上海市総工会における私自身の地位を強化することもできたのであった」。このように朱学範たちの進めていた労働運動は、その最も重要な基礎的部分において、「恒社」や「毅社」などの青帮系都市型秘密結社の人脈によってがっちりと支えられていた。労協の結成に際しても、この種の人脈は大きな意味を持ったに違いない。

〔2〕戦時期（一九三八・三～一九四五・八）

日本の侵略にともない、労協の活動は侵略への抵抗＝抗日戦争の中で展開されることになり、その本拠地も、上海から武漢へ、さらに重慶へと移っていった。そうした客観的な条件の激変は、労協自身の活動のあり方にも大きな変化をもたらしていく。その顕著な変化は、労協自身がとくに一九四三年頃から、次のようなきわめて大規模な福利厚生事業を展開するようになったことである（『労協簡史』三八―四八頁）。

① 日本軍占領地区技能労働者の国民政府統治地区への移住援助、職業斡旋（一九四三～四五年に四、一三〇人）
② 日本軍の大陸打通作戦時の鉄道労働者、技能労働者らへの援助（一九四四年に九、五五一人）
③ 「工人福利社」の開設（一九四三～四六年、重慶市内数カ所、成都、西安、洛陽、桂林）……喫茶・理髪・図書室・クラブ・映画館・診療所（一九四三年一一月～四四年一〇月の重慶市治療患者数延べ五七、三五三人）等
④ 託児所の開設（重慶の豫豊紗廠内に八十数人、宝鶏の申新紗廠内に百十数人など）
⑤ 労働者の疾病、出産等に対し手当支給
⑥ 「労工文化技術補習学校」開設（一九四四年～、重慶市内に四九カ所）

以上のような福利厚生事業の大規模な展開は、創設期の労協が小規模な学術文化事業を試みるにとどまっていたことを考えると大きな変化であり、一言で特徴づければ、労働組合的な活動が強化されたもの、といってよいだろう。

一九四三年の労協第四回大会は、「中国労働協会章程」第二条の活動趣旨を次のように改正した。「第二条　本会は三民主義に基づき、労働問題に関する理論を研究し、労働者の文化を創り出し、協力して労働者の福利増進を図り、労働運動を促進して、中華民族を復興することを趣旨とする」（『労工史』一四七三頁、傍線部分を追加）。こうした規約改正も、一つには上記のような活動実態の変化を反映した動きとして理解されるべきである。

次に上記のような変化が可能になった条件を検討しておこう。まず第一には、アメリカの労働組合組織、ＡＦＬ・ＣＩＯからの巨額の支援金である。労協の第三期会務報告によれば、一九四二年度の年間財政規模は九万元（同年初めの外為レートで約五四米ドル）程度に過ぎない（『労工史』一五二八―一五三〇頁）。それに対しＡＦＬとＣＩＯが一九四二年に決めた労協への支援金は、年間六六万六、〇〇〇米ドルという巨額のものであった（『労協簡史』三五頁）。

第二に、戦時期になると、国民党・国民政府による労協の位置づけも、極めて高いものになっていた。抗日戦争にともなう戦時総動員体制の下、すべての労働者を生産力拡充に向けて動員することが必要になり、そのために労協が積極的な役割を果たすことが求められるようになっていたからである。たとえば国民政府主席の林森が一九四三年の労協第四回大会に寄せた訓話は、「生産第一」を強調したものであったし、同じ頃に発表された国民党中央機関紙『中央日報』の社論「中国的工農問題並祝労動協会及農民銀行」（一九四三年四月二日）も、「労働者の幸福は民族全体の幸福と不可分の関係にあり、労働者の解放は国家の独立富強を前提とする。民族と国家のことをさておいて労働運動についてとやかく言ってみたり、あるいは階級闘争という主張を唱え、国家に争いごとをひき起こし生産を減退させてしまうのは、不可能な幻想というだけではなく、きわめて長期的な見通しに欠けた愚かな行為である」と、労働運動の活発化を牽制するとともに、戦時下の労働者が生産に努力を集中することを強く求める内容であった。こうしてみると、国民党・国民政府の労協に対する位置づけの高まりは、二つの面から捉えられなければならない。すなわち、一面においてそうした政府の強い支持は、労協が前述のような大規模な活動を展開する前提条件を提供した。しかし他面においてそれは、労協の活動が福利厚生・学術文化事業の範囲を超え、労働争議などを推し進めるようになることを厳しく規制する意味も、持ったのである。もっとも、さしあたり国民政府の統治地域では一種の戦争景気が生じていたため、労使間の矛盾が先鋭化することが避けられ、後者のような意味あいはあまり表面化せずに済んでいた。

第三の、やがて最も深刻な意味をもつことになる事情は、労協の組織のあり方が変わり始めていたことである。創設期の労協は、すでに見たとおり第一の類型に属する組織労働者たちによる労働組合の連合体という性格を色濃く持っており、そうした性格は、ある程度まで戦時期にも引き継がれていた。しかしそれに加え戦時期の労協は、個人加入型労働組合ともいうべき新しい性格を備えるようになっていくのである。元来、労協の構成員は団体会員と個人会員の二種類になっており、団体会員には上記のような産業別の労働組合が名を連ね、個人会員としては国民党や労働行政の関係者、あるいは労働問題の研究者などが参加するにとどまっていた。ところが戦時期になると、一方においては、近代産業・交通通信事業が発達していた沿海地域を日本軍に占領されてしまうため、そうした地域を活動の拠点にしていた既存の産業別組合の力量が相当に低下してしまう。他方、国民政府が統治していた内陸地域では、戦時経済の急速な発展にともない、戦前と較べ労働者の数自体が激増しつつあった。ある史料によれば、戦前期の工場数が二二三七、労働者数が三万三、一〇八人だったのに対し、一九四二年にはそれぞれ三、七五八工場、二四万一、六六二人へ、さらに一九四四年には五、二六六工場、三五万七、六六三人へと激増している（『抗戦期工人史』一九五―一九七頁）。そのため戦時期の労協大会の出席者を見てみても、産業別の既存の組合の代表のほか、新たに県や市で結成された地域ごとの組合の代表が増加する傾向を示していた（各回の大会に関する『新華日報』報道記事による）。さらにこの時期には、既存の組合に入っていない個々の労働者が、個人会員として直接労協に加入する例も急速に増えていったのである。一九四五年一〇月頃までに、そうした労働者を中心とする個人会員の数は、一万五、〇〇〇人に達していたという（『労協簡史』三七頁）。このような種々の変化は、全体としてみた場合、労協内部において労働組合主義的な潮流の占める位置を相対的に低下させるとともに、労協が不特定多数の労働者を対象とする福利厚生事業に力を入れていく要因にもなったと考えられる。

〔3〕戦後期（一九四五・九～一九四九・一一）

日中戦争が中国側の勝利に終わると、労協の活動にも新しい変化が生じた。労働争議の仲裁や失業者救済事業にかかわる機会が激増するとともに、しだいに活動全体が急進化し、国民政府に対し政治的に自立した立場を取ることが多くなっていったことである。やがてそれは、国民政府に批判的な多数派と政府支持で固まった少数派の分裂をもたらし、労協の活動全体が、事実上、政府の規制下に置かれてしまう事態をも招いた（前掲表2）。

こうした変化の背景にある事情を探ってみよう。まず第一に、労協の支持基盤が、前述したとおり、戦時期に大きく変わっていたことを考慮しておかなければならない。従来、主な支持基盤であった第一類型の労働者たちが相対的には少数となり、替わって、第二・第三類型の労働者たちが急速に増えていった。こうした新しい労働者の特徴について、次のような指摘がなされている。「非熟練労働者の大部分は、今しがた農村から都市に出てきたばかりの農民たちであって、さしあたり彼らの自覚の程度は、とにかく三度の飯にありつければ十分満足というものだったし、中には、国民党の徴兵を逃れて都市にやってきた富農や中小地主の子弟なども少なくなかった。彼らの自覚の程度と組織性には、ある程度の限界が存在していた」（劉実「抗日戦争中後期重慶的職工運動」一九五〇年四月二七日『南方局党史資料（五）群衆工作』重慶出版社、一九九〇年、二九五頁）。

他方、数少なくなった第一の類型の労働者の間では、まさにそうした熟練労働力の不足という情況が、次のような事態を生んでいた。「熟練労働者の不足により、労働者の引抜きや労働者が工場を渡り歩くような現象も生まれ、熟練労働者の流動性はきわめて大きなものとなった。同時に一部の熟練労働者は工場を退職して作業請負を始めるようになり、後には自分で小さな機械工場、印刷工場、電器修理店、タオル・靴下・靴紐製造工場などを開設するようになった。また別の熟練労働者たちの中には、当時、金属製品や電器部品、作業道具、備品などが購入困難になっていたことを見て、コネを生かしブローカーに転身するものもいた。さらに一部の自動車運転手や船員、あるいは彼らと関係のある労働者たちの中には、商売を始めてしまうものも出てきた。こうした新しい生活が熟練労働者たちの労働者としての気質を弱めてしまっていた」（同上、二九四—二九五頁）。

すなわち、一方においては、組合運動を経験したことのなかった非熟練労働者が大半を占めるようになり、他方においては、かつて組織されていた熟練労働者の多くが組合運動から離れてしまっている、という情況が現出していたことになる。労協の活動の急進化は、こうした事情と無縁ではなかった。

第二に、当時の労協が主な活動基盤としていた重慶などの内陸地域に、きわめて深刻な戦後不況が訪れていたことが、留意されなければならない。戦時経済の活況が失われたことに加え、戦後の発展を見込んで上海などの沿海地域に大量の資金が移動していったこと、さらに沿海地域と内陸地域との間にきわめて人為的な貨幣交換比率が設定されたこと（内陸地域の通貨を過大に評価したため、外為レート切上げにともなうデフレ効果に類似した現象が生じた）などが、内陸部の不況を加速していた。出口の見えない深刻な不況は、戦後の内陸地域における労働争議を、労使双方が激しく対立せざるをえない情況に追い込んでいたのである。国民政府が期待した労資協調路線の推進は、戦後の労協にとって決して容易なことではなくなっていた。

第三に、労協指導部の変化にも、注目しておく必要がある。戦時期の一九四一年一月、第三回大会で会務報告を担当した諶小岑《しんしょうしん》常務理事（『新華日報』一九四一年一月一六日）は、一八九六年生まれの湖南安化県人で、かつて北洋大学に学んだことがあり、周恩来らと天津の覚悟社を組織した後、湖南労工会の中心メンバーの一人として活躍、一九二二年一月の同会弾圧後は主に上海で労働運動に従事し、一九二三年八月結成の上海工団連合会にも関与した。その後、国民政府鉄道部の労工科長や国民党広東省党部書記長（一九三七年頃のことで地元の中共組織とも良好な関係を保っていたという。『労工史』一三四九頁）を歴任した人物である。また一九四三年四月の第四回大会以降戦後期まで書記長を務めた易礼容（『労協簡史』三二頁）は、一八九八年生まれの湖南湘譚人であり、かつて長沙の新民学会会員として毛沢東と文化書社を共同運営したという経歴があり、国民革命期湖南の国民党幹部であり中共党員でもあったが、一九三〇年前後に離党した（「共党自首分子」『五十年来中華民国郵工運動』五五頁）という複雑な過去を持つ人物だった。これらのメンバーは、創設期労協の主役だった上海郵務工会系の指導部とは明らかに異なる世代・人脈に属しており、中共などが連絡をつけやすい立場にあった（毛沢東の易礼容あて手紙『毛沢東書信選集』人民出版社、一九八三年、四七―四八頁）。彼らは戦後の労協が直面した労働運動の急進化に対しても、比較的柔軟に対処することが多かったのである。

おわりに

以上、本報告は中国の労働者を「熟練工層」、「都市雑業層」、「非熟練・『家計補充的』労働者層」の三つの類型に整理して把握するとともに、それを踏まえて一九三〇～四〇年代の代表的な労働団体たる中国労動協会の組織的実態と活動の特質を分析した。創設期の中国労協が「熟練工層」主体の組合の連合体という性格が強かったのに対し、戦時期から戦後期の労協には、「熟練工層」以外の労働者の個人加入が増えている。そうした組織の性格の変化は、戦時期の労協が大規模な福利厚生事業を展開したり、戦後期に活動全体が急進化していくことにも、大きな影響を及ぼしていたと考えられる。

（付記） 本稿は中国労働運動史研究会の菊池敏夫・久保亨両名の共同執筆である。なお石島紀之・古厩忠夫の両氏から、貴重な史料の提供も含め、有益な示唆を与えていただいたことに、とくに謝意を表しておきたい。

補記　本章は、一九九一年度の歴史学研究会大会近代史部会における報告であり、『歴史学研究』第六二六号（一九九一年一一月増刊号）に掲載された。そのため、「報告」という表現が用いられている。また報告の内容には中国労働運動史研究会の共同研究の成果が反映されており、原稿の執筆は、付記にあるとおり、菊池敏夫と久保亨の両名が担当した。表3に掲げた人物の生没年などを補正した以外、原文のままである。

第三章　南京政府工場法研究序説

広田寛治

はじめに

中国革命の諸段階において、労働者階級が如何なる役割を果したのか、また果し得なかったのかを実態に即して明らかにすることは、中国革命史像を科学的に再構築していくうえで不可欠な課題である(1)。一九六〇年代末の「人民闘争史」の提起以来、中国労働者階級とその運動を再評価する試みは、方法論的検討も含め、精力的に行なわれ多くの成果をあげている(2)。しかしながら、それらの大半は、運動の高揚した「五・四」から国民革命の時期に集中しており、「四・一二クーデター」以降の時期は、ほとんど空白のまま残されている(3)。

こうした労働運動史研究の立ち遅れは、中国現代史研究の争点である抗日民族統一戦線論、南京政権論などの発展にとっても、ひとつの障害となっている。

抗日民族統一戦線の成立過程において、都市の抗日運動が果した役割を重視した諸研究(4)においても、労働者階級の位置づけは、きわめて曖昧なまま残されている。「四・一二クーデター」を契機とした国民党の独裁体制の確立によって「大弾圧を受けて都市の共産党と労働者階級の力量はまったく弱められ、労働者階級が都市の反帝闘争に指導的役割を果すことはきわめて困難になった(5)」のは事実である。しかし、上海・青島の日本在華紡約一〇万人の抗日スト（一九三六年一一月）に代表される労働者の闘争をも含めた「民族運動の巨大な波が、『人民戦線』的な原理にもとづく抗日統一の方向へと、蔣介石をもまきこんでいった(6)」とするなら、労働者階級が困難な諸条件のなかで、いかにして再びみずからを変革主体として形成していったのかという問題の検討は、抗日民族統一戦線の形成・性格を論じる場合、避けることのできない問題であろう。

また、南京政府の経済建設を論じる場合にも、(7)「支那資本主義を問題とする場合、単に民族資本のみが問題なのではなくて、その下にある労働者及び変革過程に投げ入れられてゐる広汎な農民層も亦問題なのであって、これらの綜合的な力が支那自体の必然的発展方向に向って進む『生産力』であ」(8)るとするならば、南京政府の経済建設をただ再評価するだけにとどまらせないためにも、南京政権と労働者階級との関係および経済建設における「労働者」の問題なども意識的に考察されなければならないであろう。

本稿では、こうした研究状況を念頭におきながら、労働政策史の観点から南京政府下の労働問題を考察することにしたい。その理由は、第一に、南京政権が如何にして労働者階級をみずからの政治支配の下に組み込もうとしたのかをまず解明しなければ、三〇年代の労働問題あるいは労働運動の展開を把握し得ないと考えるからである。第二に、南京政府の労働政策の具体的展開過程で生起する諸階級の対応のなかから、南京政府の性格、更には労働者階級をも含めた抗日民族統一戦線の形成過程・性格を解く鍵が潜んでいるのではないかと考えるからである。

南京政府の労働政策に言及した戦後の諸研究(9)は、その抑圧・指導・統制という側面のみを一面的に強調し、工場法に代表される「労働者保護法規は、一般に死法同然の状態にあった」(10)としている。しかし、それらはいずれも、南京政権を「大買辦大地主」のファッショ的政権とする通説的理解を前提として、十分な検証を加えることもなく結論づけられているにすぎない。

本稿では、南京政府の労働政策のなかでも、これまでとりわけ軽視あるいは否定的に評価されてきた工場法をとりあげ、その立案・施行過程、更には実施状況を実態に即して具体的に検討することにしたい。

南京政府の労働政策は、「反共主義」に裏打ちされた、党と政府の「指導・統制」と「労資協調」とを特徴としている。そのなかで、工場法は経済的側面から「労資協調」を実現するための唯一の法規であり、単なる労働者保護法規としてのみならず、「健全な労働力」を確保するという生産政策としても重要な位置を占めるものである。したがって、工場法施行の成否は、南京政府の労働政策の性格を左右するものであったと同時に[11]、経済政策、更には経済建設をも左右するものであったといえる。また、工場法を「利害の相反する労資両階級の本来的に二元的な対抗関係の、その都度の妥協点を積極的に表明するもの[12]」とすれば、たとえその実施状況が不十分なものであったとしても、立案・施行過程で南京政府と労働者、民族資本、さらには帝国主義諸国との間に生起する諸問題は、南京政府の性格、更には労働者階級をも含めた抗日民族統一戦線の形成過程・性格を論じるうえでの具体的な素材を提供してくれる可能性をもつものといえよう。

最後に、本稿の課題を要約すれば、第一に、工場法を軸として南京政府の労働政策を再検討すること、第二に、南京政府の性格、労働者階級をも含めた抗日民族統一戦線の形成・性格を論じるうえでの手掛かりをみいだすこと、以上である。なお、個々の論点については、**一**～**六**のはじめに整理することにしたい。

はじめに　注

（1）中国労働運動史研究の当面する課題については、古厩忠夫「中国労働運動史研究の課題」（『季刊中国労働運動史研究』創刊号、一九七七年一〇月）に整理されている。
（2）中国労働運動史研究の動向については、古山隆志、菊池敏夫「中国労働運動史の研究動向」（『講座中国近現代史』第五巻、一九七八年）を参照されたい。
（3）唯一の研究として、久保亨「一九二〇年代末の『黄色工会』」（『季刊中国労働運動史研究』二号、一九七八年一月）がある。
（4）矢沢康祐「一九三〇年代中国における帝国主義と反帝国主義」（『歴史学研究』二七九号、一九六三年）、古厩忠夫「中国抗

日民族統一戦線の形成と発展」（『歴史評論』二四三号、一九七〇年）、野沢豊「中国の抗日民族統一戦線」（『岩波講座世界歴史』二八巻、一九七一年）、横山英「抗日大衆運動の展開」（『中国研究』三〇～三二号、一九七二年）、石島紀之「三〇年代前半期、中国都市の抗日民衆運動」（『成蹊論叢』一二号、一九七三年一二月）。

（5）前掲、石島論文、六ページ。

（6）前掲、野沢論文、三三四ページ。

（7）南京政府の経済建設を積極的に評価する試みは、前掲矢沢論文を先駆とし、最近では、中嶌太一「国民党官僚資本に関する若干の理論的諸問題」（『一九三〇年代中国の研究』、一九七五年）、A・B・メリクセトフ『中国における官僚資本』（中嶌太一訳、アジア経済研究所所内資料、一九七五年）、小杉修二「大戦間における民族運動の内外条件」（『歴史学研究会一九七七年度大会報告』）、石島紀之「南京政権の経済建設についての一試論」（『茨城大学人文学紀要文学科論集』一一号、一九七八年三月）、久保亨「南京政府の関税政策とその歴史的意義」（『土地制度史学』八六号、一九八〇年一月）などによって、急速にすすめられている。

（8）大村達夫（中西功）「支那社会の基礎的範疇と『統一』化との交渉」（『満鉄調査月報』一七巻八号、一九三七年）。

（9）横山宏「抗日戦争までの中国労働立法ノート」（『現代中国』二八号、一九五四年）、向山寛夫「中華民国時代における労働保護立法」（『愛知大学国際問題研究所紀要』三六号、一九六五年）。なお、戦前の研究については、論点が多岐にわたっているため、本論中で必要に応じて触れる。

（10）前掲、向山論文、六五ページ。なお、遊部久蔵は、戦前に執筆し戦後まもなく刊行された『中国労働者階級の状態』（一九四八年）において、「我々は該工場法が不完全ながらも局部的には実施されている事実の、近代化「傾斜」の面よりする展望上の明るい意義を決して抹殺するものではない」として、南京政府工場法に一定の評価を与えている。

（11）これらについては、一で詳論する。

（12）中西洋『日本における「社会政策」・「労働問題」研究』（一九七九年）、二二七ページ。

一　国民党の労働政策と工場法

〔1〕　問題の所在

工場法の沿革、南京政府の労働政策、南京政府工場法の特徴、といった点に論及した研究は、戦前の時論的なものも含めればかなりの数にのぼる。しかし、いずれもある一面をとり出して論じたもので、全面的に検討を加えたものはない。ここでは向山寛夫氏と浜田峰太郎氏の研究をとりあげて、その問題点を明らかにしておきたい(1)。

向山寛夫氏は「中華民国時代における労働保護立法(2)」において、「労働保護法規の内容を労働保護立法と密接な関係をもつ労働運動の発展段階と関連させて考察」し、工場法を中心とした解放前の労働保護立法を網羅的に整理されている。しかし、そこでは実証的検討もなしに「中国共産党統治地域は別とし、国民政府統治地域における……労働保護関係法規は、一般に死法同然の状態にあった」という点が前提とされ、南京政府工場法の独自な性格は全く問題にされていない。この論文から引き出される結論は、北京政府の工場法も南京政府の工場法も「労働者の運動に対する譲歩」というアメ玉政策にすぎず、したがって「死法同然の状態にあった」ということになる。はたして南京政府の工場法は、それに先立って制定されたいくつかの工場法と同一視してしまってよいのだろうか。

浜田峰太郎氏は、「中国労働立法に対する考察(3)」、「中国の労働立法とその特異性(4)」という二論文において、南京政府の労働政策の特徴を工場法を中心に検討されている。浜田氏は、国民党の労働政策の基本点を民生主義に基づく「労資協調主義」にもとめ、工場法も含めた南京政府の労働立法をその具体化としてとらえている。しかし、「労資協調」の立証に急なあまり、政策全体の意図や政策体系における工場法の位置といった問題は看過されてしまっている。

村串仁三郎氏も指摘するように(5)、「賃労働政策の個々の形態を真に科学的に理解しようとすれば、あくまで個々の政策を体系の一つの環として認識してゆかなければならない」。

一では、こうした問題を念頭におきながら、南京政府工場法の立案・施行過程を考察する前提として必要な限りで、

(1)南京政府工場法の歴史的位置、(2)南京政府労働政策のなかで工場法の占める位置、(3)南京政府工場法の法文の分析による工場法の性格、の三点を明らかにしておきたい。

〔2〕　南京政府成立前の労働政策

1．ＩＬＯ勧告と労働立法運動

中国における労働者保護立法の端緒は、ＩＬＯ勧告という国際的契機であった。国内でも五・四運動を機に労働運動が高揚し始め、労働問題が世間の注目をひき始めたころである。

一九一九年一〇月二九日、ワシントンで開催された第一回ＩＬＯ（International Labour Organization）代表大会の特殊国委員会は、「中国政府が労働立法による労働者保護の原則を承認する」よう勧告した。勧告の具体的内容は、①成年労働者の一日一〇時間、一週六〇時間労働、②一五歳未満の幼年工の一日八時間、一週四八時間労働、③週一日の休日、④以上の諸原則を一〇〇人以上の労働者を雇用するあらゆる工場に適用すること、というものであった。

これに対し北京政府は、一九二〇年四月二一日付のＩＬＯ宛書簡で、「諸原則には同意する」が、「わが国の現在の産業発達段階では、何れにせよ、それらの諸決定を批准することは時期尚早である」として、実施の意志のないことを伝えた(6)。

こうしたＩＬＯ勧告と北京政府の対応とを契機として、労働者保護に対する関心が急速に高まり、二つの異なった性格をもつ労働立法運動が始まる。

ひとつは、中国人、イギリス人、アメリカ人のキリスト教徒を中心とする「人道主義者」によって構成された、民間団体の推進した幼年工保護運動である。この運動は、一九二五年六月に「上海共同租界幼年工取締内規草案」として結実するが、「租界外の全然無統制の産業の雇傭に児童及びその両親を追ひ遣る虞《おそ》れと、児童雇傭の手荒な即時禁止によってその家庭を貧乏にする虞れ」などが障害となって実施にまでは至らなかった(7)。

いまひとつは、中国共産党の指導下につくられた労働組合書記部によって一九二二年五月に開始された労働立法運動である。[8] これは、ＩＬＯを中心とした「国際的な労働立法制定への動向」を意識し、呉佩孚による憲法制定の進展という政治状況を利用して展開されたもので、中国での労働運動の高揚とあいまってかなり広泛な地域で展開された。要求事項は、①集会、結社、ストライキ権の承認、②八時間以下の労働、深夜業制限、③女工・幼年工の保護、④労働協約締結権など労働問題全般にわたる立法要求であった。

いずれの運動も直接的成果はなかったが、「漸やく一般社会をして、労働法規制定の急務なるが覚らしむるに至った許りでなく、彼等自身の間にも亦た労働者及労働運動に対する立法的保障を得んとする要求が昂まって来た[9]」。とりわけ、中共の展開した労働立法運動は、一九二四年一月の国共合作成立によって国民党の労働政策の形成に大きな影響を与える。

2. 国民党の労働政策の形成過程

こうした労働者保護に対する国際的国内的世論の高まりと、五・四運動以降の労働運動の高揚とは、中国の為政者の労働者認識を変えつつあった。一九二〇年代前半にもっとも積極的に労働者保護を掲げたのは、広東に軍政府を組織した孫文であった。

広東軍政府は、その支配領域内において一九二一年一月、結社・集会の制限を規定した「治安警察条例」を廃止し、一九二二年一月には、ストライキ、集団威迫の禁止を規定した「暫行新刑律」二二四条をも廃止した。こうして孫文はまず中国における二つの労働者弾圧立法から広東労働者を解き放ったのである。更に一九二一年五月から一九二二年六月までの護法政府期には、中国最初の労働組合法である「工会条例」を公布し、実際の争議の「調停」などを通じて国民党の労働政策の原形が形成され始めている。[10] こうした労働者保護の立場を鮮明にしつつあった孫文の国民党は、陳烱明クーデターによる北伐の挫折と中共、ソ連への接近という現実のなかで、一層具体的に労働政策をうちたてていくことになる。

一九二三年一月の中国国民党宣言[11]では、「欧米経済の難点は不平等にあり、不平等で争そっている」として、未然にその弊害を予防するために「労働者保護法を制定し、もって労働者の生活状況を改良し徐々に労資間の地位の平等化をはかる」という基本方針がすでに明確に打ち出されていた。

一九二四年一月の国民党第一次全国代表大会宣言[12]では、この点がさらに具体化され、「国民党の主張は、労働者の失業するものには国家が救済の道をはかり、また、特に労働法を制定して労働者の生活を改善すべきだとするものである。このほか養老の制度、育児の制度、廃疾者援護の制度、教育普及の制度など、並行しておこなう性質のものについていずれもその実現に努力する」とした。同時に出された「国民党政綱対内政策[13]」一一条でも、労働法の制定、労働者の生活状態の改善、労働団体の保障とその発展の援助、という三項目が掲げられている。そして、早くも二四年一一月には「工会条例」が公布され、団結権、団体交渉権、ストライキ権などが認められた[14]。

一九二六年一月に開催された国民党第二次全国代表大会の「工人運動決議案[15]」には、その後の国民党の労働政策の原形ともいえる以下の一二項目の具体的目標が含まれていた。①労働法を制定する。②八時間労働制を主張して十時間労働を禁止する。③最低賃銀の制定。④幼年工と女工を保護し、一四歳以下の児童の就業を禁止し、徒弟制を規制する。女工には六〇日間の産前産後の有給休暇を与える。⑤工場の安全衛生設備を改善させる。⑥労働保険を実施する。⑦法律上において、労働者は集会、結社、言論出版、ストライキの絶対的自由を有する。⑧資産と知識によって制限されない普通選挙の主張。⑨労働者教育を励行し、労働者の文化機関の設置を補助する。⑩労働者の生産・消費合作事業への積極的援助。⑪包工制（労働者請負制）の取消し。⑫休日、休憩を有給とする。

以上が、国民革命期に掲げられた国民党の労働政策の原形であった。

国民党は、こうした「青写真」を掲げながら、「農民・労働者に対して国民党に参加して相ともに不断の努力をなさんことを求め、もって国民革命の進展をうなが」したのである。[16] したがって、国民革命後に成立した政権が孫文の革命の継承を謳う限り、国民革命期に掲げた労働政策から全く自由ではありえなかった。

3．北京政府の暫行工場通則

一九二〇年代前半にもっとも積極的に労働者保護政策を実行したのは、広東に軍政府を組織した孫文であったが、その他の諸軍閥にしても、これを全く無視するわけにはいかなかった。連省自治運動の展開のなかで各地で制定された省憲法にも、実施状況はきわめて不十分なものであったが、様々な労働者保護条項が掲げられていた。さらに、黎元洪辞職後の「賄選」で総統に就任した曹錕の制定した中華民国憲法にも労働者の集会・結社権を認める規定がもりこまれている。また最終的には、余りにも「現実を離れ理想に過ぐるものであるとの反対によって刪除」されたが、憲法発布前の憲法起草委員会では、「社会主義的精神を採用した」と評された「生計章」なるものが可決通過されているのである。[17]「暫行新刑律」、「治安警察条例」といった労働者弾圧立法だけで労働者を支配しうる時代は過去のものになりつつあったといえよう。

さて、中国における工場法の嚆矢とされるのは、一九二三年三月二九日に北京政府農商部から公布・施行された暫行工場通則（「暫行工廠通則」[18]）である。南京政府の工場法と対比させる意味からも、ここでこの工場法の性格と歴史的意義とを考察しておくことは無意味ではないであろう。

農商部の農商法規委員修訂会で表明された工場法草案の提出理由から、立法意図として以下の三点を確認できる。[19] 第一に、「労働者の待遇問題に原因する同盟罷行は各地に頻発し、ために社会の安寧を擾すこと尠からざる」ことに対する憂慮が表明されており、高揚する労働運動を緩和する意図があったこと。第二に、ＩＬＯの勧告に対する北京政府の姿勢を示すこと。これは第七回ＩＬＯ代表大会に北京政府代表として出席した唐在復が、「大会は中国の暫行工場通則の性質に注意し中国政府の苦心を了解するよう[20]」求めていることからも窺える。第三に、「実施の容易ならざるものに対しては、更に除外例を設け」として、もともと法案どおりに労働者保護条項を実施する意図のなかったこと。この点は、法案に罰則規定が含まれていないこと、工場の検査・監督機関が設置されていないことなどからも明らかであろう。

後にＩＬＯの勧告によって、天津、上海など八〇種一九四工場を視察した農商部労工司の唐進は、「通則は通則なり」という反応が一般的で、「惟ふに農商部制定の暫行工場通則は各地工場に於て殆んど遵守されて」いないと報告している。(21)

実施する意図も熱意もなかった工場法が実施されなかったことは、驚くにあたらない。問題は、暫行工場通則制定の二つの意図が果たされたのかどうかにある。

第一の、高揚する労働運動の緩和という点では、「二・七」（京漢鉄道労働者の大ストライキ）の大弾圧という「ムチ」に対する「アメ」としては、「この程度のものといへども労働者を納得させるには若干役立った」(22)と指摘されている。事実「二・七」以降、労働運動は「沈滞期」を迎える。

第二の、ＩＬＯの要請に対する糊塗という点でも、北京政府は、一九二四年六月一〇日付のＩＬＯ宛書簡で、「暫行工場通則第二条により租界の工場といえども労働者一〇〇人以上を常備し、或いは危険有害作業をおこなう場合は当然に同通則の適用をうけるべきである」とし、「若し外国工場に於て先づ之を実現すれば、我国工場に於ても或る程度の実施を為し得るであろう」(23)と指摘している。暫行工場通則を施行した北京政府の政治的意図は、ある程度効果をおさめていたのである。

加えて、この暫行工場通則は実施されなくとも労働者保護の推進上で、いまひとつの歴史的役割を果たした。二〇年代前半の中国における幼年工保護運動の先頭に立っていたアンダーソン女史は、「支那には全領土の大部分に法令を実施し得る実力ある中央政府が欠けていたことを絶えず記憶に止めて置かねばならぬ」とした上で、「この法規は、実施可能のものとするためにはかなりの修正を必要とするけれども、産業状態統制の観念を道義の線に沿って撤布することには大いに役立った」と指摘している(24)。

以上より、中国最初の工場法である暫行工場通則は、法案自体はほとんど効力を発揮しなかったとはいえ、ある程度の政治的効果をあげえたのである。

南京政府工場法施行前に、この他にもいくつかの工場法が制定されている―その中には国民革命期武漢政府の工場条例も含まれる―が、すべて「実力のある中央政府が欠けていた」ため、暫行工場通則と同様に、法案自体はほとんど効力を持ちえなかった。

参考までに、南京政府工場法施行前に制定された主要な工場法の内容をまとめておこう(25)（表1）。

表1　南京政府工場法施行前に制定された主要な工場法の条文比較

	暫行工廠通則〈北京政府〉（1923年3月29日公布・施行）	工廠条例〈北京政府〉（1927年10月27日公布・施行）	臨時工廠条例〈武漢政府〉（1926年冬公布・施行）
適用範囲	百人以上の工場 or 危険有害作業を行なう工場、外国人工場含む	幼年工含め労働者15人以上の工場 or 危険有害作業を行なう工場、外国人工場含む	湖北省内の労働者20人以上 or 危険有害作業を行なう工場
主管官署	規定なし	規定なし	規定なし
労働者名簿など帳簿類	規定なし	規定なし	規定なし
幼年工に関するもの	10才以上17才未満の男子、12才以上18才未満の女子　軽労働のみ、実働8時間以下　深夜業（午後8時〜午前4時）禁止　月3日以上休日（緊急出勤可）　危険不衛生作業不可　無料週10時間以上補習教育	12才以上17才未満の男子、14才以上18才未満の女子　軽労働のみ、8時間以下　緊急の場合時間外可　深夜業（午後10時〜午前4時）禁止　週1日の休日（臨時出勤可）　危険不衛生作業不可	12才以上15才未満深夜業（午後9時〜午前5時）禁止 危険不衛生作業不可

女工に関するもの	産前産後5週間休暇＋扶助金 危険作業不可	深夜業禁止　週1日の休日（臨時出勤可）　産前産後4週間休暇＋1カ月分　危険不衛生作業不可　実働8時間以下	深夜業禁止（実施は4カ月後より）　男女同一労働同一賃銀　産前産後6週間有給休暇　危険不衛生作業不可
労働時間	成年工10時間以内 昼夜交替制の場合、10日ごとに交替	男子成年工10時間以下　2時間以内の時間外可　深夜業禁止は昼夜交替制工場には適用せず　特別な場合も適用しない	成年工10時間以内 緊急時延長可
休息・休暇	成年工月2日以上（緊急出勤可）　休憩1日1～数回で1時間以内	成年男工月2日以上（臨時出勤可）休憩1日1～数回で1時間以内	週1日有給休日　休日労働賃銀2倍
賃銀	通用貨幣月1回　延長労働割増賃銀 違約金・賠償金に賃銀控除不可	最低賃銀は地域の最低生活費以上　通用貨幣月1回　延長労働賃銀は1.5倍	最低賃銀月13元　物価により変動　男女幼年工同一労働同一賃銀　休日労働賃銀2倍
福利	補習教育（週10～6時間、幼・未就学工）慰藉金規則は別に制定できる　奨励金規則は別に制定できる	補習教育実施（幼・未就学工）　貯金・利益のため賃銀一部控除可　奨励金規則の制定	
保険	医療費負担　養老金規則は別に制定できる	災害保険実施　養老金規則は別に制定できる　冠婚葬祭などへの援助	医療費負担　救済金
その他	衛生・安全の保持と検査 工場の管理	契約　検査　学徒　証明　管理　罰則	罰則　工会の力が強い

〔3〕南京政府の労働政策と法体系

1．労働政策の理論構造

国民党中央党部国民経済計画委員会は、一九三七年に、「十年来の労働立法の最高原則は、三民主義であり」、立法の方針は第一に社会の安定、第二に経済事業の保養発展、第三に社会各種利益の調節・平衡であった、と総括している。[26]　また、上海市社会局にあって工場法施行に尽力した張延灝《こう》も、その著書『中国国民党労工政策的研究』[27]のなかで、「本党の労働政策、すなわち本党の中国労働問題を解決する方法は、三民主義の労働政策であるから欧米資本主義国家の労働政策とも、ソビエトロシア共産主義国家の労働政策とも異なっている」と指摘していた。

ここでいわれる三民主義を最高原則とした労働立法、あるいは「三民主義の労働政策」とは、いかなる内容と理論構造をもつものであったのだろうか。

上海市党部の陶百川は、その著書『中国労動法之理論与実際』のなかで、孫文の三民主義に依拠しつつ、中国における労働問題の解決には、「不平等条約を廃除して民族の独立を求める」第一段階と、「民生主義の地権の平均と資本の節制とによって産業革命と社会革命とを実行し、中国民生の安定を求める」第二段階とが不可欠であるとし、それ以外に中国の労働問題を解決する方法はないとしている。[28]

そこから、陶百川は、国民党南京政府の規定する労働政策は、第一に「労働者の力量を団結させて、民族革命に参加させる」こと、第二に「労働者の知能を増進して産業革命を完成させる」こと、第三に「労働者の待遇を改良して、社会革命を実行する」ことの三点を実現しうるものでなければならないとし、事実それを実現しうるものであったと指摘している。[29]

また、張延灝《こう》は「中国国民党の労働政策は広義の労働政策」であり、「党が政府を督促して労働政策を励行せしめる」側面と、「党が労働者を領導して労働政策を実行せしめる」側面との二つの側面があったとしている。[30]

党が政府を督促して「国家権力によって立法行政の方法を用いて目的を達成する」という側面での国民党の労働政策の主要綱領は、第一に、「私人資本主義の発展を抑制する」こと、第二に、「労働者を扶助して彼等の生活を向上させる」ことの二点である。[31]

これは、資本が個人に集中して「資本主義の罪悪を発生し、現在の欧米資本主義国家における労資対立の誤りをくり返さない」ために、あらかじめ「この種の弊害を防止する」措置を講じておこうとするもので、主として経済的側面から「労資協調」を実現しようとする政策であった。そしてそのための具体的施策としては、①国家資本の発達（「養民」を目的とし、「互利」を動機とする国家資本の発達＝国家実業の発達は、私人資本主義を抑制すると同時に、労働者の就業の機会を増加させ、その生活状態の改善をもたらす）、②直接徴税（国民経済の発展を妨害しない範囲内での直接徴税＝資本家からの所得税の徴収は、資本主義の発展を抑制すると同時に、国家税収を増加させ社会事業による労働者の生活改善を促進する）、③工場の取締り（以下説明は省くが、第一と第二の両方の役割を果たすとされる）、④幼年工・女工の保護、⑤労働時間の制限、⑥最低賃銀率の規定、⑦労働保険、⑧失業救済、⑨労働団体の行動の承認、⑩労働者教育（雇主にだまされないよう、また労働能率を上昇させて生産を増加させるため）、⑪労資争議の調停と仲裁、⑫包工制の取消し（労働者の利益を掠奪し雇主を肥やす）、の一二点があげられている(32)。

党が労働者を領導して、「労働者の団結の力によって」目的を解決するという側面での国民党南京政府の労働政策の主要綱領は、以下の二点である。第一に、「厳密な労働団体を組織すること」であり、過去の中国労働運動の最大の誤りが、「運動はあるが訓練がなく、団体の外的拡大には注意するが内部の健全には注意しなかった」点にあるという認識に基き、「すべての労働者が労働団体に参加し」、「思想上、組織上、行動上で完全に一致し」た「健全な」団体によって「健全な」運動を展開しようというものである。第二に、「労働運動の方針を確定すること」であり、「過去の労働運動が散漫にして無秩序であったのは、一貫した計画と歩みがなかった」ためであるという反省の上に立ち、「誤った行為が発生して、労働運動の発展を阻礙《がい》したり、社会治安と国民生計の危機に大きな影響を与えること」のないよう「運動の方針」を定めようというものであった(33)。これらの政策の背後には反共主義がひそんでおり、国民党の反共主義にもとづく指導・統制によって、労働団体とその運動の方向を決定づけようとする意図がうかがわれる。

そして、以上の二つの綱領を実現するための具体的施策としては、①産業別組合を組織し、店員、徒弟、都市手工業労働者は別に組織する、②党部の指導への絶対服従、党の政綱と政策に依拠した活動などの七原則による、党と労働組合との新たな関係の確立、③「健全な労働組合」にするための工作人員（労働組合の理事、監事、幹事、書記）の訓練、④党が訓練した各労働組合の工作人員による一般労働者の訓練、⑤労働者を「帝国主義と軍閥の勢力を消滅し、自主独立の民主国家を造成する」という目前の政治要求に努力させること、⑥労働者は「一方で中華民族のために奮闘し、一方で工人階級のために奮闘」しなければならず、経済闘争の過程では「外国資本家との闘争では民族資本を擁護し、本国資本家との闘争では国家資本を擁護する」という三民主義の労働政策の経済方面の主要原則を守らせる、という六項目をあげている。[34] 国民党の指導と統制とによって労働者のなかに民族意識を扶植するなかで、国民党の政綱と労働運動の方針とに従って労働者を政治闘争と経済闘争の主体として育てあげようとするものであった。[35] 国民党の政

以上より、「三民主義の労働政策」といわれる国民党南京政府の労働政策の「政策理念」をまとめると、次のようになろう。

① 党の指導・統制の下で、労働運動の方針を確定し、「健全な」労働組合を組織させることによって、組織的な側面から「労資協調」を実現する。
② 党が政府に督促して、「私人資本の節制」と「労働者の扶助」とを実現させ、経済的側面からも「労資協調」を保証する。
③ 組織的かつ経済的に保証された「労資協調」を梃子として民族の力量を団結させ、民族の独立を達成する。
④ 「私人資本の節制」の結果である国家資本の確立と、「労働者の扶助」によってもたらされる労働能率の増進とを利用して、産業革命、社会変革を達成し、最終的には完全な労働者の保護を実現する。

2. 南京政府の労働法体系

上述した南京政府の労働政策は、具体的には、南京政府の制定したさまざまな労働法の施行を通じて実現されていくことになる。ここでは、南京政府の労働法体系の全体像を概観することによって、南京政府の労働政策のなかで工

場法の果たす役割を考察したい。

労働政策は、一般に、賃労働の政治的側面に対する政策と経済的側面に対する政策との二つに大きく分けることができる。[36]

南京政府の労働法体系のなかで、まず確認しておかなければならないのは、前者すなわち賃労働の政治的側面に対する政策である。

一九二八年春に公布・施行された「暫行反革命治罪法」[37]の第二条には、次のような規定がある。

「国民党及び国民政府を顚覆し、或ひは三民主義を破壊せんとして暴動せる者は、

一、首魁は死刑。

二、重要事務に當った者は、死刑または無期徒刑。

三、附和随行した者は、二等乃至四等有期徒刑。

前項の犯罪者でいまだ暴動に至らずして自首せる者は、減刑または免除。」

ここには、南京政府が、反体制的反国家的行動に対しては極刑をもって徹底的に弾圧する方針であることが明確に示されていた。

また、一九二九年六月に制定され、一九三〇年七月に修正施行された「修正人民団体組織方案」[38]（南京政権下で人民が団体を組織する時の根本大法）では、①党と政府が、労働組合も含めた人民団体の指導・統制権を有すること、②非法団体、党と政府の指導・統制に従わない団体、三民主義に違反する行為のあった団体に対し、厳しく糾正し制裁を加えること、が規定されていた。

以上の二法案は、いずれも労働者のみを規制の対象としたものではない。しかし、この二法案によって、労働者の国家活動への参与は党と政府の指導下においてのみ承認され、その他の政治活動はきわめて制約されることになった。

しかも、三民主義を規準とした活動の性格の評価は、法の運用をきわめて恣意的なものにしていた。以下にみる南京政府の労働諸法は、労働者の組織および政治活動に対する指導・統制・規制・弾圧という枠組みのなかでのみ効力を有するものであった。

次に、南京政府による賃労働の経済的側面に対する政策を考察しよう。経済的側面に対する政策は、更に賃労働の集団による労働力商品の取引行為に対する政策と、賃労働の直接的な再生産関係自体に対する政策とに分けることができる[39]。

前者は、換言すれば、労働力商品の交換関係に関する規定であり、南京政府下では、主として「工会法」（労働組合法）、「団体協約法」、および「労資争議処理法」（労資争議調停法）の三法案によって担われる。

「工会法」[40]は、設立、任務、監督、保護、解散、連合、罰則の八章五三条から構成され、一九二九年一〇月二六日に公布され、一一月一日から施行された。また、施行細則を規定した「工会法施行条例（二五条）」[41]も一九三〇年六月六日に公布・施行された。それらから「工会法」の特徴的内容を、以下の七点に整理できる。

(1)　労働組合を結成する目的は、「労働者の知識・技能を増進し、生産を発達させ、労働条件および生活を維持・改善」する（一条）ことにあるとされる。

(2)　労働組合の職務は、「団体協約の締結、修正、廃止」と、「儲蓄機関、労働保険、病院、診療所および託児所の開設」といった福利事業の増進（一五条）を中心とする。

(3)　ストライキ権は、①「調停・仲裁を経た後、組合大会で三分の二以上の同意を得」た時、②「公の秩序を乱さず、「雇主や他人の生命、財産に危害を加え」ない限りで、③「標準賃銀を超過した」要求でない時、という三つの制限付きで認められる（二三条）。

(4)　労働組合の連合組織は、「会員の知識・技能の増進、生産の発達、互助事業の経営をはかる」という場合に限り、主管官庁の許可を得て、産業別、職業別に組織できる（四五条）。

(5) 政府の許可なしに、「外国のいかなる労働組合とも連合してはならない」（四六条）。

(6) 主管官庁は、①「組合が存立の根本条件（組合員が産業工会一〇〇人以上、職業工会五〇人以上などの規定）を備えていない時、②「重大なる法規違反」を犯した時、③「安寧秩序を破壊し」、「公益を害した」時、労働組合を解散できる（三七条）。

(7) 国家の行政・交通・軍事・軍事工業・国営産業・教育事業・公共事業、各機関の①職員および役員は、労働組合を結成できない（三条）、②労働者は組合を結成することはできるが、「団体協約を締結する権利」はもたず（一六条）、ストライキ権もない（二三条）。

以上より、南京政府下の「工会法」は、制限付きで団体交渉権、ストライキ権を認めているものの、労働組合の目的・職務をきわめて限定的なものとし、主管官庁に労働組合の解散権を与えるなど、きわめて党と政府の指導・統制色の強いものであったといえる。

「工会法」は、三〇年代に三度の改正[42]を経て、①私営の交通事業および公益事業の労働組合に団体協約締結権を与える、②仲裁期間中のストライキの禁止、③軍事施設および軍事工業における労働組合の結成の禁止、の三点が修正されたが、三〇年代を通じて基本的な変化はなかった。

「団体協約法」[43]は、総則・制限・効力・有効期間、付則の五節三一条から構成され、一九三〇年一〇月二八日に公布・施行された。団体協約の締結権は、一部の労働組合を除いて、すでに「工会法」で認められていたが、この法律によって具体的規定が与えられた。その特徴的内容は次のとおりである。

(1) 団体協約とは、雇主あるいは雇主団体と労働組合とが労働関係（徒弟関係、企業内の労働組織なども含む）の約定を目的として締約する文書による契約をいう（一条）。

(2) 主管官庁は、団体協約のなかに、法令に違反するもの、雇主の事業の進行と相容れないもの、または工人の生活標準と相容れないものを発見した場合、削除・修正できる（四条）。
(3) 労働組合に制限付きで労働者紹介権を与えることができる（八～一〇条）。
(4) 労働契約に団体協約の定める条件と異なる点のある場合は、団体協約の規定を優先する（一六条）。
(5) 不定期の団体協約は、三カ月前に予告して一年間で終止できる。定期の場合は三年を超過できない（二三～二六条）。
(6) 経済情勢の重大な変化などで当事者の一方の申請があれば、主管官庁はこれを廃止できる（二八条）。

以上より、「団体協約法」の特徴は、労働組合側と雇主・雇主団体側とに、ほぼ対等な地位が与えられているものの、(2)や(6)などにみられるように、主管官庁にかなり強い権限が与えられ、党と政府の指導と統制が介入しうるしくみになっている点に求められる。

「労資争議処理法」は、まず一九二八年六月九日に「暫行労資争議処理法（六章四七条）」として試験的に施行され、一九三〇年三月一七日より正式に「労資争議処理法（六章四〇条）」として公布・施行され、ついで一九三二年一二月三〇日からは「修正労資争議処理法（六章四四条）」が施行された。(44)

「暫行労資争議処理法」(45)では、強制仲裁制度が採用され（四条、五条）、そこで決定された仲裁裁定はそのまま労働契約となり（七条）、それに服従・履行しない場合は、労資にかかわらず厳しく処罰される（三八条）ことになっていた。また調停・仲裁期間中のストライキは禁止された（三八条）ため、事実上労働者のストライキ権はきわめてせばめられたものであったといえる。

これによって、「凡々の争議は従来の如くにその解決が遅延するか或は無解決に終わることは絶對になく、必らず解決される結果、資本家に於ては必要以上の閉鎖或は停業をなし得ないし、労働者に於ても亦必要以上のストライキ或はサボタージュをなし得ないこととな」った。事実、強制仲裁を採用した一年の試験期間中の六二四争議中、「その九〇％は円満解決」したといわれる(46)。

一九三〇年三月一七日に公布された「労資争議処理法(47)」では、調停・仲裁期間中のストライキは禁止されていた（三三条）が、強制仲裁に関する条文（四条、五条、七条、三八条）はすべて削除され、いかなる仲裁も強制力をもたない（三八条）ことが明示され、任意仲裁制度への切換えがめざされた。しかし、「労資争議処理法」実施後の争議六二八件中、「その六〇％乃至七〇％は任意調停による円満なる解決なく、残部の二〇～三〇％は更に悪化さへした」という現実もあって、短期間で強制仲裁の復活が決定された(48)。

一九三二年一二月三〇日に公布・施行された「修正労資争議処理法(49)」は、「暫行労資争議処理法」の四条、五条、七条、三八条といった強制仲裁に関する条項をほぼ完全に復活させ、再び争議解決の最後の権力を党と政府の手に帰せしめることとなった。

経済的側面に対する政策のうち、直接的な再生産関係自体に対する政策は、さらに労働市場（＝労働力商品の流通）政策、労働力の消費政策、賃銀政策、労働者の消費生活（＝労働力の再生産）政策などに細分できる。しかし、南京政府下では、最低賃銀法、労働保険法などの立案・施行が予定されながらも結局施行されるまでには至らなかった。そのため、本来、労働力商品の消費（＝労働）過程に関する政策を主として規定する工場法が、実質的には、そうした政策を補うものとして機能することになる。

南京政府の工場法は、一九二九年一二月三〇日に公布され、一部の条項を除いて、一九三一年八月一日から施行された。その後、一九三二年一二月三〇日に一部修正されるが、大幅な修正はなく、基本的な性格は南京政府下を通じて変わらなかった。

一般に、社会政策としての工場法には、二つの性格があるといわれる。第一に、「工場制生産の発展に伴って発生した労働問題は、まず工場内の労働過程における惨状として社会的に意識された」ために、「工場法は労働過程の規制を中心として想定していたこと」。第二に、「それが単に労働過程の規制ではなく、婦人・幼少年労働力の保護という形をとって」いたことである(50)。

しかし、南京政府の工場法(51)の場合、こうした労働過程の規制、女工・幼年工の保護規定に加え、労働契約関係の規定（六章労働契約の終了、一〇章工場会議、一一章徒弟など）、主として一般労働者を対象とする労働保険に関する規定なども盛り込まれていた。次節で詳論するが、ここでは、南京政府工場法を単なる労働者保護法規としてのみ理解することはできないという点を確認しておきたい。

また、他の諸法が党と政府の強い指導・統制下で厳密に施行されることが表明されていたのに対し、工場法では、工場側の違反に対して一〇〇元前後の罰則規定があるのみで、施行の強制力という点ではきわめて不十分なものであった。

以上、南京政府による賃労働の経済的側面に対する政策においても、党と政府の指導・統制が前面に押し出されていた。前節でみた「政策理念」との関連から述べれば、「労資協調」を実現させるための制度的組織的な保証は、「工会法」、「団体協約法」、「労資争議処理法」によってきわめて厳格に規定されていた。これに反し、「労資協調」を実現させるための経済的な保証は、法的には「工場法」によってのみ表現され、しかも実施への強制力は十分とはいえなかった。しかし、「三民主義の労働政策」を実現するためには、いうまでもなく経済的側面からの「労資協調」も不可欠なものであり、工場法による経済的側面からの「労資協調」が実現しうるか否かが、労働政策全体の方向性と成果を左右するものであったといっても過言ではないだろう。

〔4〕　南京政府工場法の位置

1．南京政府工場法の性格

南京政府工場法の内容(52)は、**表2**に整理したように、(1)幼年工、女工の保護規定、(2)労働過程の規則（労働時間、休憩・

表2　南京政府工場法の内容

適用範囲		動力（蒸気力、電力、水力）を使用する常備労働者30人以上の工場
幼年工・女工の保護	幼年工	14才以上16才未満の男女労働者を幼年工とする（5条）、ただし、既に雇用されている12才以上14才未満の労働者は可（5条） 労働時間は8時間以下で、軽労働のみに従事できる（6条）、深夜業（午後7時～午前6時）は禁止（12条） 無料で週10時間以上の補習教育をうける（36条）、危険・不衛生作業禁止規定（7条）
	女工	危険・不衛生作業禁止規定（7条）、深夜業（午後10時～午前6時）は禁止（13条） 産前産後8週間の有給休暇（37条）、男女同一労働同一賃金（24条）
労働過程の規制	労働時間	成年労働者は原則として実働8時間（8条）、地方の状況、作業性質上10時間まで延長できる（10条） 天災・事変・季節の関係で12時間まで延長できる（10条）、ただし、時間外労働に、1カ月36時間以内の規制（10条） 昼夜交替制の場合、少なくとも週ごとに交替（9条）
	休憩・休日・休暇	休憩は5時間ごとに30分（14条）、休日は7日ごとに1日を有給で（15条、18条）、有給の法定休日（8日間）（16条、18条）、在職期間に応じて7日～30日間の年次有給休暇（17条、18条）、休日労働は倍額賃銀 、軍用・公用事業では休暇を停止できる（19条）
	安全衛生設備	労働者の身体、工場建築、機械装置の安全設備、火災、水害などを予防する安全設備の設置義務（41条） 空気の流通、飲料水の清潔、洗面所、光線、毒物の除去などの衛生設備の設置義務（42条） 災害予防訓練の実施（43条）、改善命令と使用禁止（44条）
賃銀に関する規定		最低賃銀は地域状況に応じて定める（20条）、通用貨幣で月2回支給（21条、22条） 10条、19条の時間外労働、休日出勤は賃銀を1/3～2/3増加（23条）、男女同一労働同一賃銀（24条） 違約金などの名目で賃銀を控除してはならない（25条）
労働契約に関する規定	労働契約の終了	契約が満期になったとき、労資双方が同意すれば契約を更改し、契約を継続できる（26条） 無期限契約の場合、在職期間に応じて10日～30日以上の予告期間によって契約を解除できる（27条）～休業の場合も同様（30条） 解雇予告を受けた労働者の予告期間中の優遇措置（28条、29条） 就業規則にしばしば違反、理由なくして3日連続して欠勤した者などを即時解雇できる（31条） 無期限契約の労働者は1週間の予告期間で退職できる（32条） 使用者の契約違反に対し、労働者は契約満了前に退職できる（33条） 30、31、33条の規定をめぐって紛争が生じた場合、工場会議で処理（34条） 契約終了労働者に対する労働証明書の発行（35条）
	徒弟に関する規定	施行前に徒弟となった者を除き、14才未満の男女は徒弟になれない（57条）、徒弟を採用する時は、徒弟契約を締結し、主管官署に登録、 徒弟期間満了後の営業の自由を制限してはならない（56条）、労働時間、労働種類は実習を除き、幼年工・女工に準ずる（58条、59条）、

		食費・医療費の負担と毎月の小遣銭の支給（61条）、徒弟はやむをえない理由のある時以外退職できない（62条） 労働者の1/3をこえる徒弟を採用できない（63条）、使用者、徒弟双方とも、契約不履行の場合、解雇あるいは退職できる（66条、67条）
労働者の福利に関する規定		幼年工と徒弟に対する週10時間の無料補習教育（36条） 女工に対する産前産後8週間の有給休暇（37条） 労働者が、労働者貯金（「工人儲蓄」）、協同組合、その他の事業を経営することを援助（38条） 労働者の正当な娯楽を奨励（39条） 毎営業年度末の決算において剰余金（盈余）があった場合、使用者は、株主配当金（股息）と法定積立金（公積金）を差引いた残余を、1年間継続して在職し、過失のなかった労働者に対して奨金あるいは、分配金として支給する（40条）
労働保険に関する規定		労働者が業務上負傷、発病した場合、使用者は医療費を負担し、傷病手当（平均賃銀の2/3）を支給する 廃疾者となった場合、廃疾手当として平均賃銀1～3年分を支給 死亡した場合、葬祭費として50元、遺族慰藉金として300元と平均賃銀2年分を支給（45条） 冠婚葬祭その他で金銭を必要とする時、賃銀1カ月分以下の前払い、あるいは貯金の支払いを請求できる（47条）
工場会議に関する規定		選挙によって選ばれた労働者代表と、工場・労務に熟達した使用者代表とで月1回の工場会議を開く（49条、52条、53条） 代表は、双方5～9名で同数（54条） 工場会議では、①労働能率増進の研究、②労資関係の改善と労資紛争の調停、③労働契約と就業規則の実施に対する協力、④時間外労働実施の協議、⑤安全・衛生設備の改善、⑥工場あるいは作業場改善の建議、⑦労働者福利事業の計画と実施、について話しあう（50条） 協議はまず工場内の作業場で行ない、解決できない時および2カ所以上の作業場に関するものについては、工場会議において行ない、それによって解決できない場合は別に定める労資争議処理法によって処理する（51条）
罰則		7条、11条、12条、13条に違反した場合、100元～500元の罰金　5条、8条、9条、10条、37条、63条に違反した場合、50元～300元の罰金　45条に違反した場合、50元～200元の罰金　3条、4条、14～19条などに違反した場合、100元以下の罰金 職長（工頭）が職務上の怠慢から災害を発生あるいは拡大させた場合、1年以下の懲役、拘留、あるいは500元以下の罰金（72条） 暴力による業務妨害、貨物と器物の破損に対しては刑法の最高刑罰 暴行、脅迫を加え、ストライキを煽動した場合、即時解雇し、官署に送り、法規によって処罰できる（73条、74条）
その他	主管官署	特別な場合を除き、市政府・県政府（2条）
	報告義務	労働者名簿（3条）、労働者の傷病、治療経過、災害とその救済、退職労働者とその理由を6カ月に一度、主管官署に報告（4条） 工場災害により、労働者が死亡あるいは負傷を負った時、使用者は5日以内に経過と前後措置を主管官署に報告すること（48条）

休日・休暇）⑶労働契約に関する規定（労働契約の終了、徒弟契約）、⑷労働者の福利に関する規定、⑸労働保険に関する規定、⑹工場会議、ときわめて多岐にわたっている。

これは、一九世紀前半に成立したイギリスなど先進資本主義国の工場法や、二〇世紀初頭に成立した日本などの工場法（いずれも⑴と⑵が中心）とは、きわめて異なるものである。[53] これは、中国の工場法が「一九世紀末からヨーロッパに見られた新しい動き[54]」である社会保険の出現という新たな社会政策的対応に、真正面からとりくもうとしていたことの反映でもあり、南京政府工場法は、当時の世界的水準に一歩もひけをとらないものであった。と同時に「三民主義の労働政策」とよばれる革命戦略と密接に結びついた、中国に独自な工場法としての性格を持つものであった。ここでは、南京政府工場法の性格を可能な限り明らかにしておきたい。

南京政府工場法の適用範囲は、動力を使用する常傭労働者三〇人以上の工場に限られている。周知の如く、当時の中国では、動力を使用しない或いは常傭労働者三〇人以下の工場が圧倒的多数を占め、そうした工場の労働者の方がより劣悪な労働条件の下に置かれていた。**表1**にまとめた先行する工場法では、「危険有害作業を行なう工場」では、労働者数、動力使用の有無にかかわらず適用されることになっており、少なくとも法文上では、「労働者の保護」という政策意図が貫徹されていた。この事実は、南京政府の工場法を単なる労働者保護立法としてのみとらえることの不十分さを明示している。二以下の政策意図の分析で詳論するが、南京政府工場法を先行する工場法と区別する最大の点は、「健全な労働力の確保という生産政策的見地」が政策の中核にすえられていたことにある。南京政府工場法の特徴のひとつである、労働者の福利に関する規定、労働保険に関する規定もこの生産政策的性格と密接にかかわるものとして理解することができる。**表2**に示したとおり、それらの規定は一部を除いて男子成年労働者も含めた労働者全体の保護規定として盛り込まれており、労働者の生活過程の確保という点にまで規定が及んでいるのである。

南京政府工場法のいまひとつの特徴は、労働契約の終了、徒弟契約など多くの労働契約関係規定が設けられていたことである。南京政府下では労働契約法が施行されなかったことから、工場法が主要な労働契約関係法規として機能する。

工場会議は、労資対等の立場で労働能率増進、労資関係の改善などをはかろうとするもので、南京政府労働政策の特徴のひとつである「労資協調」の工場法規定における具体的表現であった。

以上、きわめて大雑把ではあるが、南京政府工場法の性格として、以下の点が確認できた。

(1) 法文上からみる限り、八時間労働、週休一日制、女工・幼年工の深夜業禁止、女工・幼年工の危険不衛生作業の禁止、産前産後の有給休暇など、きわめて先進的な労働者保護規定を含んでいること。

(2) 小規模工場が対象から除外される一方で、労働者の福利、労働保険などの規定によって労働者の生活過程の確保もめざされ、「健全な労働力の確保という生産政策的見地」が中核にすえられていること。

(3) 労働契約関係法規としても機能すること。

(4) 工場会議などに「労資協調」的視点が盛り込まれていること。

2. 南京政府工場法の位置

最後に、南京政府工場法の歴史的位置と南京政府の労働政策のなかで占める位置とを整理して、一の結びとしたい。

ＩＬＯ勧告、労働運動の高揚、労働立法運動の展開というなかで、北京政府の暫行工場通則などいくつかの工場法が国民革命期に立案・施行された。しかし、それらは若干の政治的効果をあげえたものの、法案自体の効力はほとんど伴わないものであり、労働者の抵抗に対する「政治的譲歩」という意味合いがきわめて強いものであった。これに対し、単なる労働者保護立法としてではなく、生産政策的見地を中核にすえて立案・施行された南京政府工場法は、中国で最初の実効力ある工場法であった。また、南京政府工場法は、内容的には国民党第二次全国代表大会の「工人運動決議案」を具体化したものであり、国民革命期に形成された国民党の労働政策を継承したものであった。そうした意味からいえば、南京政府工場法は、国民革命の成果のひとつには違いなかった。しかし、南京政府の労働政策は、「反共主義」に裏打ちされた、党の強力な指導・統制と「労資協調」とを特徴とするものであった。したがって、内容的な同一性にもかかわらず、その政策意図は、国民革命の「精神」を歪めるものであった。

南京政府の労働政策は、理論的には三民主義を出発点とし、組織的かつ経済的に「労資協調」を保証することによって、民族の力量を団結させ民族の独立を達成しようとするものであった。しかし、実際の労働法体系のなかでは、党の指導・統制による組織的側面からの「労資協調」の保証が厳密に規定されていたのに対し、経済的側面からの「労資協調」は、ひとり工場法によってのみ担われることになっていた。したがって、工場法の施行状態は、南京政府の労働政策全体の方向性を規定するものになる。

また、南京政府工場法は、本来の工場法の機能である(1)女工・幼年工の保護、(2)労働過程に対する規制、の二点に加え、(3)生産政策的見地を中核にすえつつ、(4)労働者の生活過程の確保、(5)労働契約に関する規定、(6)「労資協調」の実現など多様な性格をもつものであった。

南京政府の工場法を評価する場合、ここで指摘した以上の諸点をふまえた上で行なわなければならない。

注

（1）この他に比較的よく整理されたものとして、岡野一朗「支那の労働法制」（『社会政策時報』九二号、一九二八年五月）、大本利一「民国工場法の概観」（『東亜経済研究』一五巻四号、一九三一年一〇月）、西本喬「支那労働立法の沿革及び現状（上、下）」（『東亜』七巻八号、九号、一九三四年）、山崎広「支那の労働と社会立法」（『アジア問題講座』五巻、一九四〇年）などがある。

（2）向山寛夫「中華民国時代における労働保護立法」（『愛知大学国際問題研究所紀要』三六号、一九六五年）。

(3) 浜田峰太郎「中国労働立法に対する考察――特に工場法を中心として」(『上海週報』八七八・八七九合併号～八八二号、一九三一年一一月～一九三二年一月)。この論稿は六章構成であるが五章以降は同誌には掲載されていない。

(4) 浜田峰太郎「中国の労働立法とその特異性」(『満蒙』一三九号、一九三一年一一月)。

(5) 村串仁三郎『賃労働政策の理論と歴史』(世界書院、一九七八年五月)、九七ページ。

(6) International Labour Office, "Labour Condition and Labour Regulation in China", *International Labour Review*, Vol, X, No, 12 (Dec, 1924)。

(7) Dame Adelaide Mary Anderson, *Humanity and Labour in China : An Industrial Visit and its Sequel, 1923 to 1926*,(邦訳、高山洋吉訳、『支那労働視察記――支那に於ける人間性と労働』一九三九年)。原文未見のため、邦訳書より引用。

(8) 鄧中夏『中国職工運動簡史』(人民出版社、一九四九年九月)七五ページ以下。この運動に関しては、高綱博文「中国労働立法運動に関する一考察」(『史叢』一九号、一九七六年)に詳しい。

(9) 前掲、岡野論文、一四一ページ。

(10) この間の状況については、拙稿「広東労働運動の諸潮流(上、中、下)」(『中国労働運動史研究』四、五、九号)を参照。

(11) 『国父全集』第一冊、八六〇ページ。

(12) 『孫中山選集』下巻、五一七ページ。

(13) 同右書、五三〇ページ。

(14) 社会調査所『第一次中国労動年鑑』一九二八年、(以下『一次年鑑』と略称)第三編二一八ページ。

(15) 社会調査所『第二次中国労動年鑑』一九三二年、(以下『二次年鑑』と略称)第二編二ページ。

(16) 注(12)に同じ。

(17) 前掲、岡野論文、一三九ページ以下。

(18) 前掲、『一次年鑑』第三編、一八三ページ。

(19) 李剣華『労工法論』(一九三七年、再版、序文は一九三一年一一月)。

(20) 前掲、李剣華『労工法論』、前編四二ページ。
(21) 注（6）に同じ。
(22) 前掲、山崎論文、二八四ページ。
(23) 注（6）に同じ。
(24) 注（7）に同じ。邦訳一七八〜一七九ページ。
(25) 「工廠条例」は、張作霖が一九二七年一〇月二七日に「暫行工廠通則」を改正する形式をとって公布・施行したもの。「臨時工廠条例」は、一九二六年冬に武漢政府が公布・施行したもの。他に一九二七年四月に広東農工庁の起草した「工廠法草案」一九二七年四月に馮玉祥が西北地区で公布・施行した「陝甘区域臨時労動法」、などがある。以上、いずれも前掲『一次年鑑』第三編一八二ページ以下に収められている。
(26) 国民党中央部国民経済計画委員会編『十年来之中国経済建設』（一九三七年）上篇二章一三節、一四九ページ。
(27) 張廷灝『中国国民党労工政策的研究』（一九三〇年）自序、二ページ。
(28) 陶百川『中国労動法之理論与実際』（一九三一年）、六一ページ。
(29) 同右書、六六ページ。
(30) 張廷灝、前掲書、七〜八ページ。
(31) 同右書、二七ページ。
(32) 同右、三二〜六八ページ。
(33) 同右、六八〜七一ページ。
(34) 同右、七一〜九八ページ。
(35) 張廷灝、陶百川の他に、国民党南京政府の労働政策を孫文の民生主義との関わりから触れたものに、朱通九『労動経済』（一九三一年）、孫本文『現代中国社会問題』第四冊労資問題（一九三九年）、などもあるが、論旨はほぼ同様である。なお、ここでとりあげた張、陶両氏の書物には、ともに上海市社会局局長の潘公展（後中央委員、蔣介石派）が序文を寄せている。

前者が理論的解明に力点をおいているのに対し、後者が具体的な政策の解明に力点をおいている点をのぞけば、両者の見解に相違はなく、相補う関係にあった。
(36) 村串、前掲書、八四ページ。
(37) 鈴江言一『中国解放闘争史』(一九六七年)二四三~二四四ページ。
(38) 前掲『二次年鑑』第三編、三九ページ。
(39) 村串、前掲書、八五ページ。
(40) 前掲『二次年鑑』、第三編、四一ページ。
(41) 同右書、四六ページ。
(42) 向山寛夫「中華民国時代における労働組合立法とその背景」(『愛知大学国際問題研究所紀要』三四号、一九六三年)、四五~四六ページ。
(43) 前掲『二次年鑑』第三編、六三ページ。
(44) この間の事情については、「支那の労資争議調停法と強制主義の復古」(『東洋貿易研究』一一巻一一号、一九三二年一一月)に詳しい。
(45) 前掲『二次年鑑』第三編、五七ページ。
(46) 注(44)論文、五九ページ。
(47) 注(44)に同じ。
(48) 注(45)に同じ。
(49) 孫本文、前掲書、二三八~二四二ページ。
(50) 隅谷三喜男「現代社会政策の基本問題」(『季刊労働法別冊 社会政策』、一九七九年五月)五ページ。
(51) 前掲『二次年鑑』第三編、一ページ。
(52) 同右。

(53)　隅谷、前掲論文、五ページ。
(54)　同右。

二　南京政府工場法の立案過程　一九二七年四月〜一九二九年一二月

〔1〕　問題の所在

二では、南京政府工場法の立案過程をとりあげて考察を加える。戦前・戦後を通じて、この点に論及した研究は、管見の限りではみあたらない。

南京政府工場法の立案過程を考察する場合、問題となるのは、①政策意図（いかなる意図で工場法の立法化を必要としたのか。政治的効果、経済的効果など）、②推進主体（国家権力内部のどのグループが主導し、それと資本家、労働者、さらには帝国主義諸国がどのように関わっていたのか）、③政策意図と成立した法案との関係（諸勢力の力関係のなかで政策意図がどの程度貫徹されているのか）の三点である。(1)

南京政府工場法の立案過程は、以下の三段階に分けることができる。それぞれの段階は南京政権形成過程の政治的変動とも密接に関わっているが、ここでは上述した三つの問題点との関係から、各段階での問題の所在を明らかにしておこう。

第一段階は、一九二七年八月から一九二八年三月までの時期で、南京政府労工局労働法起草委員会によって「労働法典」の編纂が始められる。工場法という単行法形式はとられていないが、南京政府による労働法体系確立への最初の試みとして重要な位置を占めている。この段階では、立案化に対する諸階級の対応はほとんどみられない。したがって、問題は政策意図と推進主体の考察に限られる（〔2〕）。

第二段階は、一九二八年三月から一九二九年一月までの、工商部における工場法草案作成の時期である。工商部草案は、最終的な南京政府工場法の原形を示すもので、工場法立案過程の中心的位置を占めている。工商部草案の作成過程では、程度の差こそあれ、労資双方およびＩＬＯなどの動向も反映されている。したがって、ここでは工商部官僚の政策意図、推進主体である工商部官僚と他の階層との立法化をめぐる関係、成立した工商部草案と工商部官僚の政策意図との関係（以上〔3〕）、さらには工商部草案に対する諸階層の対応（〔4〕）といった関係を可能な限り明らかにしたい。

第三段階は、一九二九年一月から一二月までの立法院において最終的な立案が行なわれる時期である。工場法のような「基本法および重要な特別法は、中央政治会議が原則を議定し、立法院がそれに沿って起草し、国民政府が公布する」(2)ことになっていた。したがってこの段階では、工商部草案および中央政治会議の制定する原則を立法院がどのようにまとめていくのかという点に問題が集中する。

〔2〕「労働法典」編纂の試み

1．歴史的背景

南京政府工場法立案過程の第一段階は、一九二七年四月一八日の蔣介石による南京政府樹立から、南京、武漢両政府の合体に伴う統一国民政府樹立（九月一五日）を経て、四中全会の開催（二月）によって南京政府の基礎が一応確立されるまでの時期にほぼ照応している。したがって、この時期の政局は、蔣介石の下野（八月～一月六日）、西山派主導下の中央特別委員会の召集（九月一五日）などによって、きわめて流動的なものであった。(3)

この時期の政策の基調は、「凡そ三民主義に反対するものは即ち反革命である、国民革命に反対して階級独裁をなすものは即ち反革命である」(4)という「国民に対する宣言」（四月二六日）に象徴されるように、「反共主義」を前面に押し出したものであった。これは労働政策にも反映されており、一九二七年夏の第四回執監委員全体会議では、「一切の民衆運動の禁止」が決議され、労働運動に対する弾圧、指導・統制が精力的に推進された。(5)上海でも共産党系の

表 3　労工局組織図

局長（馬超俊）
- 秘書（主任　黄元彬）
- 総務處（周湘）：　文書・人事・会計・庶務
- 行政處（王光輝）：労資争議の調停・仲裁
  - 労工団体組織の指導
  - 労工教育・労工衛生・保険・工廠法規の執行
  - 国外労工団体及国際労工組織に関する事項
- 統計處（蕭同茲）：労工状況の調査
  - 労工法規の調査・整理

＊ほかに處の下に科を設ける　洪蘭友、王人麟
＊必要に応じて専門委員会を設けることができる

「総工会」が封鎖され、国民党右派によって「工会組織統一委員会」が組織されたものの「労働界に何等の信望もなく殆んど無能力の惨状を暴露」していたといわれる。[6]

2. 労工局の成立と労働行政方針

一九二七年四月一八日、武漢政府移転の形をとって南京に樹立された国民政府は、七月一八日の第一一五次中央政治会議で、「国民政府に直属し、法令によって全国の労工行政事務を管理」する「労工局を設け、労工局局長に馬超俊を任命する」[7]ことを議決した。

国民政府労工局の組織とその職務は**表3**のとおりである。[8]労工局は、一九二八年三月の工商部労工司成立まで、南京政府の唯一の労働行政機関として機能する。

一九二七年八月九日、国民政府労工局の成立大会が、党と政府の要人および南京、上海などの工商農各団体代表二〇〇余名の参加するなかで盛大に開催された。[9]最初に演説した中央党部工人部部長葉楚傖は、これまでの労働者工作は行政機関と法典の根拠とを欠いていたため非常に困難であったが、「今後は党が労働者を指導し、労工局がそれを執行する」ことによって順調に進むであろうと述べている。つづいて演説した、国民政府委員兼外交部長の伍朝樞は、労工局の設立は「総理の意志を継承するものであり」、国民党は「共産党のように農工をあざむいて奪いとるような政策は行なわない」とし、これまで孫文の忠実な信徒として「真正な農工運動」を推進してきた馬超俊に期待をよせた。さらに、上海総

商会代表は「労資協調を期し階級闘争を消滅させる」ことを強く希望した。

こうして党と政府および資本家側から熱い期待をもって迎えられた馬超俊は、当時の「反共右翼的潮流」の労働運動の領袖であった。

この席で馬超俊は、「武漢政府」へのあからさまな対抗を表明するなかで、労工局の任務として①全国の工友に快適な生活を享受させる、②農工教育を励行する、③失業労働者の救済、④法を設けて各地の労働組合組織を整理する、という四項目の政策を掲げた。(10) しかし、緊急の任務は「まず革命陣地を粛清し、厳格な組織の確立および信仰の統一をはかり、党の指導・監督の下で民衆を指導して三民主義の先駆」となすことであった。したがって、四項目の政策のうち①〜③は目標にすぎず、当面④の政策が優先されることになる。事実、労工局の活動は、「労働法典」の起草を除けば、各地での反共活動や労働組合整理にとどまっている。(11)

3. 労働法起草委員会の活動

これより先、七月九日に南京国民政府は、「労働法を制定し、労働者の生活状況を改良し、労工団体を保障し、ならびにその発展を扶助する」という国民党の標榜する政策を実行するために、「労働法起草委員会」を成立させている。委員は、外交部長伍朝樞、司法部長王寵恵、中央党部工人部部長葉楚傖らの党と政府の中心人物をはじめ、右派の理論的指導者戴季陶、「右翼的潮流」の労働運動の領袖馬超俊、国民政府法制局長王世杰、上海総商会代表の虞和徳の七名で構成されていた。(12) こうした構成メンバーからみても明らかなとおり、労働法制定の意図は「反共主義」で貫かれており、対労働者工作推進上の困難をとりのぞくためのものにすぎなかった。

八月八日に挙行された「労働法起草委員会」の成立式典で、(13) 中央党部国民政府代表は、「我国の労働運動は長年にわたるが、労働法規はいまだに規定できなかった。この原因は、共産党が攪乱していたためである。だから今日に到るも共産党は労働法の制定を用意することを願わずに悪感情を挑発し階級闘争の造成を希望し、『真正労工団体』を分化させてそれを犠牲にしてきた。彼らは労働法を制定することを願わず、かつ永遠にこのような法規ができることを欲していない。……だから私達は『清党』以後、すみやかに労働法を頒布し、労働者工作をすみやかに軌道にのせるつもりである。委員諸君が工作に努力することを希望する」と述べていた。

伍朝樞も、「今後の起草はまさに総理の民生主義の精神によるべきものである」とし、共産党の政策を「環境国情にかかわらず、ただ賃銀の増加を行なうことで無知無識の労働者をだましてきたもので、賃銀が増加すればするほど失業が増加し、労働者はますます苦しくなり、決して労働者の幸福を実現することはできない」と批判した。

こうして南京国民政府の労働法制定の動きは華々しく開始されたが、実際の立案作業は馬超俊を中心とした労工局グループに移されていった。八月一一日には、「労働法起草委員会」の常務委員に王世杰と馬超俊が就任し、王人麟と徐渭が秘書に任命され、国民政府労工局と法制局の共同で立案作業が開始された(14)。その後、九月に国民党中央特別委員会が開かれ、南京、武漢両政府が合体したのを機に、「労働法起草委員会」は労工局に合併され、その専門委員会に格下げされた。そして馬超俊を中心に、副主席黄元彬、陶因、王人麟、戴時熙、李剣華らを委員として立案の準備作業がすすめられた(15)。

4.「労動法典」の編纂

一〇月中旬、馬超俊は、各国労働法の一般原則をもとに、各地の慣行・実情などを参考にして、①総則、②労働協約、③労働組織、④労働保護、⑤労働救済、⑥保険の六編一六章からなる「労動法典」の編纂を提議した(16)。馬超俊は「労動法典」編纂の目的として、①防共政策の一環として「国権賦与および干渉範囲を厳密に規定」すること、②本党の農工の扶植は、産業の発展及存在を害さないことを限度として、厳密に規定し、経済恐慌の再現を防止すること、などをあげている(17)。一二月中旬には、三回の委員会での審議を経て、労働組合と調停委員会の二つの章がすでに完成し、仲裁法院、負傷保険、疾病保険、労働者教育、消費合作社、失業救済労働銀行などの各章も起草中であったといわれる。[18]

その後、労工局は一九二七年一二月の馬超俊の辞職、一九二八年二月の四中全会開催に伴う中央政界の再編などによって活動を停止し、二月二九日の第一三〇次中央政治会議で労工局の行政部分は工商部に合併され、「労働法起草委員会」は法制局に合併されることが決議され、三月に正式に廃止された。[19]

しかし、「労動法典」編纂の努力は、馬超俊を中心としたグループによって広東省政府の下でつづけられる。広東省政府委員兼農工庁長となった馬超俊は、一九二八年二月一日に広東省農工庁に「労働法起草委員会」を付設した。委員は、黄元彬（副主席）、史尚寛、*王人麟、朱公準、高延梓、*陶因、*戴時熙、詹功桂、史大璞（専門委員）らで、労工局「労働法起草委員会」のメンバーも多数参加していた[20]（氏名の右上に*を記した者）。

5. 小結

南京政府成立直後の第一段階（一九二七年八月から一九二八年三月まで）の時期は、武漢政府との対立などによって政局がきわめて不安定だったこともあって、本格的な立法活動への準備期であった。労工局の成立大会、「労基法起草委員会」の成立大会などの様子からも明らかなように、立案動機は、強烈な反共意識にもとづく対労働者工作推進のための道具にしようとするものにすぎなかった。また、推進者も反共右派系の人物が中心であった。しかし、「労働法典」という労働問題全般にわたる立法作業が体系的に開始されたことは、特筆に値するであろう。南京政府工場法の立案作業は、一九二八年四月以降、この時期の活動と断絶したところで再開される。

〔3〕工商部工場法草案の立案過程

1. 歴史的背景

南京政府工場法立案過程の第二段階は、四中全会後の北伐再開（一九二八年四月九日から六月二五日）から、五中全会（八月）、訓政期開始（一〇月）を経て、張学良の帰順（一二月二九日）によって中国の統一がほぼ完成する時期にあたる。

四中全会を機に、蔣介石への権力集中がすすみ（軍事委員会常務委員と最高政務機関である中央政治会議首席を兼任）、五中全会によって「新段階における中央集権的な国民党の政策が確立」されたといわれる。「四中全会宣言」では、内政の建設を重点目標とし、「法治主義の原則を確定」することに全力を尽すことが確認され、「訓政開始決議」、「訓政綱領」に基づいて、五院制による国民政府が成立（一〇月一〇日）した。国民政府主席に蔣介石、行政院長に譚延闓、立法院長に胡漢民、司法院長に王寵恵、考試院長に戴季陶、監察院長に蔡元培がそれぞれ就任した(21)。

この時期の労働政策も「反共主義」に基づく労働運動の弾圧、指導・統制が基調であることに変わりはないが、それが法体系として整備され始めている。一九二八年春の「暫行反革命治罪法」施行、六月九日の「労資争議処理暫行条例」（強制調停を規定）の施行、七月九日の「工会組織暫行条例」の施行、七月二六日の「特殊工会組織暫行条例」の施行などがそれにあたる(22)。

しかし、こうした弾圧、指導、統制立法だけで労働者を再編していく試みは、現実のなかで破綻をきたしつつあった。

上海特別市政府社会局は、九月一七日に「最近共産分子の残党蠢動し、秘かに罷業風潮を煽動し」つつあるとして、「一切の罷業と私的団体の組織を禁止」した。しかし、二〇日には労働組合代表二〇〇名を召集し、協力を要請すると同時に「迅速に職工補習学校、職業紹介所、労働病院、労働者の保険、貯蓄機関、労働者公共墓地等の施設に力を注ぐべき旨を約束」せざるを得なかったのである(23)。

この時期には、上海をはじめとした地方政府レベルで労働者保護立法が暫定的に施行され始めている(24)。

2. 工商部の労働行政方針

四中全会（一九二八年二月上旬）での国民政府組織法の改定にともなって、外交（黄郛）、内務（薛篤弼）、交通（王伯羣）、司法（王寵恵）、財政（宋子文）、工商（孔祥熙）、農鉱（易培基）、の七部が設けられ、それぞれ括弧内の人物が部長に就任した[25]。これによって、一九三一年一月に工商部と農鉱部が合併して実業部となるまで、南京政府の労働政策は主として工商部で推進されていく。

「工商部組織法[26]」によれば、工商部は「国民政府に直属し、法令にしたがって全国の工商事務を総理（一条）」し、秘書處、工業司、商業司、労工司が設けられることになっていた（四条）。労働行政を担当したのは労工司（司長朱懋澄）であり、その職務は、①労働者団体の指導・監督、②工場、鉱場の監督・検査、③労働者教育、④失業労働者および工場災害の救済、⑤労働保険、労働者銀行および合作社の準備、⑥労働者と雇主間の争議の調停・仲裁、⑦国際労工組織に関する事項、などであった。

工商部長に就任した孔祥熙[27]は、四月二〇日に一六項目にわたる「工商行政宣言」を発表し、みずからの施政方針を明らかにした[28]。その主要な内容は次のとおりである。

① 総理の民生主義および建国実業計画にそって、国家の富源開発に尽力し、人民の生計を改善する（第一項）。
② 工・商両界の意見をひろく求め、工商法規、革新税則を修定し、工商両界を保護する。また適当な時期に全国工商会議を招集する（第二項）。
③ 経済正義および労資合作の原則に依拠して、労工法規を審査決定し、労工福利事業を積極的に促進する（第五項）。
④ 工業の奨励、工商管理の改良刷新によって、新たな工業の発展を促進する。同時に科学的方法を応用して在来の手工業および家内工業の改進をはかり、国貨の販路を拡大する（第六項）。
⑤ 工商の学識を深め、職業指導に注意し、工商の人材を養成する。また、婦女の職業上の機会均等をはかり、幼年工・女工の保護およびその教育に注意する（第七項）。

ここに示された孔祥熙の施政方針は、工商業発展のための環境整備が中核にすえられ、そのために、国家の富源開発、工商法規の整備、革新税則の修定、科学的方法の導入、人材の育成などが提倡されていたのである。労工法規の制定による労働者福利事業の推進、女工、幼年工の保護といった問題も労資関係の安定をめざしたもので、工商業発展のための環境整備の一環として位置づけられていたといえよう。

しかし、孔祥煕が「労資合作」を工商業発展の根本問題としてかなり重視していたことも確認しておかなければならない。一九二八年一〇月一三日に開催された「全国商会臨時代表大会」の席上、孔祥煕は、「労資合作」の実現、基本工業の発展、科学的管理の重視の三点を要望している。(29) そのなかで、孔祥煕は労資合作の精神を「中道」に求め、「左傾・右傾はいずれも国家の不幸である」として排除した上で、「労資合作」は「空談であってはなら」ず、工商業発展の根本問題としてその実現に全力をあげるよう希望したといわれる。

さらに孔祥煕は、「今日の中国の民生問題の最大部分は労働者の生計問題に属している。わが党はすでに政権を運用しており、国家民族の福利を謀るためにかならず全力を労働行政に注ぐべきである」とし、「私人資本集中の弊害を予防」し、「労資平等の原則にたって法規を立案し双方が協力進行すれば、工商業は健全に発展し、労働者の生活もおのずから上昇する」と指摘している。

ここに、孔祥煕の工商法規、労働法規立案にあたっての基本的立場をみることができる。

孔祥煕の示した施政方針は、上海総商会を中心に政治的結集をはかりつつあった資本家層の理解を概ね獲得した。「各省商会連合会」（以下商連会と略称する）総事務所常務委員馮少山（上海総商会）、蘇民生（南京総商会）、張械泉（漢口総商会）、の三名は連名で孔祥煕の一六項目政策の支持を表明し、「とりわけ第二項の工商法規、革新税則の修訂、第五項の労資法規の制定を当面の急務である」と指摘し、そのすみやかな実現を要求した。(30) しかし、ここで注意しなければならない点は、商連会のいう労資法規の制定が労資争議、ストライキを取締る法規をさしていることで、孔祥煕の労働者保護、福利事業の推進をも含めた法規の制定とは、その理解に一定の隔たりがあったということである。

3．工商部工場法草案の成立

工商部における工場法草案の作成は、「工商法規討論委員会」によって行なわれた。この委員会は、「工商部組織法」第一六条の規定に従って設立されたもので、工商部長の諮詢機関であり、「法律案に対しては審議起草の責を負うのみで立法権はなかった」(31)。また、その名称より明らかな如く、工商法規全体の草案作りに携わっていた。

構成メンバーは、当初、工商部官僚と専門家とであった。しかし、上海市農工商局は「工商法規討論委員会の委員はみな工商学識・経験に富む人物であるが、工商界と頻繁に接触し工商界の利害を熟知し、工商法規を実際に施行するのは各地方の行政官庁である」として、工商業の発達した各省市工商行政官僚および資本家団体の代表を加えるよう申請し、それが認められた(32)。

一九二八年七月二九日に開催された「工商法規討論委員会」成立大会で、孔祥熙は立法作業開始の理由と目的を次のように語っている(33)。

「革命工作の進展のなかで、現在はすでに理論宣伝および武力破壊の段階から建設の段階に進んでいる。今後の建設方針は、四中全会方針、国民政府の対内宣言に従って立法事業に着手し根本的に作成すべきである。立法にあたっては、現実を念入りに考察し、総理の民生主義を遵守するなかで、経済組織を確立し、国営私営産業の境界を定め、人民の利益を保障し、もって工商業の健全な発展を促進するよう注意しなければならない。」

「工商法規討論委員会」で審査が予定されていた法案は、「工業法、労働法、工会法、商会法、公司法、票據法、海商法、保険法、権度法、特許法、商標法、交易所法、工廠法、合作社法、労資争議処理法、労働保険法」などであった(34)。

成立大会後、各委員の個人的な研究期間を経て、八月二三日から二週間にわたって第一次常会会議が三一名の委員が参加するなかで開催された。労働法関係で討論の対象とされたものは、工商部長提出の工場法草案、陳達提案の工場法草案、労資争議処理法修正案、工会法草案の四法案であった。会議では委員会を八組に分けて、それぞれの審査会が担当法案に責任を持って審議することとなった(35)。

労働法関係の草案、修正案は、呉健（主席）、富綱侯、朱懋澄、呉承格、陳徳徴、王雲五、陸費伯鴻、朱義農、蔡振、章桐らで組織された第二組で審議された。第二組では、まず工商部長提出の草案を中心に工場法草案が審議され、八月三一日に第一次審査を完了し、労資争議処理法修正案の審議に移った(36)。

工商部長の提出した工場法草案は、総則、労働契約、解雇、労働時間、休暇、賃銀、純益金の分配（「盈餘分配」）、工場の衛生と安全、工場委員会、徒弟、労働者福利、特別規定、記録および報告、工場検査、罰則の一五章一二〇条で構成されていた(37)。「各委員の該草案各項に対する論議は非常に多かった」といわれるが、新聞紙上に公表された断片的なもの(38)を除いて、議論の内容を知ることはほとんどできない。

工場法草案の審査を担当した工商法規討論委員会のメンバーのひとりは、第一次審査を完了した工場法草案への自負を次のように語っている(39)。

「審査にあたっては労資合作を促進するという一本の超然精神にそって、務めて労資双方の利益を擁護した。たとえば、幼年工・女工の保護、労働時間の制限、純益金の分配、労働者の衛生・教育・儲蓄、保険などの規定に関しては、みな各国の最新制度を参考にするとともに、中国の経済状況に照らして労働者の地位を向上させその利益を保護する一方、工場側の事情にも配慮し可能な範囲内で保障を与えたものである。個人的な感想をいえば、この工場法草案は理論上実際上において、近代のもっとも完全な労働法規ということができる。労資双方に異論があるのは、それぞれの利害関係から主観的に判断しているからにすぎない。労資双方は、生産過程においてそもそも不可分離の関係にある以上、協力して合作しなければ企業は消滅し労働者は失業するという事実を十分認識すべきである。」

分会での第一次審査を終えた工場法草案は、九月一〇日から一〇月三日まで「工商法規討論委員会」常会で最終審査に付された。しかし、議論百出し、予定の期日前日までに全体の三分の一しか審査を完了できなかった。そこで、「我国創挙の工場法草案を一日も早く完成させる」ため、草案の一本化を断念し、多数意見を集合して他の意見を併記することとし、一〇月三日に審査を一応完了させた[40]。

以上の経過から、工商部草案作成には、中央官僚、地方官僚、専門家とともに資本家側代表も参加していたものの、完全な一致点＝妥協点を見い出せなかったことは明らかであろう。

最終審査を経て立法院に提出された工場法草案は、総則、労働契約、解雇、労働時間、休暇、労働標準、賃銀、奨金および純益金の分配、工場の衛生と安全、工場委員会、徒弟、労働者福利、労働保険、記録および報告、工場検査、罰則、附則の一七章一一七条の構成であった[41]。工商部長提出の工場法草案と比較して、主要な相違点は新たに労働標準と労働保険の二章が追加されたことである。第六章の労働標準には次のように規定されていた。工場は以下の方法のひとつによって労働標準を規定することができる。①この三年間の生産量と生産に従事したのべ労働者数とから平均生産量を求める、②同業の工場の大多数の平均量、③精密な計算によって得られた標準（三四条）。工場は労働標準を定める時、工場委員会にはかって前条のいずれの方法を用いるかを労働者側と協議して決定する。規定後、施行上で障碍の発生した時は、別の方法に変更することができる。もし双方の主張が一致できない時には、主管機関に請求して共同して方法を定める。その時、主管機関は他の方法を採用することもできる（三五条）。これは、資本家側の労働強化要求をとりいれたもので、明らかに資本家側への譲歩であった。

一方、第一三章として追加された労働者保険では次のような規定が含まれていた。①職務中に負傷した労働者に対しては、医薬費を負担し、治療期間中に解雇することはできない（八〇条）。②職務中の事故により労働に従事できなくなった労働者に対しては、医薬費を負担する他に六カ月賃銀を支給し、以後は賃銀の半額を支給する（八一条）。③労働保険法施行前にあっては、工場は、職務によって死亡した労働者に対して一〇〇元の「喪葬費」を支給し、その家族に一時見舞金として四〇〇元および一年分の賃銀を支給する。ただし資本金三万元以下の工場においては、主管機関に減額を請求することもできる（八二条）など。これは、労働者の生活過程への保護にまで規定を拡大するもので、労働者保護の徹底であると同時に、労働力の再生産義務を資本家側に負わせようとしたものである。

以上の比較から、「工商法規討論委員会」での工場法草案の作成過程で、工場法を推進させようとした政府官僚層と資本家側とを中心に、かなりの取り引き＝妥協が行なわれたことが推測される。しかし、資本家側の猛烈な抵抗にもかかわらず、純益金分配規定や工場委員会規定などが残されていた点に、基本的には工商部官僚の政策意図が貫徹されていたことをみることができる。工場法草案審議中に純益金分配問題をめぐって沸き起こった論争で、工商部労工司長朱懋澄（「工商法規討論委員会」のメンバーでもある）は、「我々は、労資の協調を実現し、作業能率の増進を図るが為に、総理の民生主義に基づき、資本家側に対しては一面保護を加ふと同時に一面之を節制し、商店、工場に於ける純益金分配」を制定することを明らかにしていた。[42] また、上海市六区党部は、「純益金を三つの部分に分け、資本家、労働者が三分の一ずつを分配し、残りの三分の一は地方の公益あるいは国家の実益の用に帰すべきである」とも主張していたのである。[43]

4．小結

上述してきた工商部「工商法規討論委員会」を中心とした、工商部での工場法草案作成過程は、南京政府工場法立案過程の第二段階（一九二八年三月から一九二九年一月まで）として位置づけることができる。

第一段階との相違点は、武漢政府の消滅によって国民党左派との妥協が図られるとともに、「訓政期」に入ったため、極端な「反共主義」の視点が弱められ、「中道」を唱えつつ労働政策の確立が推進されたことにある。

孔祥熙に代表される工商部官僚が工場法立案に込めた政策意図は、工商業発展のための環境整備という生産政策的視点を中核にすえながらも、孫文の民生主義に依拠しつつ、「私人資本の節制」、労働者保護の実現、労資平等による

「労資合作」も重要な根本課題として掲げられていた。

草案作成過程では、資本家側の要求もある程度反映されていたものの、妥協点を見出すまでには致らず、草案には工商部官僚の意図がほぼ貫徹されていたといえる。次節で検討する工商部工場法草案に対する労資の対応は、こうした点をさらに裏付けるものである。

〔4〕工商部草案に対する各層の対応

1．ＩＬＯと帝国主義諸国の対応

工商部草案の最終審査が行なわれていた九月中旬、ＩＬＯは、中国に局長トーマを中心とする代表団を派遣することを決定した(44)。目的は①ＩＬＯ代表大会への中国正式代表団の派遣要請、②中国の労働状況の視察、③ＩＬＯ議決各案の批准要請の三点であり、これによって「中国労働者と国際労働者との融合および労働法の国際水準化をはか」ろうとするものであった(45)。

一一月に来華したＩＬＯ代表団は、労働行政機関、工場、組合などを視察する一方、党と政府の要人および労資双方の代表と積極的に意見を交換した(46)。そのなかでトーマは、「ＩＬＯの精神と民生主義の精神は完全に一致しており、民生主義を国際的に拡張して世界大同を促進させる」よう訴え、中国との連帯を強調した(47)。

南京政府もこれに積極的に応じる姿勢をみせ、ＩＬＯの二つの要請に対して、ＩＬＯの議決各案は批准にむけ努力すること、来年六月のＩＬＯ代表大会に正式代表団を派遣し、必要があればＩＬＯの連絡機関を国内に設置する用意のあることを明らかにしている(48)。

一方、中国側が提起した中国労働法の租界内適用問題に対して、トーマは「問題点は多いが個人的にはその実現のために努力する」ことを表明し、労働法立案上の注意として①現実の労働状態をふまえたものであること、②罰則規定を設けること、③監察機関を設け監察人員を訓練すること、④政府、資本家側、労働者側が協力して行なうことの四点を指摘した(49)。

ＩＬＯが中国の労働立法作業に注目していたことは明らかで、今回の訪問は、中国をＩＬＯの主導する国際労働運動の一環に正式に位置づけようとしたものであったといえる。

こうしたＩＬＯの態度は、欧米帝国主義の対中国政策が南京政府成立後、国民党勢力を支持し、それへの一定の譲歩によって権益を保持する政策へと変化しつつあったことと関連するものと思われる。ここで、帝国主義諸国の工商部工場法草案に対する対応をみておこう。

一二月五日、「英日紗廠連合会」は、連席会議を開催し、国民政府が制定しようとしている工場法草案に対する討論を行なった。その結果、「すでに披露されている工場法草案は実際に施行するには障碍が多すぎる」という結論に達し、「各国商会がそれぞれ領事を通じて、各国公使に、国民政府に対して事情を照会して我々の意見を表示」するよう要請することを決定した(50)。

また、『ノース・チャイナ・ディリーニュース』は一二月一九日付の社説で、①工場法のように重要な法案は労働者の実情を正確に調査し、慎重に工業界の有力者の意見を集めて立案すべきであること、②この草案は共産党の法制そのままで中国の現状にとって有害無益であること、③中国内でこの工場法を歓迎しているものがいないことなどを指摘した上で、「他に適当なる手段を講じ、開発の途を講ずる必要こそあれ、何故に共産主義的法律を発布して支那のヤング・インダストリーを阻害しようとするのか」と疑問をなげかけている(51)。

さらに、一九二九年三月五日には日本商工会議所の呼びかけで、工場法施行問題についての協議会が開かれている。出席者は、日本側代表の日華紡績の田辺、郵船会社の博多、菱華倉庫の岡本の三氏をはじめ、英米タバコ、アジア石油、スタンダード石油、ダラー汽船などの代表二〇名であった。そこでは、中国資本工場においてすらまだ準備がすすめられていない以上、「外国人方面に於いて斯かる急速なる対策を申し合わせる必要はなく、かつその内容を研究するためには相当の日時と手数を要する」という結論が出され、とりあえずこの問題を上海共同租界の「雇主同盟」に一任することになった。(52)

以上、この段階での帝国主義諸国の対応は、工場法草案自体に対する疑問の表明とその施行に対する楽観的見通しを特徴とするものであったといえよう。また、この問題に対してはイギリスと日本の利害が一致していたこともあって、この段階では各帝国主義国による対応の相違は顕著ではなかった。ただ、日本の対応が最も敏感であったこと、ＩＬＯが協力的姿勢を示していたことの二点は確認しておきたい。

中国政府は、一九二九年六月第一二次ＩＬＯ代表大会に、初めての正式代表（政府代表朱懋澄、資本家代表陳光甫、労働者代表馬超俊ら合計六名）を派遣し、「現在領事裁判権を享受している外資工場も中国工場法の適用を受けるべきである」という提案を行なった。審議・裁決の結果、反対票を投じたものは一人もおらず五三票の賛成を得たものの、棄権多数で廃案となっている。(53)また一九三〇年六月には、ＩＬＯ秘書陳宗城を局長としてＩＬＯ中国分局が活動を開始している。(54)これ以降、中国は、工場法の租界内施行問題をＩＬＯ代表大会を主要な外交舞台として展開することになる。

2．中国資本家側の対応

一九二八年六月の「全国経済会議」開催を機に、中国資本家層は、「南京政権のもとで再編成されて政治的には南京政権統治者集団の従属的同盟者の立場へと移行」する一方、その「上層部の政治的組織化が進行し、その政治的役割が増大しつつあ」ったといわれる。(55)工商部工場法草案をめぐる中国資本家層の対応もこうした傾向を窺わせるものであった。

「工商法規討論委員会」には、中国資本の「上層」である「全国各省商会連合会」代表三名の参加が認められていた。その一人である鄔志豪（商連会監察委員兼上海市商民協会常務委員）は、八月二六日商連会メンバーなど六団体に対し、現在審議起草中の各種工商法規について、「各省各業がそれぞれ研究・討論し」、立法を「時代と環境の要求に適合したもの」にするよう呼びかけた。(56) この呼びかけに呼応して、九月以降各種資本家団体の動きが活発化する。

「上海市民提倡国貨会」は、九月六日各国貨工場代表を召集し、工商部工場法草案に対する対応を協議した。その結果、工場法草案の規定は「国貨工場の利害と密接に関係している」として、各工場ごとに詳細な検討を加え意見をまとめ、特別委員会を組織して具体的な要求案を起草し、中央に請願することを決定した。(57)

また、「江浙皖絲繭総公所」、「上海絲廠協会」、「無錫絲繭公会」の三団体で組織された「三絲団」も、九月二四日に執行委員連席会議を開いている。そこでは、工場法草案を「製糸業で履行することは困難であり、きわめて重大な問題である」として、今後継続討議していくことが確認されている。(58)

さらに、「華商紗廠連合会」は「工商部が起草した工場法草案は紡績工場にもっとも適合しないものである」として、工商部に再考を促す「上奏書」を提出している。(59) その内容は明らかではないが、工商部はそれに「工場法草案は本党の党綱および国内の社会経済状況に依拠した」もので「いかなる一国の法規をも出典としたものではない。いわんや『分紅制』はわが国の旧法から採取したものであって、永遠に労資争議を消滅させるための目論見であり」、「赤露の法規に依拠したものであるとするのは全くの事実誤認である」として厳しい批判を加えている。(60)

こうしたなかで、「江浙皖絲繭総公所」、「上海絲廠協会」、「無錫絲繭公会」、「上海機製面粉（製粉業）公会」、「上海市絲綢（絹織物業）公会」、「上海市火柴（マッチ製造業）公会」、「華商紗廠連合会」、「上海市呢絨（毛織物業）公会」、「上海市機器染織連合会」、「銅鉄業連合会」など一七団体は、「工場法草案は多くの障碍があって実行しがたい」として、連合組織を結成して対抗することを決定し、連日のように準備会を開催していた。(61) こうして組織されたのが「中華工業連合会」であり、美亜綢廠経理蔡申伯が主席となり、工場法草案一一七条に逐条注釈を加え立法院に提出した。(62)

以上、立案作成過程に資本家側代表が参加し、ある程度その意見を反映させていたにもかかわらず、紡績資本を中心とした資本家団体は工場法草案に対して猛烈な拒否反応を示していた。この事実は、立案過程に参加した中国資本「上層」と中小の工場を経営する工業資本家層との断絶を示していると同時に、工商部工場法草案作成が資本家層以外（おそらくは工商部官僚であると思われる）の主導によって推進されたことを物語っている。

3. 労働者側の対応

この時期は、国民党南京政府による労働者組織の再編期にあたり、党と政府による指導・統制がきわめて強力に推進されたため、労働者側の対応は表面化しにくい状況にあった。ここでは、こうしたなかで唯一「自主的」な運動を展開していた上海七大工会の対応を中心に追ってみたい。

一九二八年三月五日、上海七大工会代表は、「民衆運動停止後、民衆の革命精神は停頓消滅し、逆に少数の腐敗した分子、悪どい富を成した資本家たちが局面を操縦し、政府を愚蒙して民衆を圧迫している」として、政府に民衆運動方針の確立、上海労働者の最高機関の設置、労働団体の保障とその発展の扶助の三点を要求した(63)。

また、八月に開催された五中全会に対しても、「革命の目的は本来民衆の苦しみを解除することにある。故孫総理も最も深い苦しみを受けている農工に対して保護を加え農工政策を確定していた。だからこそ過去に労働者は革命を援助したのだ」として、「労工建設事項」に関する「建議書」を提出した。「建議書」は、「訓政期に入ったにもかかわらず中央の労働政策軽視は忍受するわけにはいかない」として、①最低賃銀、八時間労働制の制定、②正式な労働法を施行し労働者団体を保障する、③労働者教育の推進、④失業労働者の救済、⑤労働者福利事業の推進、⑥不平等条約の撤廃、の六点を要求していた(64)。

「工商法規討論委員会」による労働法規の制定・修正の動きは、事実上労働者側のこうした要求を受け入れた形になっているが、労働者代表の参加は認められていなかった。したがって、純益金分配という労働者側に有利と思える規定に対しても、「労資の間に純益金を等分すると言ふ原則は已に世界に於ける天地の大道である事を知り給へ」として分配比率の引き上げを要求しつつも、「労働者の代表を含まない工商法規討論委員会が規定した法規は一切之を否認する」という態度を示していた。(65)

こうした労働者側の意見を全く反映させない立法化に反発した、七大工会を中心とする上海各工会は、一〇月二日に連合して工商部工場法草案の修正案を工商部に提出している。(66)

二九年に入っても労働者側のこうした動きは断続的に続き、三月に開催された三全大会にも労働法の制定など一〇項目の要求を掲げた「建議書」と「請願書」とを提出している。(67)

政府が保護法規制定の意志を固めた背景には、労働者側の動きも一要因として含まれていたものと思われるが、厳しい弾圧と統制下におかれていた労働者は、組織の再建と資本家側の攻勢からみずからの生活を守ることで精一杯の状態であった。(68) したがって、工場法草案に対する労働者側の動きは資本家側の動きに較べてさほど活発ではなかった。しかし、工商部草案そのものを否認するという態度はかなり堅固なものであったように思われる。

〔5〕 立法院での立案と工場法の成立

1. 歴史的背景

南京政府工場法立案過程の第三段階は、一九二九年三月の国民党三全大会による蔣介石派の進出から、それに反発して各地で反蔣運動が開始される時期にあたる。三全大会は「蔣派の御用代表による御用大会」であったといわれ、汪精衛、陳公博らを中心とした改組派、馮玉祥ら新軍閥派、広西派がボイコットするなかで開催された。大会では五中全会の諸決定が承認され、蔣派に有利な多くの決議が採択され、蔣介石を党の総理に選出した。この大会を機に蔣介石派が大量に進出し、改組派の影響力は後退したといわれる。(69)

三全大会の「常務報告に対する決議案」は、これまでの民衆運動を厳しく批判した後、今後の民衆運動の原則として、①人民の要求を出発点とした組織ある人民を造成すること、②党が協力して労働者の知識・技能を増進させ、生産力・生産額を高めて人民の生計改善を実現することなどを指摘していた[70]。

この決議にもとづいて、一九二九年六月一七日には「人民団体組織方案」と「改善工人生活改良工作制度決議案」が定められた。後者は、「労働者生活を改善し、労働時間を定め、労働能率を増進し、労働制度を改良し、さらに労働者生活と工業生産の全国的な統計を作成することを以て工作の第一歩とし、九月末までに工商部が責任をもって計画を立てて確実に実施する」ことを明らかにしていた[71]。また、七月二〇日には、労資の調節、工場監察の実施、労働者生活の改造、失業労働者の救済、の四点を含む「訓政時期施政綱領草案」が発表され、労資協調政策がいっそう強められた[72]。これまでの弾圧、指導・統制という一面的な政策が改められ始め、労働者保護による「労資協調」の実現がめざされるようになったといえる。なお、この時期には、南京政府の正式な労働組合法である「工会法」も公布（一〇月二一日）、施行（一一月一日）されており、南京政府の労働政策体系が完成に近づきつつあった。

2. 立法院での起草開始

この時期、立法院では「国家の法体系を完成させる」ために、民法、商法、労働法、土地法、自治法、という五種類の法規を起草準備中であった[73]。労働法に対するとりくみは、一九二八年一二月一一日、立法院長胡漢民が「中国労働法、土地法は民生主義と最も密接な関係がある。しかし、これまでは工会法が制定されていたのを除き、工場法は全く制定されていなかった」として、法制委員王葆真に「すみやかに労働法を制定するよう」命じたことにより開始された[74]。

王葆真は、立法の方針を「労資協調によって労資争議の解決を図ろう」とするもので「完全に故孫総理の建国大綱およびその農工政策の精神に依拠」したものであると語っている。また、その内容として、①幼年工・女工の保護、②労働保険、③最低賃銀、④労働時間の制限などをあげ、「各国の労働法の長所を採って短所を棄て、国情に適合させる」ことを明らかにしていた[75]。一二月一五日には起草委員に宋美齢、鄭毓秀の二名が加えられ、無錫などで実際に労働状況を視察し立法の参考にしたといわれる[76]。

一九二九年二月には、邵元冲（主席）、史尚寛、王葆真らをメンバーとする立法院「労働法審査委員会」が設置された[77]。二月二一日に中央政治委員戴傳賢列席の下で開かれた委員会では、①労働法を、総則、労働契約、労働協約、労働者保護、労働組織、労資争議、労働者救済、労働保険、労働行政の九編から構成すること、②それぞれの単行法の形式で制定すること、③法案に柔軟性を持たせ厳密になりすぎないよう注意すること、④草案の完成を待って中央政治会議に提出することを決議した[78]。

一方、立法院に提出されていた工商部工場法草案は、二月二日の立法院第一一次会議で審議され、中央政治会議における工場法原則（「工廠法原則」）の決定後に本格的な審査に移ることになっていた[79]。

3. 工場法原則の決定と工場法の成立

二月二七日、第一七七次中央政治会議が開かれ、胡漢民らによる工場法審査報告後、工場法原則一二条が制定された[80]。内容は次のとおり。

① 労働者数三〇人以上の工場に適用する。
② 労働者の最低雇用年令を一四歳とする。
③ 男女同一労働同一賃銀。
④ 労働時間を制限する。
甲、原則は八時間労働。
乙、成年工は一〇時間まで延長できる。
丙、幼年工・女工は延長できず、夜間労働も制限する。
丁、女工には産前産後の有給休暇あり。

戊、危険作業の労働時間を制限する。

⑤ 労働者に毎日の休憩時間を与え、毎週一八時間の継続した休息を与え、半年以上継続して労働した者には特別休暇を与える。

⑥ 工場は労働効率の標準を規定できる。

⑦ 最低賃銀の標準を定め、賃銀支給方法を規定する。

⑧ 年末に奨金の給付あるいは純益金の分配を行なう。

⑨ 工場内の衛生、安全、清潔の標準を規定。

⑩ 工場内で労資協力して工場委員会を組織。

⑪ 徒弟の雇用規定を定める。

⑫ 幼年工の教育など福利事業を規定する。

工場法原則の決定によって、工場法の立案作業は急速に進展し、四月一三日から「労工法起草委員会」によって本格的な起草作業が開始された(81)。九月には、馬超俊が中心となって作成した広東省政府の「労働法典草案」が立法院第四五次会議の決定によって、「労工法起草委員会」に提出され参考にされたといわれる(82)。

しかし、「工場法原則に対して解釈を要求する者があった」ため、一〇月七日に開かれた第一九九次中央政治会議において、労働者数の標準、労働者の最低年令、年末一時金の三点に関する規定を、立法院法律組に再審査させることを決定した(83)。一〇月二三日の第二〇一次中央政治会議で、法律組は審査結果を発表し、工場法原則一二条中、以下の三点が修正された(84)。

① 適用範囲は、動力機械を使用し三〇人以上の労働者を雇用する工場とする。

② 最低雇用年令は一四歳であるが、すでに工場で労働している一二歳以上一四歳未満の労働者は主管機関の許可

を得て雇用できる。

③　工場は年末に利益を計上した場合、年間を通じて労働し並びに過失のなかった労働者に対して、奨金の給付、あるいは純益金の分配を行なう。

その後、「労工法起草委員会」は、修正された工場法原則一二条にもとづいて、工商部工場法草案などを参考にしながら、「詳細かつ慎重な検討」を繰り返し、工場法草案一三章七七条を制定したといわれる。[85] この立法院工場法草案は、一一月二日の立法院第五七次会議に提出され、第一回目の審査に付された。[86] 審査結果をふまえて、再び「労工法起草委員会」と「法制委員会」の共同会議で草案の修正作業が行なわれた。[87] 修正された立法院工場法草案は、一二月二一日の立法院第六七次会議に提出され、逐条討論を経て全文通過した。[88]

こうして成立した南京政府工場法（一三章七七条）は、一九二九年一二月三〇日公布された。[89]

4. 小結

以上の経過をふまえて、立法院での起草によって成立した工場法と、工商部工場法草案との比較を行なって、立法院での立案過程の性格を整理しておこう。

工商部草案と工場法の主要な相違点は次のとおりである。

①　適用範囲が「汽力・電力・水力の発動機械を用いる工場」に限定されたこと。

②　幼年工・徒弟の年令制限に暫定的措置がとられたこと。

③　幼年工・女工の保護規定が具体化され、より厳密になったこと。

④　八時間労働の例外規定で草案に含まれていた「工場の生産が必要な時、一一時間まで労働時間の延長を認める」という規定が取り消されたこと。

⑤　休息・休日規定が具体化され、全体として休息・休日が増加したこと。

⑥　男女同一労働同一賃銀の原則が追加されたこと。
⑦　延長労働の賃銀増加率が増加したこと。
⑧　工場側の解雇条件に含まれていた「労働標準の三分の二より生産能力の低い者」が削除されたこと。
⑨　独立した章をもっていた純益金の分配規定がひとつの条項に単純化されたこと。
⑩　職務中に発生した傷病、死亡者に対する補償金が全体として増加したこと。
⑪　工場委員会の名称が工場会議に変更され、職務の範囲が労働時間の延長、安全・衛生設備の改善という問題にまで拡大されたこと。
⑫　徒弟の人数制限が労働者数と同数から、三分の一以下へと厳しくなったこと。
⑬　徒弟制度の本来の機能の空洞化を防ぐため、徒弟教育の充実が規定されたこと。
⑭　ひとつの章をもっていた労働標準の規定が完全に削除されたこと。

以上より、立法院の立案過程での変更点をまとめると、⑴現実に対応して暫定性が加味されたこと（②など）、⑵法文の具体化がはかられたこと（③、⑤など）、⑶労働者保護規定が内容的には充実されたこと（③、⑤、⑦、⑧、⑩、⑫など）、⑷資本の側に立った規定を削除したこと（④、⑧、⑭など）、⑸資本節制の中心的規定であった純益金分配規定が後退したこと（⑨）、⑹労資協調実現の場である工場会議の権限が拡大されたこと（⑪）、⑺適用範囲が動力機械を使用する「近代工場」に限定されたこと（①）などが指摘できる。

立法院での立案は、南京政府工場法立案過程の第三段階（一九二九年一月から一二月まで）＝最終段階である。この時期は、五院制の確立によって、各種法規の制定が急速に推進され始めた時期でもあった。

立法院での立案意図は、工商部のそれに比べて、孫文の民生主義に基づく「労資協調」と労働者保護の視点が相対的に強く、生産政策的視点は弱かったといえる。

法案作成過程にも資本家側が入り込む余地はなく、中央政治会議の牽制を受けながらも、立法院長に胡漢民が就任していたことも手伝って、工場法に込められた工商部（南京派が勢力を持っていた）の生産政策的視点は法案上でも弱められることになった。中央政治会議の決定した工場法原則一二条にも労働効率の標準を規定できるという条項が含まれていたにもかかわらず、工商部工場法草案に加えられていた労働標準を規定する章が完全に削除されたことは、この点を如実に証明している。

しかし、工場法を実際に運用していくのは工商部が改組されて成立する実業部であり、この点は後に問題を残す原因となる。

二　注

（1）これらの点については、村串仁三郎氏による理論的検討を参考にした（前掲書、八七～九〇ページ）。
（2）『立法専刊』一期序（前掲、『十年来之中国経済建設』より重引）。
（3）この時期の政治過程については、波多野乾一『中国国民党通史』（一九四三年）、池田誠『中国現代政治史』（一九六二年）などを参照した。
（4）「南京新政府の樹立」（『支那時報』六巻六期、一九二七年六月）。
（5）鈴江、前掲書、二四一～二四二ページ。
（6）在上海日本総領事警察部第二課『中国労働運動状況』（一九三四年）、第七章、九七ページ。なお、これは大半を駱傳華『今日中国労工問題』（一九三三年）に依っているが、この章に関しては出典は不明である。
（7）「中央会議紀要」（『申報』一九二七年七月二〇日）。
（8）前掲『一次年鑑』三編二章、『申報』一九二七年八月二二日、同九月一四日など。なお中国労工運動史編纂委員会編『中国労工運動史』第二冊でも、労工局の組織と活動について触れているが、その成立を七月一日とするなど記述に若干の相違がある。

(9)「馬超俊就労工局長」(『申報』一九二七年八月一一日)。
(10)注(9)および前掲『一次年鑑』三編二章。
(11)前掲、『中国労工運動史』第二冊、七〇六～七〇七ページ、七三七～七三八ページ。
(12)李剣華、前掲書、四三～四四ページ。なお「労働法規起草委員会組織大綱」は、『申報』一九二七年一一月一六日。
(13)「労動法起草委員会成立」(『申報』一九二七年八月一〇日)。
(14)『申報』一九二七年八月一二日。
(15)李剣華、前掲書、四三～四四ページ。
(16)「馬超俊提議編纂労動法典」(『申報』一九二七年一〇月一九日)。同様の記事は『上海総商会月報』七巻一〇号にもある。
(17)李剣華、前掲書、四四～四五ページ。
(18)「労工局将頒布労動法典」(『申報』一九二七年一二月一一日)。
(19)『申報』一九二八年三月一日。
(20)前掲『中国労工運動史』第二冊、七八〇ページ、八六三ページ。「労動法典」は一九二九年一月に完成したという。
(21)注(3)に同じ。
(22)これらについては一で触れた。
(23)「政府の労資協調政策」(『社会政策時報』九七号、一九二八年一〇月)。
(24)上海では、一九二八年一二月二五日に「上海特別市職工待遇暫行規則」など三法案が公布された。ほかに江蘇省政府の「検査工廠章程」(一九二八年四月)などがある。以上は、『社会政策時報』九三号、一〇二号参照。
(25)池田、前掲書、二九三ページ。
(26)『申報』一九二八年三月一日。
(27)孔祥熙は、山西省太谷出身の四七歳で、孫文夫人宋慶齢の姉宋靄齢を妻とする。一九二六年冬に国民政府財政部次長、二七年春に実業部長を経て、南京・武漢両政府の合体に奔走したといわれる（『申報』一九二八年三月二日、三月二九日による）。
（28）『申報』一九二八年四月二二日。なお、五中全会（八月）後の訓政開始、五院制採用などで、工商部の位置（行政院一〇部五委員会のひとつとなる）に変化があるが、八月六日に発表された「訓政時期工商行政綱領」（『申報』一九二八年八月七日）もほぼ同内容である。
（29）『申報』一九二八年一〇月一四日。
（30）『申報』一九二八年四月二五日。
（31）『申報』一九二八年八月二六日。
（32）「農工商局對修訂工商法規之意見」（『申報』一九二八年四月二九日）。
（33）「工商部工商法規討論委員会成立大会」（『申報』一九二八年七月三〇日）。なお、この記事で構成メンバーの氏名を知ることができる。
（34）『申報』一九二八年七月三〇日。
（35）「工商法規委員会第一次常会」（『申報』一九二八年八月二四日）など。なお、これと並行して「工商設計委員会」も開催されており、「労工組」では、①「労工模範新村」の建設、②「全国工人生計状況調査案」などが検討されている（『申報』一九二八年八月二三日）など。
（36）「工商法規会昨日重要会議」（『申報』一九二八年九月一日）など。
（37）『申報』一九二八年八月一八日など。
（38）「朱義農対工商法規之意見」（『申報』一九二八年八月二八日）など。行政綱領中に含まれながら、この期間までに草案を起草できなかった法案については、それぞれ起草委員会を組織して草案作りにあたることになった。労働法関係では、労働法起草委員会、工廠監察法起草委員会、労働保険法起草委員会が設けられた。
（39）「工商法規委員会委員之討論工商法草案重要談話」（『申報』一九二八年九月一〇日）。
（40）『申報』一九二八年九月一一日〜一三日、九月一八日、九月二〇日、一〇月四日など。

(41)『申報』一九二九年一月二五日〜二八日。全文が掲載されている。
(42)『申報』一九二八年九月二〇日。なお、この論争については「工廠法草案に於ける純益金分配問題」(『満鉄調査時報』八巻一〇号、一九二八年一〇月)に詳しく紹介されている。
(43)「六区党部対工商法規之建議」(『申報』一九二八年一〇月二二日)。
(44)『申報』一九二八年九月二八日。
(45)注(44)および『申報』一九二八年一一月二六日、二八日、一二月二日など。
(46)『申報』一九二八年一一月二八日、一二月一日など。
(47)『申報』一九二八年一一月三〇日。
(48)『申報』一九二八年一二月三日。
(49)『申報』一九二八年一二月三日。
(50)「英日紗廠同業討論工廠法」(『申報』一九二八年一二月六日)。
(51)『社会政策時報』一〇一号(一九二九年二月)より重引。
(52)「上海外国資本家と新工場法」『社会政策時報』一〇三号(一九二九年四月)。
(53)『申報』一九二九年七月一九日、八月一〇日。
(54)『申報』一九三〇年六月一四日など。
(55)西村成雄「一九二〇年代権力構造の変動とブルジョアジー」(『講座中国近現代史』五巻、一九七八年)。
(56)「鄔志豪建議工商法規」(『申報』一九二八年八月二七日)。
(57)「国貨会昨開工廠代表会議」(『申報』一九二八年九月七日)。
(58)「三絲団討論工廠法規草案」(『申報』一九二八年九月二五日)。
(59)「工商部批飭華商紗廠連合会」(『申報』一九二八年一二月一四日)。
(60)同右。

(61)「十七団体組中華工業連合会」(『申報』一九二八年九月二五日)。
(62)「工業連合会籤註工廠法竣事」(『申報』一九二八年一一月一三日)。
(63)「七大工会代表団赴甯請願」(『申報』一九二八年三月九日)。
(64)「上海七工会之建議」(『申報』一九二八年八月一二日)、および前掲『二次年鑑』二編四章。
(65)前掲、『満鉄調査時報』八巻一〇号。
(66)「滬市各工会請願団晉京」(『申報』一九二八年一〇月四日)。
(67)「建議書與請願書」(『申報』一九二九年三月一九日)。
(68)この時期の労働者の状態については、前掲、『中国労働運動状況』など参照のこと。
(69)注(3)に同じ。
(70)波多野、前掲書、四〇三～四〇四ページ。
(71)『国民政府司法例規』上巻、四四ページ。
(72)前掲、浜田『満蒙』論文、四一ページ。
(73)「立法院五種法典起草情形」(『申報』一九二九年二月二五日)。
(74)「起草中之労工法」(『申報』一九二八年一二月一二日)。
(75)「労工法規之要点」(『申報』一九二八年一二月一三日)。
(76)「労工法之起草員」(『申報』一九二八年一二月一六日)。
(77)『申報』一九二九年二月三日。
(78)「立法院労動法会議」(『申報』一九二九年二月二二日)。
(79)「立法院会議」(『申報』一九二九年一二月三日)、および前掲『中国労工運動史』第三冊九四四ページ)。
(80)「中政会議決工廠法等原則」(『申報』一九二九年二月二八日)。
(81)「立法院之両委員会」(『申報』一九二九年四月一三日)など。

(82)「立法院四十五次会議」(『申報』一九二九年九月四日)。
(83)「中央第一九九次政治会議」(『申報』一九二九年一〇月八日)。
(84)「中央第二〇一次政治会議」(『申報』一九二九年一〇月二四日) および前掲『中国労工運動史』第三冊九四六ページ。なお両者で修正点に相違があるが、本文のように判断した。
(85) 前掲、『十年来之中国経済建設』一四九ページ。
(86)「立法院五七次会議」(『申報』一九二九年一一月三日)。
(87)『申報』一九二九年一一月三〇日、一二月一七日。
(88)「工廠法審査完竣」(『申報』一九二九年一二月七日)。
(89) 前掲、『十年来之中国経済建設』など。

三　工場法の施行準備過程　一九三〇年一月〜一九三一年八月

〔1〕問題の所在と歴史的背景

1．問題の所在

一九二九年一二月三〇日に公布された南京政府工場法は、結局、一九三一年二月一日の施行予定は延期され、同年八月一日から強行されることになる。三では、この時期を「施行準備過程」としてとらえ、施行が延期された理由と八月一日に施行を強行しえた背景とを考察することにしたい。

戦前の諸論稿には、これらの点に言及したものもみられるが、(1) いずれも工場法の施行に対して資本家側の反対運動が存在したことに簡単に触れ、施行延期の原因をそれのみに求めている。また八月一日の施行も資本側への譲歩＝「骨抜き」としてのみとらえている。こうした評価が真理の一面をついていることは否定できないが、「工場法制定の意義は少くも其の施行當時に於いて大半失なわれてゐるものと謂わねばならぬ(2)」とすることは、南京政府工場法を単なる労働者保護政策に矮小化しているという点で決定的な過ちを犯していることになる。三では、二までに考察した南京政府の様々な政策意図を念頭におきつつ、南京政府の行政方針、工場法の施行準備の進展状況、労資双方および租界側の対応などの諸点の検証を通じて上述の二点を考察することにしたい。

2. 歴史的背景

まず、この時期の政治過程について、以下の論述に必要な範囲内で簡単に触れておきたい。(3)

この時期は、権力の完全な掌握をねらう蔣介石派（南京派）によって強行された三全大会（一九二九年三月）に反発した、改組派、西山派、新軍閥派などが全国的に反蔣運動を展開した時期にあたる。したがって、蔣介石を党の総理に選出し（これまでの軍権、治権に加えて三権力を集中）南京派が中央委員に大量に進出したとはいえ、内戦に忙殺され、国民党の一八省党部のうち一五省党部が三全大会否認宣言に連署するというなかで、政権はかえって不安定な状態にあった。さらに一九三〇年一一月一二日に、蔣介石が汪精衛ら改組派を中心とした「太原約法」の公布に刺激され、「民衆の人気を恢復するために」国民会議を召集して「訓政時期約法」を制定する方針を決定したことは、政府部内にも新たな対立を生んだ。しかも蔣介石は、「国民会議による約法制定は孫文の遺志に反する」として「約法」制定に応じなかった立法院長胡漢民を、一九三一年三月一一日湯山に監禁し、林森を立法院長に据えて「約法」制定を強行したのである。一九三一年五月、「国民会議」が開催され「中華民国訓政約法（八一条）」が可決された。これに反発した胡漢民派は続々と南下し、改組派、西山派の一部および陳済棠や広西派などの反蔣的な南方新軍閥と合作して反蔣同盟を結成し、一九三一年五月二八日広東国民政府を組織するに至る。

これに対し、南京政府は、共産党組織下の江西省中央ソビエト区への二度にわたる「囲攻」に敗北し、ソビエトが日増しに発展するという状況のなかで、政府部内の動揺もあり、武力行使できなかったばかりか妥協的措置をとらざるをえなかった。六月一三日に開催された五中全会では、胡漢民を復職させ、反蔣運動を展開して除名された李済深を復党させる決定を下した。

こうした政治過程のなかで、ここでは第一に工場法の施行が予定されていた一九三一年二月一日の時点は、蔣介石政権が全国的な支持を失ない、政府部内での胡漢民派との対立が頂点に達していた時期であったということ、第二に蔣介石が制定を強行した「中華民国約法」には、「人民の経済生活の改良」（三九条）と「労工保護法規の実施」（四四条）とが謳われていたことの二点を確認しておきたい。

経済状況に目を転ずれば[4]、この時期は世界的な恐慌の進行期であったにもかかわらず、中国では銀元の外国為替レートが下落するという特殊な事情により、大量の銀流入に伴う金融事情の緩和、国内物価の上昇、などの要因から景気が上向き、新たな商品需要を喚起していた時期であった。これによって、国内産業は全般的に好況期を迎え、世界恐慌により外国の需要が突然減少し非常な打撃を受けた製糸業を除けば、活況を呈していた。こうした経済状況も八月一日の工場法施行強行の背景として確認しておきたい。

なお、この時期には工場法の施行に加えて、工会法、労資争議処理法、団体協約法が施行され始め、南京政府の労働法体系の基本形が完成された時期でもあった。また労働政策の展開過程における、この時期に始まる一九三〇年三月～一九三二年一二月までの間は、「労資争議処理法」の施行によって労資間争議の調停方法がこれまでの「強制調停」から「任意調停」に切り換えられた時期であり、「修正人民団体組織方案」に規定された党と政府の指導・統制という枠組のなかでのことではあるが、他の時期と比べて相対的に労働者の自由な活動が保障された時期でもあった[5]。上海ではこの時期に総工会結成の動きが高まりつつあった[6]。

〔2〕資本家側の抵抗と施行延期決定

1．資本家による施行延期・修正要求

一九二九年一二月三〇日の工場法公布直後、資本家諸団体は様々な施行延期・修正要求を行政院に提出した。

「華商紗廠連合会」など一七の資本家団体によって組織された「中華工業連合会」は、加盟諸団体の要求を集約して「工場法の施行を一年間延期する」よう要求した。延期理由としてあげられていたのは、①労働の質を区別せず一律に八時間労働を規定することは、かえって「苦楽不均の弊」を生む、②女工の深夜業禁止は女工の生活を破壊し、紡績業の生産能力を減少させる、③有給の休日が多過ぎて負担が重すぎる、④女工の有給産休規定は弊害が多く、負担も大きい、⑤工場会議によって工場管理権が侵害され、工場側が財産権上の法益を失なう恐れがある、という五点であった。(7) この他にも「江浙絲綢機織連合会（江蘇、浙江両省の機械織機を使用する絹織物工業の団体）」の適用範囲をより大規模な工場に限定するよう修正を求めたものなど、(8) 個々の産業の利害に関わる要求もいくつか出されていた。

一九三〇年四月一五日、行政院は「中華工業連合会」の施行延期要求に対して、「理由がはなはだしく不十分である」として、請願理由に逐一以下の如く反論を加えている。①原則は八時間労働であるが、作業性質によって一〇時間まで延長できる規定になっている、②女工の深夜業禁止は女工の生活を改善するための規定で、工場法施工までに男性労働者を雇用して訓練すれば生産能力は減少しない、③疲労を調節して労働能率を増進させるには有給休日規定が不可欠である、④有給産休は八週間に限定されており、女性が人類に対して負っている出産という天職に対し、出産期間中の生計を維持することは当然である、⑤工場管理は労資双方の利害に関係することで、労働者側が参加して意見を述べることは当然であり、労資の意志疎通を計ることで労資協調が実現され、工場側の財産権上の法益が奪われることは断じてない。(9)

こうした行政院の反論からみる限り、少なくともこの時点では、政府側に資本家側の施行延期・修正要求を受け入れる意志は全くなかったといえよう。この行政院の反論の最後では、資本家側に「工場法施行までに準備を完了させるよう」命ずるとともに、工場法を詳細に解釈し「誤解が発生しないようにする」必要性を感じていることを表明していた。資本家側の理解と承認なしに工場法を施行することが事実上不可能である以上、この工場法に対する資本家側の「誤解」を解くことは、工場法施行のために不可欠な条件のひとつであった。こうしたなかで、一九三〇年六月ごろから「全国工商会議」召集の準備が開始され始める。(10)

2. 全国工商会議の開催

全国工商会議は、一九三〇年一一月一日から八日間にわたって開催された。参加者は商工業指導者九八人、専門家六三人、各部省市政府代表七一人、華僑一一人の合計二四三人であり、六分科会に合計四〇六件の議案が提出された。(11)もちろん全国工商会議は、「一八年六月の全国経済会議以来の経済政策を総括し、国民政府の経済綱領を基礎づける」(12)ために開催されたものであり、工場法の施行をめぐって顕在化した工業資本家と政府との矛盾は、解決すべき問題のひとつにすぎなかった。しかし、工場法の施行は南京政府の労働政策、さらには経済政策の性格を方向づけるほどの重要な意味を持っており、会議のなかでも重点的にとりあげられたもののひとつであった。

開会の辞を述べた工商部長孔祥熙も、今後の施政方針として「官民合作」と「労資協調」の二点を掲げていた。(13)また、労働問題をとりあげた第三分科会に提出された三六条件（うちわけは表4参照）のなかで、直接・間接に工場法の規定と関係するものがほぼ半数に達していた。(14)当時の労働問題に対する関心が工場法とそこに規定された内容をめぐる問題に集中していたことが知られる。全国工商会議の模様を伝えた『社会政策時報』も、第三分科会では「労資協調」の実現をめぐる案件に「もっとも議論を費された」と紹介している。(15)

表4　第3分科会に提出された36案件内訳

労働法に関するもの	7件
労働者の科学的管理に関するもの	9件
労働者の福利施設に関するもの	5件
労働者教育に関するもの	4件
労働運動の方針に関するもの	4件
労資合作に関するもの	3件
その他	4件

工商会議での工場法に関係する提案は、大きく二つに分けることができる。ひとつは、工商部の「実現労資協作方案」、上海市社会局の「促進労資合作案」などの政府側の提出した、労資協調を実現するためには工場法の施行が不可欠であることを訴えたものである。いまひとつは、栄宗錦（申新紗廠総経理）・徐国安提出の「工場法実施前に猶予期間を明確

に定め実業の発展を保障することを願う案」、劉鴻生（華商水泥公司総経理）の「工場法に含まれている工場会議の規定は法理と事実とが合致していないので施行をしばらく延期することを願う案」、周星棠・劉秉義らの「工場法のなかで障害のある各項は施行を延期・修正して、実業の救済に資することを願う案」など資本家側が、実業の救済と発展の為にその修正と施行延期を要請したものである。(16) 提案案件が多数にのぼったため、工商部提案の「実現労資協作方案」が若干の修正を経て全員一致で通過されたのを除き、関連案件は一括審議され、ほとんどのものは継続審議されることになった。(17)

採択された「実現労資協作方案」にもられた原則は、①労資双方は不可分の関係にあること、②労資合約は双方同数の代表で共同して締結する、③可能な範囲内で労働者の知識技能の増進をはかる、④安全衛生設備の充実をはかる、⑤可能な限り労働保険、労働者儲蓄会、合作社の進行につとめる、⑥可能な範囲内で労働者に宿舎を与え自治能力を訓練する、⑦労働者の株主化を推進し利害関係を密接にする、⑧請負い作業を除いて包工制を廃止する、⑨賞罰制度を設けて労働能率の増進をはかる、⑩労働運動の指導者に、党議、政府の労働者保護の意義、党と工会との関係を了解させる、などであった。(18) また最終日に採択された、当時の工商界が抱えていた根本問題に対する原則を十項目にわたって確認した「全国工商会議宣言」では、次の二項目が指摘されていた。(19) ①「現在の工商管理協会を拡充して各省市に分会を設立し経済組織の刷新をはかり生産能率を増進させる」こと（第五項）。②「労資双方の利害は完全に一致しており、双方が鋭意合作し、共存共栄することがとりわけ労資協調の第一要義である」こと（第八項）。

「実現労資協作方案」の通過と「全国工商会議宣言」の内容とからみて、政府はこの会議において、資本家側から労働政策とりわけ工場法に関する基本的原則の承認をとりつけ、具体的な問題に関しては「工商管理協会」などの場で、継続審議していくことにしたものと思われる。

「全国工商会議」終了後、一九三一年一月二一日上海市社会局主催で開かれた工場法の施行に関する談話会の席上、資本家側は施行の前提条件として①租界内工場への一律適用、②議論の多い条項は施行を猶予すること、③誤解を生みやすい条文を明確に解釈すること、④教育条項は行政機関が担当するなど、実現困難な条項に関しては具体的な救済方法を計画すること、などを要求した。[20]

また、一月二二日には「中華工業連合会」の銭承緒が「国内の各工場は工場法施行を目前に控え、恐慌状態におちいっている」としたうえで、①中国の工業程度、生産能力からみれば工場法の施行は困難で、法の精神と趣旨のすべてを受け入れることはできないこと、②とりわけ実施困難な数条項の施行猶予を請願中であり、一三条（女工の深夜業禁止）については一年間の猶予が与えられそうだという見通しを語っていた。[21]

「全国工商会議」終了後、資本家側の対応は明らかに変化をみせていた。工場法の二月一日施行を基本的には了承したうえで、前提条件の整備や実施のとりわけ困難な数項目の施行猶予を要求していたのである。

3．工場法の租界内施行問題

さて、資本家側が工場法施行の前提条件のひとつとしてあげた工場法の租界内工場への適用問題を考えてみることにしよう。

治外法権に守られた租界内工場に、南京政府工場法をそのまま施行することは、いうまでもなく不可能である。しかし、南京政府は第一二次ＩＬＯ代表大会でこの問題を提起して（廃案となった）以来、何らの交渉も準備も行なっていなかった。一月二一日に資本家側から工場法施行の前提条件とされてから、ようやく動き始めるのである。

一九三一年一月二四日、ＩＬＯ中国分局局長陳宗城の主催で工場法の租界内施行をめぐる「茶話会」が開催される。茶話会には、政府機関人員、公共租界当局の要人ら合計一二人が出席して開かれ、「正式な討論ではなかったため、結果はすこぶる円満」であったと伝えられている。[22]　また民間団体の活動もこの頃から開始されるようになり、茶話会の開かれた一月二四日には、上海婦女団体連合会が工場法の租界内施行を要請する文書を共同租界工部局に提出し、三〇日には「人道主義を原則として可能な限り」努力する旨返答をうけとったといわれる。[23]しかし、施行直前にこうした形で租界内施行問題が再燃したことは、南京政府工場法の二月一日施行に決定的な障害となった。租界内には上海の工場の約半数が集中し、上海には全国の工場法適用工場の約半数が集中していたのである。[24]

南京政府のこの問題に関する準備の遅れは如何ともしがたく、二月四日になってはじめて、外交部上海辦事所から上海駐在の外国領事に、工場法、工場法施行条例などの法文が手渡され、各在華各国工場にとりついでもらうことになったにすぎない。[25]二月二六日には、ＩＬＯに対し、工場法の租界内施行問題解決への協力と工場検査制度の確立への援助とを要請した。[26]

以上のように、南京政府の工場法施行準備は二月一日の施行予定日にはほとんど進展していなかったのである。

4．工場法の施行延期決定

こうしたなかで、南京政府は一月三〇日の第八次国民政府会議で、「各工場に十分な準備期間を与える」ために、工場法の施行を八月一日まで六カ月間延期することを決定し、各省市政府に通達する。[27]

これまでの考察からも明らかな如く、工場法の施行延期決定の理由としては、第一に租界内施行への手がかりすら得られない状況にあったこと、第二に、工場法施行の基本的条件である工場検査制度の準備すら全く着手されていなかった、という二点から政府の施行準備の遅れを決定的原因としてあげなければならない。こうした政府の施行準備の遅れは、〔1〕でも触れておいたように、一九二九年三月以降の蔣介石派の進出と全国的な反蔣運動の展開による内政の不安定と関連しているものと思われる。また、蔣介石の基本的立場も「工場主や資本の側に圧迫を加えてはならず、国民経済の状況をみて判断すべきである」[28]という言葉に象徴されるように、工場法の施行に関しては資本家の側に立って消極的な立場をとっていた。一方、一九三〇年一一月以降「国民会議」の召集をめぐって蔣介石との対立を強めていた立法院長胡漢民は、中央での延期決定後の二月九日に立法院で「すでに一年以上準備した現在、労働者の利益を保障する国民党の政策を貫徹するためにも、施行を猶予することはできない」という内容の演説を行なっている。[29]二月一日の施行をめぐって政府部内で対立があったことは明らかであろう。三月一日胡漢民は湯山に監禁される。

以上より、二月一日の工場法施行延期決定の理由は、資本家側への譲歩以前の問題として、政府側の施行準備の遅れにあったといえよう。工場法を完全に施行するためには、工場検査体制の確立、租界内施行問題の解決、資本家側の同意、という三点が必要条件であった。八月一日の工場法施行の質は、これらの点を今後どの程度進展させ得ていたのかにかかってくる。

〔3〕 実業部の成立と施行準備の進展

1．実業部の成立と労働行政方針

一九三〇年半ば以降、行政組織の不備を改善するために、行政院の組織的改編が検討されていた。一九三一年一月、「実業部組織法」にもとづき、これまでの工商部と農鉱部の機能が合併されて実業部が成立する。「実業部組織法」によれば、実業部には、総務司、農業司、漁牧司、工業司、商業司、鑛業司、労工司の七司が設けられ、実業に関する行政全体を担当することになっていた。この改編に伴ってこれまで工商部労工司によって推進されてきた労働行政は、実業部労工司に移管されることになった。[30]

労工司は成立当初、保工科、監理科、益工科の三科で構成されていたが、「職権が混乱しやすい」として、二月には指導科、保工科、調査科、国際科の四科に増やされている。また、実業部長には、前工商部長孔祥熙がひきつづき就任し、労工司長には厳荘、科長には祝世康、富綱侯らがそれぞれ任命された。[31]

工場法の施行準備に関する業務を担当したのは、保工科と調査科である。保工科は、主として、労働者の生活の改善・保障、失業・傷害の救済、保険、衛生、教育などに関する労働者の福利施設を充実させる業務を担当した。調査科は、労働者状態の調査・統計をはじめとした工・鉱場の安全・衛生設備、労働者の待遇の審査・監督に関する業務を行なうことになっていた(32)。

実業部労工司の一九三一年の労働行政計画は、①工場法の施行、②工会の調査・整理、③労資争議の処理、④ILOの国際労働者代表大会への参加、⑤労働者の生活の改善、⑥労働者教育の提唱、⑦労働者衛生の推進、⑧失業救済、⑨合作事業の提唱、など一三項目に及んでいた(33)。工場法の施行が第一番目に掲げられ、⑤、⑥、⑦などの施行と密接に関連する項目が多数含まれていたことから、一九三一年の労働行政方針のなかで工場法の施行がかなり重要なウエイトを占めていたことが確認される。

以下、工場法施行のための実業部における準備の進展状況を、労働者福利事業に関するもの、工場検査の実施に関するものの二つに分けてみてみよう。

2. 労働者福利事業の準備活動

中国での労働者福利事業は、一九二〇年代から民間諸団体を中心に行なわれてきたが、国家の手で積極的に推進され始めるのは、この頃からである。ここでいう労働者福利事業とは、①生活施設（労働者住宅、合作事業、儲蓄事業、託児所、その他の娯楽施設など）、②教育施設、③工作施設（安全施設、衛生施設）、④救済施設（失業の克服と救済に関するもの、社会保険賠償害疾病手当、養老扶助金、出産手当など）を含むもので、工場法に規定されている労働者保護条項の実現に直接、間接に寄与するものであった(34)。こうした事業の多くは、実業部労工司が他の関係行政機関と共同して推進したものであった。ここでは、この時期までに南京政府の手で開始され、実行に移されつつあったものに限って概観しておくことにする。

(1)「労工教育委員会」の成立

労働者教育に関しては、すでに一九二八年に工商部が「工人教育計画綱要」を作成し、その実現のための基礎作業として労働教育概況の調査を行なっていた。実業部成立後の一九三一年四月一三日には、教育部と実業部の関係官僚に専門家を加えた「労工教育委員会」が組織された。そこでは、工商部時代の活動をふまえて、「労工教育実施辦法大綱」を作成し、各地方政府に頒布して、各工場に「工人学校」および「補習班」などを設置するよう督促した。(35)

(2)「労工新村」計画

この計画も工商部時代の「工人新村計劃及施設大綱」をもとにしたものである。実業部は各地の「労働者生活状況調査」、「労働者賃銀額及労働時間実況調査」などに積極的にとりくみ、一九三一年五月にはそうした調査にもとづいて、中央工業試験所内に労働者住宅を設置した。そこでは、労働者学校、職工倶楽部などの施設も付設され、労働者の生活を改善する実験が行なわれたといわれ、全国的な「労工新村」建設への足掛かりが築かれはじめていた。(36)

(3)　労働者の衛生施設

工商部時代には、南京政府と共同で「工人衛生展覧会」を開くなど、労働者の衛生問題についてのキャンペーンが行なわれていた。一九二九年末には、労工司と衛生部が共同で「労工衛生委員会」を設置する。委員会は無錫に「工場衛生試験区」を設定し、労働者の集中している地域に診療所を設置し、数千人の労働者を診断した。この結果にもとづいて、工人衛生、工人傷病調査表が作成され、労働者の衛生状態についての実態把握が試みられ、今後の衛生運動展開の基礎資料となった。(37)

以上、この時期の労働者福利事業は、未だ計画・実験の段階にとどまっていたが、今後の展開への基礎が築かれ始めていたことは確認しておきたい。

3. 工場検査の実施準備状況

工場法施行の鍵を握るのは、いうまでもなく、工場検査制度が有効に機能しうるか否かにかかっている。(38)南京政府は工場法公布以降、一九三〇年一二月に工場法施行上の細則を規定した工場法施行条例を公布したのを除き、一九三

表5　工場検査法に規定された工場検査事項（第4条）

検査事項	工場法関連条文
1．男女労働者の年令と作業種類	第2章
2．労働時間	第3章
3．休日および休暇	第4章
4．女工分娩時の休暇	第7章
5．工場の安全・衛生設備	第8章
6．工場災害、労働者の死亡傷害	第9章
7．徒弟の年令、人数	第11章
8．規定の帳簿および登記	第1章
9．その他法令の定めるもの	

一年二月一日の施行予定日までに、工場検査制度に関する何らの準備も行なっていなかった。この準備の遅れが、①全国的な反蔣運動の展開による政府部内の対立・混乱によるものなのか、②南京政府に施行の意志がそもそも欠如していたためなのか、③特定の層の妨害によるものなのか、を確定することはできない（おそらく、こうした様々な要因が組み合わさった結果であったものと思われる）が、それが施行延期の決定的原因であったことは明らかであろう。

実業部は、一九三一年二月一〇日にようやく工場検査法を公布して、工場検査制度創設の準備に着手する。工場検査法[39]には、①工場検査員は中央労働行政機関が派遣して地方政府の管轄下で検査事務を行なうこと（二、三条）、②**表5**にあげた検査事項の検査およびそれらに関する報告業務（一一～一三条）、③工場検査員の資格・養成原則（五条）、④工場検査員の工場への定期不定期立ち入り検査権（六条）、規定された検査事項に関する帳簿文件・証拠物の検閲権および労働者・工会職員に対する諮問権（九条）、安全・衛生事項の改善命令権（一三条）などの諸権利の承認、⑤上記権利を侵害した者に対する一〇〇～二〇〇元の罰金規定、⑥工場検査員の不正行為の禁止と罰則規定、などが規定されていた。

この検査法は、①工場検査事項に具体性を欠くこと、②工場検査に地方裁量の余地が残されていること、③工場検査員の地位に明確な規定が与えられていないこと、などの点で後に問題となるが、この法によって、一応の工場検査の基準が示されることになった。

実業部では、工場検査法第三条、第五条の規定にもとづいて、四月二二日に「工場検査人員養成所規定」、「工場検査員訓練辦法」を制定し、工場検査員の養成に着手する。[40] 当初の予定では、工場検査人員養成所（署長は富綱侯）は、

二二、四九〇元の予算で四月一日から開学準備を開始し、第一期訓練（五月一日〜七月末）、第二期訓練（八月一日〜一〇月末）を行ない、各省市から選抜された有資格者合計一五〇人に統計、安全、衛生検査、待遇・福利検査、労働法施行などの方法を訓練し、党義、労働問題、労働法規、中国工業概論、比較工場検査法などを学ばせる工場検査員を養成することになっていた(41)。

しかし、実際には工場検査人員養成所の開学準備に手間どり、第一期生が入学したのは六月一日であった(42)。これによって、工場法施行日の八月一日には正式な工場検査員は一人も存在しないという事態を招来することになる。また、応募資格が工業専門学校卒業以上の者と工場において一〇年以上作業に従事し、かつ相当なる学術技能ある者に限られていたこともあって、第一期入学者数は予定を大幅に下回る四〇人であった。しかも、そのうち訓練に合格して卒業できたものは、上海一〇名、河北四名など合計二四名にすぎなかった(43)。これにともなって第二期生（九月一日〜一一月末）の募集人員を三〇〇名に増員したが、結局訓練に合格して卒業したものはわずか三五名であった(44)。したがって、一九三一年末現在の全国の工場検査人員は五九名というさびしい数であったことになる。しかも、三カ月間という短期養成であったため、実際の工場検査にはかなりの困難がともなったともいわれる。こうした問題点を孕みながらも、中央で要請された第一期工場検査人員が九月に全国（といっても後述する八地域にすぎなかったが）に派遣されることによって、一九三一年一〇月一日に工場検査法が施行される時点では、工場検査を開始できる体制がどうにかできあがっていたといえよう。

〔4〕各地での工場法施行準備状況

1．概況

工場法第二条は、工場法の主管官署を「特別に規定するものを除いて、市にあっては市政府、県にあっては県政府」と規定している。したがって、工場法施行の準備状況を知るためには、各地での準備進展状況を確認しておかなけれ

表6　中央工廠検査所卒業生 地域別一覧

（人数）

省市名	第1期（1931年9月卒業）	第2期（1931年10月卒業）	合計
上海市	10	9	19
河北省	4	0	4
北平市	2	0	2
天津市	1	0	1
山東省	0	4	4
青島市	2	0	2
江蘇省	2	0	2
浙江省	2	0	2
湖北省	0	2	2
漢口市	0	1	1
安徽省	0	1	1
江西省	0	2	2
山西省	0	2	2
察哈爾省	0	1	1
威海衛特別区	1	0	1
中央	0	13	13
合計	24	35	59

ばならない。

表6は、実業部の工場検査人員養成所を卒業した者の所属省市一案表である。(45) 工場検査なしで工場法を施行することは実際上不可能である。したがって、この表に含まれていない省市は、政治的な理由などで準備がほとんど進展していない地域か、工場法適用工場がほとんど存在しない地域のいずれかであったものと思われる。また、**表6**に含まれている省市でも、第一期生を送り出せなかった地域（湖北省、安徽省、江西省、山西省、察哈爾省など）では、施行準備はかなり遅れていたとみてよいだろう。以下、比較的準備の進展していた省市を中心に工場法の施行準備状況をみておこう。

2. 上海市の準備状況

(1) 上海市社会局の活動（一九二八〜一九三〇）

上海での労働行政は、一九二八年八月以降、社会局（局長は潘公展）第三科（科長は張廷灝）で推進された。一九三〇年までに行なわれた主要な労働行政は、①労働者状態の調査・統計、②労資争議の調停、③工会の立案義務、④工場管理および市政府制定工場法の施行、⑤労働者福利事業、などであった。(46)

ここでは、工場法の施行準備と関係する①、④、⑤について概観しておく。

社会局成立前の一九二七年一〇月から開始された上海の工場調査は、社会局成立後も精力的にとりくまれ、一九二八年一〇月には調査表一四九五部が回収され、上海市の工場の概況が把握された。この調査をもとに「上海之工業」という書物が編纂されている。他にも「上海特別市工資指数之試編」、「上海特別市十七年罷工統計報告」、「上海特別市十七年七月至十二月労資糾紛統計報告」などの書物も出版された。一九二八年後半からは、「上海工人生活程度」の調査が開始され、一九二九年以降は、賃金、罷工・停業、労資争議、家庭生活などに関する調査・統計を継続して行なう体制が確立されている(47)。

中央で関連法規が施行されるまでは、各地方ごとの臨時的立法が認められていたため、上海市では、一九二八年三月に「工廠安全設備須知一〇六条」を公布し、五月一日〜一〇月三一日までの期間を準備期間として、それ以後改善指導を行なった。また一九二八年一一月〜一二月には、「職工退職待遇暫行辦法」、「職工待遇暫行規則」、「職工服務暫行規則」、「学徒暫行規則」の四法規が公布・施行されている。これらは、労働者徒弟の保護規則および労務規則を定めたもので、工場法が施行されるまで執行された。さらに一九二九年二月九日には、労働者の生活状況の改良、労働効率の増進をはかるために、「工廠視察規則一〇条」を施行して「工場検査」を開始している。ここに定められた視察員の職務は、①安全設備、衛生設備、および労働者の状況を視察し、適切な指導を行なう、②工場管理上の困難な問題を調査する、③関連法規の実施を指導・督促することなどであった(48)。

労働者福利事業に関しては、「経費に限りがあって計画のすべてを実現することはできなかった」といわれるが、いくつかの貴重な試みを行なっている。一九二八年九月には、「労工事業備案暫行規則」が定められ、二九年四月から修正施行されている。これは、労働者紹介所、補習学校、診療所、合作社などが守るべき規準を示したもので、違反したものは改組され、すぐれた成績を修めたものは表彰されることになっていた。一九二八年九月には、新聞閲覧室、遊戯室、談話室、映写機などを備えた「工友倶楽部」が二カ所に設立されたが、あまり長続きはしなかった。また、「工廠附設嬰孩寄托所規則一〇条」も制定され、市内の大工場ではすすんで幼児保育所を設置したといわれる。さらに、一九三〇年二月には、公布された工場法の先行施行として「妊娠女工優待法」が制定された。そこには、上海市内の各工場で一年以上継続勤務した女工で妊娠八カ月以上に達したものは、衛生局の指定した病院で無料診察を受け、病院の証明書によって八週間の有給休暇を請求できることが規定されていた。(49)

以上のように、上海市では一九三〇年までに、労働者状態・工場などの調査・統計体制がほぼ確立され、初歩的ながら「工場検査」も試みられていた。こうした条件は、一九三〇年以降に開始された工場法施行準備の前提として重要な意味をもっていたといえよう。

(2)　一九三一年二月一日施行へ向けての準備

一九三〇年に入っても上述した活動は継続されるが、工場法施行のための具体的な活動が開始されるのは、一九三一年に入ってからである。

まず一月一二日から、「工場法の実行を準備し、工場管理を改進するために」各工場の視察が開始される。(50)さらに一月二一日と二二日には、資本家団体および各工場の責任者が召集され、工場法の施行をめぐる諸問題が討論された。その場で社会局代表（田和卿、徐直）は、各工場代表に対して、①管理規則および労働契約をすみやかに作成して本局の審査を受けること、②幼年工の年令を調査し、また特別給与規程、工場会議に関する細則を定めること、③安全・衛生設備の改善に至急とりかかること、などを指示し、二月一日から各工場を検査して取締まることを表明している。(51)そして、一月二九日には、①これまで上海市で施行されてきた上述の四法規を一月三一日をもって廃止すること、②工場法の適用されない小工場および店員と店主との関係については、工場法などを参照し、地方状況を斟酌した上で細則を決定すること、の二点を明らかにしていた。(52)

以上のように、上海市社会局では工場法の二月一日施行に向けて着々と準備を進めていたのである。少なくとも、上海市社会局の側から施行の困難さを中央に訴えるようなことはなかったのである。中央の施行延期決定に対する上海市社会局長潘公展の次の談話は、そのことをよく示している。「工場法が公布されてすでに一年余りの時が流れた。……しかし、工場法の意義を完全に了解しているものはまだ多くない。施行は六カ月間延期されたが、本局の調査は継続して進行し、一方で市内各工場の実情をあきらかにし、他方でこの延期を機会として各工場に実施準備を指導することにしたい」(53)。

(3)　八月一日施行への準備状況

工場法施行延期後、上海市社会局では「前回の工業調査後、状況にすこぶる変動があった」として、再び独自の調査を行なう予定にしていた。同じ頃、国民政府主計処統計局も全国工業調査の一環として上海での調査に着手することになっており、実業部でも特殊工業を調査する計画があった。そこで、統計局の提案で、重複を避けるため、工業品の運輸および国貨と洋貨の競争状況を調査しようとしていた国立上海交通大学の協力も得て、四機関で共同調査することを決定した。四機関は、調査方法の検討・連絡機関として「上海市工廠調査聯合事務所」を設立した。各機関代表の劉大鈞、陳炳賢、張京弼、田和卿、周賛明らの討議を経て、上海市を、第一区楊樹浦区（実業部）、第二区閘北東区（統計局）、第三区閘北西区（実業部）、第四区滬西区（統計局）、第五区フランス租界区（交通大学）、第六区滬南区（社会局）、第七区公共租界区（交通大学）、第八区浦東区（社会局）の八区に分け、それぞれカッコ内の機関が責任を持ち、同一の形式の下で五月一日から着手することなどを決めた(54)。

こうして上海市の工業調査が進められる一方で、上海市社会局は、工場法施行のために準備を着々と進行させた。五月四日には、実業部の設立した工場検査人員養成所に入学して工場検査員となるものの募集（募集人員は一〇～二〇人）が開始され、五月一二日から三日間選抜試験が行なわれている(55)。また、五月一〇日には、社会局第三科視察股副主任王剛は、四機関共同の工場調査では「原料、製造品、および作業機械といった工業製造関係の調査」が主眼であっため、工場検査の準備のために社会局が必要とする「労働者の管理待遇事項」に関しては、別に調査が必要であるとして新たな調査を行なうことを発表した[56]。この調査は、六月五日現在、製紙業、マッチ製造業、搾油業、製糸業、棉紡績業、機械製造業などでほぼ完了し、八月一日まではすべての調査を終える見通しであることが明らかにされている。しかし、こうした調査に対しては資本家側の抵抗もあり、棉紡績業の申新第一・第二工場では視察を拒絶している。これに対し、上海市社会局局長潘公展は、「すこぶる激怒」し、市商会、「紗廠連合会」を通じて、申新総経理栄宗敬を叱責したといわれる[57]。

以上のように、上海市社会局での工場法施行準備は積極的に推進され、八月一日の時点では、中央の養成所に入学させた工場検査員の卒業を待つだけという状況であった。

3. 他の省市の準備状況

(1) 江蘇・浙江

江蘇省では、一九二七年一二月一日の農工庁成立以来、労働問題への取り組みが開始されていた。発表された計画案には、技術改良、労資争議の予防・調停、失業者の予防・救済などとともに、労働者の安全・衛生、待遇改善、労働者教育の奨励、労働者保険なども掲げられていた。また二八年四月ごろには、「工場労働者の健康と安全を図るために「検査工廠章程」を制定していた[58]。

とりわけ南京市では、一九二九年一月の社会局成立後、積極的な労働行政が展開されていた。工場法公布後、社会局は独自の工場登記規則を定め、それをもとに各工場の衛生設備を視察指導した。さらに、三一年には実業部の制定した「工廠安全衛生設備調査表」に基づいて、南京市内三二工場を調査し改善を命じたといわれる。また、工場法施行直前の七月一六日には、各工場責任者を召集し工場法施行問題に関する談話会を開催し、指導・解釈している[59]。

浙江省では、一九二七年五月の省政府成立以来、建設庁第三科の手で労働行政が推進され、一九三〇年末までには、基本的な労働者状態の調査はほぼ行なわれていた。一九三一年春には、実業部の依頼により、工場法適用工場に関する調査が行なわれたといわれる(60)。

しかし、省内の主要工業地である杭州市では、基本的な労働者状態の調査は行なわれたものの、工場法施行へ向けての準備が行なわれた形跡はみあたらない(61)。

(2)　河北・山東

河北省では、一九二八年の省政府成立以来、積極的な労働行政が展開されている。基本的な労働者状態の調査・統計はもとより、一九二八年八月二七日には「暫行工廠規則」が施行され、唐山、石家荘、磁県の三カ所に監察員が派遣され、「工場検査の先例を開いた」といわれる。中央での工場法公布以降は、その準備が推進され、一九三一年七月には各県の県長および工場監察員に通令し、各工場の責任者を召集して工場法施行上の注意を与えた(62)。天津市、北平市では基本的な工場調査は行なわれていたものの、工場法施行に対する直接的な準備活動は行なわれていないようである(63)。

山東省の労働行政は、政局の不安定などのため、工場法施行前にはみるべきものはない(64)。しかし、青島市では一九二九年七月の特別市政府成立後、社会局によって推進される。とりわけ、華新、内外棉、鐘淵、隆興、宝来などの紡績工場を中心とした七工場を対象に行なわれた「労働者家庭概況調査」と将来の工場検査の基礎資料とするために一八一工場を対象に行なわれた工場調査とは注目に値する。また、「暫定工人待遇及退職待遇辦法」が制定され、それを基準とした労働者の待遇状況調査も開始されて一九三〇年末までに三二工場での調査を完了させている。さらに、一九三〇年六月から一二月にかけて、専門の審査委員会が設置され、二六工場の工場規則が審査されたといわれる(65)。

(3)　各地での工場法施行準備状況

以上、上海を中心に工場法の施行準備状況を概観してきたが、ここで簡単にまとめておこう。

八月一日の工場法施行前にその準備が開始されていたのは、上海、南京、青島、江蘇、浙江、河北の三市三省に限られていた。しかも、上海、青島を除けば、その内容は決して十分なものではなかったといえる。

〔5〕 工場法修正要求と施行の強行

1．「工商管理協会」の工場法修正案

「工商管理協会」は、一九三〇年五月に国際連盟の「国際工商管理研究院」の要請を受けて、「工商事業の科学的管理の重要性を業主に積極的に提唱する」ために、工商部長孔祥熙によって召集されたものである。(66) 参加団体には、「上海市商会整理委員会」、「中華工業連合会」、「中国工程師学会」、「華商紗廠連合会」など重要な工商団体はすべて含まれていたといわれ、六月二九日に正式に成立していた。(67) その設立主旨は、①工商企業行政組織の改正、②生産能率の増進、③科学的管理の研究、④工商業者の意見の交換、の四点にあったが、(68) 三〇年一一月の全国工商会議開催まではめだった活動は行なっていなかった。しかし、「全国工商会議」での拡充決定と工場法の施行延期決定後、工場法施行問題の討議を中心に積極的な活動を開始する。

一九三一年二月七日、同会理事長でもある孔祥熙の発起によって「会食討論会」が開催される。そこで工場法施行問題について演説した孔祥熙は、国民政府の労働政策の原則を確認し、「工場法の立案過程でも十分な論議をつくし国情に合ったものを制定した」としながらも、実施にあたっては確かに障害が存在することを認め、「さらにもう一歩つっこんだ討論を行なって解決方法をみいだしたい」と提案した。(69) これは、事実上資本家側の修正要求を受け入れる用意のあることを示唆したものといえよう。その後、政府側出席者と資本家側との間で工場法の施行をめぐる簡単な質疑応答が交され、「工場法実施問題討論委員会」を開催して研究を継続していくことが提案された。この提案をうけて、二月末には、「工商管理協会」の主催で上海の工場代表および専門家計一〇〇余名により、「工場法施行問題討論会」が開催され、「工場法実施研究委員会」が組織された。(70) これによって、工場法の八月一日実施を前提とした

工場法の修正案作りが本格的に推進されることになる。

工商管理協会は、孔祥熙、富綱侯（実業部労工司科長）、潘公展（上海市社会局局長）、陳宗城（ＩＬＯ中国分局局長）ら官僚層主導下に、銭承緒（「中華工業連合会」）、計健南（「上海機製国貨工廠連合会」）、劉鴻生、陸費伯鴻ら産業資本家上層部が組織したもので、この修正案作りも官僚層と大資本家層との連携の下にすすめられたものである。[71] 中小資本家団体は、三全大会（二九年三月）後、活動停止命令をうけ、「総商会」の勢力によって上から「商人団体整理員会」に再編成されていたため、その影響力を行使することはほとんど不可能な状態にあった。[72]

三月末までに出された工場法修正案は、⑴工商部案、⑵「中華工業連合会」案、⑶上海市社会局案、⑷「中国工商管理協会」案の四案であったが、三月二四日中華工業連合会は全体会議を召集して、⑷案に同調することを決定している。[73] また、四月初旬には、⑸「江浙皖絲繭業総公所」案、⑹「永豫和記紡織股份公司」案、⑺「上海市華商搭莚（巻きタバコ）廠同業公会」案、⑻「茂昌股份有限公司」案、⑼「河北省大興紗廠」案、の五案が新たに提案され、さらに、七月には⑽華商紗廠連合会の追加修正案が出されている。[74] これら（⑸～⑽）は、製糸業、タバコ製造業、紡績業といった各産業別の利害に基づいた要求であり、最終的には資本家側の修正案を⑷の「工商管理協会」案に一本化しえなかったことを示している。

しかし、⑸以下の要求は、その後の政府による修正作業にほとんど影響を与えることはできなかった。したがって、ここでは、もっとも全産業の利害を反映していたと思われる「工商管理協会」案を紹介しておきたい。修正・猶予要求は以下の四点である。

① 幼年工・女工の深夜業禁止（一二、一三条）は、五年間の施行猶予期間を与えること。〔理由〕中国の各工場では、幼年工、女工を多数雇用しており、とりわけ紡績工場では全労働者数の４分の３を占めている。今、急にこれらの条項が実施されれば、昼夜二回交替制を採用する場合は半分の労働者を、また三回交替制を採用するとしても

3分の1の労働者を男子労働者に変更しなければならない。もし、現状の労働者のままで操業を続けるとすれば、現在の生産量を維持するには増錘が必要となるが、これもすぐに実現できるものではない。

②　全産業一律の週休一日制（一五条）を、週に一日の割合で月に何日かの休日を与えるよう修正すること。

③　工場会議（一〇章）は実施しないこと。〔理由〕工場会議は、日本はもちろん欧米先進諸国においてもその先例をみないもので、いかにも理想的な方法には違いないが、実際に施行することは不可能である。なぜならば、工会法第六条の規定によれば、一般工場では工場主、役員、工場長を除くすべての者が労働組合に加入できるため、工場会議を構成することになる、工場法第四九条にいう労働事情に通暁する者は、ほとんど労働組合員である。したがって、工場会議は労働組合会議と同じ結果を生むことが明らかだからである。

④　労働時間の短縮（八条）、工場の安全・衛生設備、幼年工・徒弟の補助教育規定（三六条）については、三年間の施行猶予期間を与えること。[75]

②と④に関しては、その理由は明らかにされていない。

以上、一九三一年二月一日の工場法施行延期後、八月一日の工場法施行に向け、政府主導下で資本家側との「妥協」点を見出す作業が続けられていたのである。

2．労働者側の工場法修正要求

工場法立案期において、七大工会を中心とする上海の労働者は、法案作成過程に労働者代表の参加が認められなかったことから、南京政府工場法を否認する立場をとってきた。

一九三〇～三一年の上海では、総工会結成の主導権をめぐって、自主的な組合運動を求める七大工会を中心とした国民党左派系の流れをくむグループと、西山派に通じるグループとがしのぎを削っており、勢力的には七大工会を中心としたグループが優勢であったといわれる。[76]労働者側は、総工会結成運動がこの時期の活動の中心であったこともあって、三一年二月の施行延期決定以前には、工場法に対する対応はほとんど変化をみせていない。上海での総工会準備委員会を擁護する一〇〇余工会が、一九三〇年二月に出した宣言をみても、「立法院は総理の意志に反して、労働者の苦痛に徹底的に注意することもできずに不完全な工会法と工場法を制定した」[77]として、批判していた。

一九三〇年一一月には、製糸女工が工場法に規定されている男女の待遇平等を要求するが[78]、運動としての広がりをみせることもなかった。しかし、工場法の施行延期決定以降、労働者側もやや積極的な対応をみせ始める。

上海全市各工会代表大会（七大工会系）では、工場法修正案が通過し[79]、一九三一年五月に開催された国民会議に提出される。修正要求は条文のほぼすべてにわたっているが、その主要な点は**表7**のとおりである。その特徴は、①工場法の適用範囲を外資系工場も含めた二〇人以上の労働者を雇用する工場にまで拡大するよう要求したこと、②労働時間の例外規定を限定するよう要求したこと、③労働者の保護・福利規定の拡大を要求したこと、④工場側に一方的に運用されるおそれのある項目については工会の同意を得ることを条件としたこと、などである[80]。

さらに、一九三一年六月に開かれた国民党第三期五中全会でも、上海の各工会は連合して、国民会議の「労働運動に関する議決案」の実行を要請した。そこにも、総工会の組織を認めよという要求などとともに、工場法案の徹底的な修正要求が含まれていた[81]。

以上から、工場法の施行延期以降、労働者側の工場法に対する立場は、これまでの工場法そのものを否認する立場から、徹底的な修正を要求する運動へと変化し始めたものといえる。次節でみる如く、労働者側の要求はほとんど受け入られないが、政府と資本家側との「妥協」に一定の歯止めをかける役割を果たした。

3. 工場法施行の強行

三での考察を整理しながら、まず南京政府が一九三一年八月一日に工場法施行に踏み切り得た要因を整理しておこう。

表7　1931年5月の国民会議に上海各工会から提出された工場法修正草案

条項	工場法の規定	修正要求
1条（適用範囲）	30人以上	20人以上 中国内の外資工場にも適用する
3条（労働者名簿）	登記事項(7)傷病種類および原因	(7)傷病種類および原因と結果
8条（8時間労働と例外規定）	地方情形あるいは工作の性質によって10時間まで延長できる。	労働時間の延長は、地方情形、工場の性質および季節の関係によって、工場側が詳しく理由を説明し、工会の同意を得て、主管機関に許可を申請したうえで認め、しかも9時間をこえることはできない。
10条（労働時間の特別例外規定）	天災・事変・季節の関係で、月36時間をこえない範囲で、12時間まで延長できる。	「必ず工会の同意を得て、主管機関に許可を申請したうえで」という条件をつけ、「10時間を超過できない」とする。
12条（幼年工の深夜業禁止）	午後7時から午前6時	午後6時から午前6時
13条（女工の深夜業禁止）	午後10時から午前6時	午後8時から午前7時
17条（特別休暇規定）	継続労働時間が(1)1年以上3年未満の者　7日 (2)3年以上5年未満の者　10日 (3)5年以上10年未満の者　14日 (4)10年以上の者　1年ごとに1日を加算し、30日をこえることはできない	(1)10日 (2)15日 (3)1カ月 (4)2カ月
27条（無定期工作契約における解雇予告期間）	継続労働時間が(1)3カ月以上1年未満の者10日 (2)1年以上3年未満の者20日 (3)3年以上の者30日	(1)10日 (2)30日 (3)45日
30条（工作契約満期前に工場が契約を終止できる場合）	以下の各項のひとにあてはまる場合工場側はたとえ労働契約が満期前であっても契約を終止できる	「工会の許可をへて、確実に営業の回復ができない場合」というただし書きを加える
31条（予告期間なしで解雇できる場合）	(1)労働者がたびたび工場規則に違反したとき (2)労働者が理由なしで3日以上連続して休んだ場合、あるいは1カ月以内に理由なしで6日以上休んだ場合	(1)「1年間に工場側が書面で3度の警告を提出し、工会に勧告を請求しても改悛できない者」というただし書きを加える (2)3日を10日に、6日を10日にそれぞれ改める。＊第6章に、以下の2項を増加させる ①工場の業務が一部停止した時は、該部の労働者は他部に移すべきで、絶対に解雇してはならない。②工場に1年以上継続して服務した者で、重大な過失がなければ、辞職であると解雇であるとを論ずることなく、ひとしく工場側は退職金を給与すべきである。その支

		給額は、(1)1年以上の者、在職時に得た賃銀の6％(2)5年以上の者、在職時に得た賃銀の7％(3)10年以上の者、在職時に得た賃銀の8％(4)以後5年を加えるごとに3％を加算する
36条（工場の幼年工・徒弟への補習教育義務）	補習教育義務は、幼年工と徒弟に限定されている	「労働者の子弟にも、工場はまた補習教育を行なうべきである」を加える
38条（工人儲蓄と合作社に関する規定）	工場は可能な範囲で労働者が、工人儲蓄及び合作社等の事業を開設することに協力する	協力するを補助するため、「労働者は代表を推挙して弁理に参与し、共同して保管する」というただし書きをつけ加える
40条（純益金の分配）	工場は営業年度の終了時に、純益金があれば、株式利益と公積金（法定積立金）を除いて、1年を通して労働し、並びに過失のなかった労働者に、奨励金を給与するか、純益金を分配するか、しなければならない。	対象を「工場における労働が6カ月以以の労働者」とし、但し書きとして、「株式利息は6厘を超過できないこと、公積金は純益金の20％を超過できないこと」をつけ加える。さらに「純益金の分配は、株式利息と公積金を除いたほか、残りは労資が折半する（或いは2カ月分の賃金）」を増加する。
42条（衛生設備規定）		「飛塵」の2字を加える
44条（改善命令に関する規定）	主管官署は……必要な時に、その一部の使用を停止できる	「この停工期間内においては、労働者に賃銀を支給する」をつけ加える
45条（補助費・補償金規定）	工場の資本金が5万元以下の者は、主管官署に申請して、その給与額を減少できる　etc.	5万元を3万元に改め、「工会と共同して」を加える　etc.
48条（重大な災害に対する工場の主管官署に対する報告義務）		「工会と共同して」をつけ加える
50条（工場会議の職務）	(3)労働契約および工場規則の実行を協助する	「労働契約」を「労資契約」に改める
51条（工場会議の進め方）	まず工場の労働者代表と工場側が協議してこれを処理する	「工場の労働者代表」を工会の責任者に限定する
56条（徒弟契約の規定）	工場が徒弟を収用する時は、徒弟あるいは、その法定代理人と契約を訂立し、合計3部を作成して当時者双方が1部ずつもち、残りの1部を主管官署に送る	合計4部を作成して、双方が1部ずつとり、1部を工会に、1部を主管官署に呈送する
58条（徒弟の習芸の時間）	第3章の労働時間の規定を準用する	「徒弟期間は4年を超過することはできない」をつけ加える

第一に、実業部成立以降、中央政府による施行準備が急速な進展を遂げたことである。工場検査体制を確立するための中央での基礎的準備は、工場検査員が卒業し、工場検査法が施行されれば、初歩的な工場検査を開始し得るまでになっていた。また、労働者福利事業推進のための中央機関も設置され始め、初歩的な活動はすでに一部で開始されていたのである。

第二に、地方政府による工場法施行準備は、地域差があり、上海市、青島市など少数の省市を除けば、ほとんど進展していなかった。しかし、工場の半数が集中しているといわれる上海での準備がほぼ整っていたことにより、工場法施行に踏み切り得る最低限の条件は満たしつつあったとみてよいだろう。

こうした、政府による工場法施行準備の進展は、二月一日の施行延期時点と決定的に相違していた点である。

第三に、政治・経済的条件の好転も見逃してはならない点であろう。政治的には、六月の五中全会以降、胡漢民らとの妥協が成立し、広東政府との対立も急速に解消へと向いつつあった。経済状況も、一九二九年以来の銀安の継続で好況期が持続されていたのである。

以上の三条件のなかで、南京政府は工場法を施行した。七月三〇日、実業部労工司長厳荘は、「工場法施行に関する談話」という形で「工商管理協会」の修正要求に正式な回答を行なった。①上海だけで一六万人以上の紡績女工が存在しており、女工の深夜業禁止（一三条）をすぐに実施すれば大量の失業者を生み、生産量も激減するため、二年間施行を延期する。②週休一日で有給とする規定は、萌芽期にある工業の実情にそぐわないため、司法院の最終判断を待って善処する。③工場会議は、工場側の代表者資格を広義に解釈して、司法院の最終判断を待って施行する予定である[82]。④一四歳以上の幼年工は、一日一〇時間まで労働時間の延長を認める[83]。

すなわち、「工商管理協会」案に集約された資本家側の修正・猶予要求は、労働者側の抵抗もあって、二点のみ承認されたのである。これは、確かに「骨抜き」であり、労働者保護の後退であった。しかし、南京政府工場法に込められた生産政策としての側面からみれば、当然の譲歩であったともいえる。そもそも南京政府には、生産力を落としてまで労働者保護を貫徹する意図はなかった。生産効率を上昇させ、労資協調を実現させるためにこそ、労働者保護が不可欠であったのである。したがって、第四に、南京政府は、工場法を施行するための必要条件である資本家側の合意をとりつけるために、生産政策的視点に力点を置き、労働者保護の視点が後退することになったのである。したがって、生産効率上昇に直結する労資協調を実現するための工場会議は、資本家側の強い抵抗にもかかわらず、そのまま施行されることになったのである。

南京政府工場法は、形式的には八月一日に施行されたことになっているが、実質的な施行開始は、一〇月一日の工場検査法施行以後である。こうした実質的な施行の遅れの原因は、第一に、租界内の工場法施行問題がほとんど進展していなかったこと、第二に、工場検査員の卒業などの中央政府の準備が一部遅れていたこと、などに求めることができる。したがって、南京政府による八月一日の工場法施行は、十分な準備の下で行なわれたのではなく、きわめて不十分な準備の下で半ば「強行」されたものであった。

南京政府が工場法の施行を強行した理由は、第一に、再度の施行延期が「法律の威信」＝南京政府のメンツにかかわること[84]、第二に、人気取り政策とはいえ、一九三一年六月に「訓政時期約法」を施行し、そこで「労働者保護法規の実施」を約束していたこと、などの理由によるものであったと思われる。

たとえ工場法を十分に施行できず、経済的な成果をあげ得なかったとしても、工場法の施行を宣言することによって、ある種の「政治的効果」をあげることは可能であったからである。

三　注

(1)　前掲、大本、西本、山崎論文、および大橋於菟次郎「工廠法の施行と中国工場の実情」(『満蒙』一三六号、一九三一年八月)。

（2）前掲、大本論文、五三ページ。
（3）この時期の政治過程については、前掲、波多野『中国国民党通史』、池田『中国現代政治史』など。
（4）経済状況については、劉大鈞『支那工業論』（倉持博訳、一九三八年）、久保亨「南京政府の関税政策とその歴史的意義」（『土地制度史学』八六号、一九八〇年一月）など。
（5）各法規の内容については一で述べた。
（6）前掲、『中国労働運動状況』一〇六ページ以下。
（7）「工廠法不展緩施行――行政院昨駁覆中華工業聯合會」（『申報』一九三〇年四月一六日）。
（8）「江浙絲綢機聯會電請修改工廠法規」（『申報』一九三〇年七月一五日）など。
（9）注（7）に同じ。
（10）「全国工商會議會期」（『申報』一九三〇年六月七日）。
（11）記者「全国工商会議記」（『商業月報』一〇巻一一号、一九三〇年一一月）、一～四ページ。
（12）前掲、西村論文、四八ページ以下。
（13）前掲、「全國工商会議記」一九～二一ページ。
（14）同右、一〇～一一ページ。
（15）「全国工商会議と労資協調提案」（『社会政策時報』一二七号、一九三一年四月）。
（16）注（14）に同じ。
（17）注（14）に同じ。
（18）「通過實現勞資協作方案」（『申報』一九三〇年一一月六日）、および前掲「全國工商会議記」、二六ページ。
（19）前掲、「全國工商会議記」、四二～四三ページ、および『申報』一九三〇年一一月九日。
（20）「社會局昨召集各業代表討論施行工廠法」（『申報』一九三一年一月二一日）。
（21）「錢承緒談工廠法」（『申報』一九三一年一月二三日）。

（22）「租界内施行工廠法之起點」（『申報』一九三一年一月二九日）。
（23）「租界内施行工廠法問題」（『申報』一九三一年二月六日）。
（24）国民政府軍事委員會資源委員會『中國工業調査報告』（一九三七年、邦訳、大塚令三『支那工業調査報告』）など。
（25）「外部辦事處昨分函各國領事」（『申報』一九三一年二月五日）。
（26）實業部中央工廠檢査處『民國二十三年中國工廠檢査年報』（一九三四年一二月三一日、以下『年報』と略称）一章五節。
（27）「第八次國府会議」（『申報』一九三一年一月三一日）。
（28）「銀価暴跌問題」（『商業月報』一〇巻一期、一九三〇年一月）。
（29）「胡漢民解釋工廠法疑問」（『申報』一九三一年二月一〇日）、および宮脇賢之介「南京國民政府新工場法、工場検査法、労資争議處理法」（『現代支那社会運動研究』第六編、一九三二年）など。
（30）「實業部下月可成立」（『申報』一九三〇年一二月七日）など。
（31）前掲「十年来之中国経済建設」一五〇ページ、および『申報』一九三一年四月八日など。
（32）実業部中国労動年鑑編纂委員会『民国二一年中国労動年鑑』（一九三三年）。
（33）前掲『二次年鑑』三編、七〇～七三ページ。
（34）呉至信「中國労工福利事業之現状」（『民族』四巻一〇期、一九三六年一〇月）。
（35）『二次年鑑』三編二章、七二ページ、および「両部合組労工教委會」（『申報』一九三一年四月三日）など。
（36）『二次年鑑』三編二章、七二ページ、および「實部修築労工新村」（『申報』一九三一年四月六日）など。
（37）『二次年鑑』三編二章、七二ページ。
（38）『二次年鑑』三編一章、八～一〇ページ。
（39）『二次年鑑』三編一章、一〇～一一ページ。
（40）前掲『年報』一章三節、一〇ページ。
（41）「工廠検査人員養成所」（『申報』一九三一年四月二二日）、前掲『二次年鑑』三編二章、六九～七〇ページ、および『年報』

一章三節。
(42)「工廠検査人員養成所開學」(『申報』一九三一年六月三日)。
(43)前掲『年報』一章三節。
(44)同右。
(45)同右。
(46)『二次年鑑』三編二章、八八ページ。
(47)「十八年度上海罷工停業統計」(『二次年鑑』所収、三編二章、八八〜八九ページ)。
(48)「上海農工商局業務報告」(『二次年鑑』所収、三編二章、九一〜九二ページ)。
(49)「十七年下半年、上海社会局業務報告」(『二次年鑑』所収、三編二章、九二ページ)。
(50)「社會局昨召集各業代表討論施行工廠法」(『申報』一九三一年一月二三日)。
(51)注(50)および「市社會局指導各廠實施工廠法」(『申報』一九三一年一月二三日)。
(52)「工廠法施行後本市暫行勞工法規廢止」(『申報』一九三一年一月三〇日)。
(53)「潘公展談工廠法展期實行」(『申報』一九三一年二月一日)。
(54)「全市工廠調査法」(『時報』一九三一年四月一八日)、「主計處實業部社會局合組上海工業調査」(『申報』一九三一年四月二四日)など。
(55)「上海市社會局招考工廠檢査員通告」(『申報』一九三一年五月八日)。
(56)「社會局準備實施工廠法」(『申報』一九三一年五月一一日)。
(57)「社會局積極視察各工廠」(『申報』一九三一年六月六日)。
(58)『一次年鑑』三編二章、九七〜九八ページ。
(59)『二次年鑑』三編二章、八六〜八八ページ。
(60)『二次年鑑』三編二章、八四〜八六ページ。

(61)『二次年鑑』三編二章、九九～一〇〇ページ。
(62)『二次年鑑』三編二章、七九～八二ページ。
(63)『二次年鑑』三編二章、九六～九七ページ。
(64)『二次年鑑』三編二章、八二～八四ページ。
(65)『二次年鑑』三編二章、九三～九五ページ。
(66)「孔祥熙将召集工商管理會議」(『申報』一九三〇年五月二一日)。
(67)「工商管理協會明日成立」(『申報』一九三〇年六月二八日)。
(68)注(66)に同じ。
(69)「工商管理協會首次聚餐討論會」(『申報』一九三一年二月八日)。
(70)「全滬工廠討論工廠法推行問題」(『申報』一九三一年三月一日)。なお、『工商半月刊』三巻六号(一九三一年三月一五日)にも同様の記事がある。
(71)注(60)～(70)などから判断した。
(72)前掲、西村論文、四五ページ。
(73)「修改工廠法」(『時報』一九三一年四月一日)。
(74)「工商法推行問題」(『申報』一九三一年四月九日)および前掲『中国労工運動史』第三冊九四七ページ、『紡織周刊』一巻一六期(一九三一年七月三一日)など。
(75)「工廠法の實施と工業者の態度」(『上海週報』八七三号、一九三一年七月一五日)など。
(76)前掲『中国労働運動状況』一〇六ページ以下。
(77)「百余工會宣言擁護総工會籌委會」(『申報』一九三〇年二月八日)。
(78)「絲廠女工要求男女待遇一律」(『申報』一九三〇年一一月二五日)。
(79)「修訂工廠法運動」(『労工月刊』一巻四期、一九三二年七月一五日、『二次年鑑』二編四章)。

(80)「上海各工會向國民會議提出之工廠法規修改革案」（陳達『我國工廠法的施行問題』、一九三一年、『二次年鑑』二編四章一五三～一五四ページより重引）。
(81)「上海各工會請奉行國民会議決議案」（『工商半月刊』三巻一四期、一九三一年七月一五日、『二次年鑑』二編四章、一五四ページより重引）。
(82)「明日起實施工廠法」（『申報』一九三一年七月三一日）など。
(83)「實部勞工司長談工廠法」（『紡織周刊』一巻一七期、一九三一年八月七日）。
(84)「工廠法実施問題」（『紡織周刊』一巻一七期、一九三一年八月七日）。

四　工場法の第一次施行とその中断　一九三一年九月～一九三二年一月

〔1〕問題の所在

南京政府工場法は、一九三一年八月一日に施行された。しかし、三でみた施行準備の不十分さに加え、内外の諸条件の制約もあって、その施行は困難をきわめた。四以下では、南京政府工場法の施行過程を三つの時期に分けて考察する。

第一期は、一九三一年八月一日から一九三二年一月までの時期で、いくつかの地域で工場法の施行が試みられるが、十分な成果をあげることができないまま、「上海事変」などによって施行が中断されてしまう（四）。

第二期は、一九三二年二月から一九三三年七月までで、いくつかの地域で施行が再開される一方で、第一期の経験をふまえて工場法の施行体制が再検討される時期である（五）。

第三期は、一九三三年八月以降で、中央集権的な工場検査体制が確立し、ほぼ全国的に工場法が施行されはじめ、一定の成果をあげる時期である（六）。

施行過程全体を通じて問題となるのは以下の五点である。

第一に、南京政府の方針である。工場法の政策意図には、大きく分けて①労働者保護、②労使協調の実現、③それらによる健全な労働力の確保という生産政策、④資本節制による資本主義の弊害の除去、などがあった。これらのどこに力点がおかれるのかは、その時々の内外情勢に大きく制約される。したがって、南京政府の労働政策、さらには経済政策のなかで工場法のいかなる側面が強調され、いかにして実行に移されようとしていたのかがまず問題にされなければならない。

第二に、中央の方針を受けて具体的に実践に移していく地方政府の問題である。中央の方針が地方政府によってどのように受けとめられ、どの程度施行体制が整えられ、いかに実践されていくのかという点は、中央立法としての工場法の施行過程を考える上で不可欠な点であろう。こうした試行錯誤のなかで、工場法を全国的に施行していくための体制づくりがすすめられていく。

第三に、工場法の租界内施行の問題である。この問題は、関税自主権獲得後の最大の外交課題でもあった治外法権撤廃とも密接にかかわる問題であった。したがって、帝国主義諸国の新たな中国政策の展開のなかで、複雑な展開をみせる。工場法が民族産業の健全な発展をひとつの大きな政策意図として立案されるものである以上、この問題は、政策実現のための鍵を握っているといっても過言ではないだろう。とりわけ、中国最大の民族産業であり、工場法の施行によって最も大きな負担を担うことになる紡績業にとって、最大の競争相手である租界内の在華紡が工場法の適用を受けるか否かは死活問題でもあった。また、政府としても、資本・技術ともに劣る民族紡のみに工場法の施行を強制することはできなかった。

こうした意味でこの問題は、工場法施行の重要な鍵を握るとともに、治外法権撤廃への足掛かりとしてもきわめて重要な意味を持っていた。工場法の租界内施行交渉は、ＩＬＯの協力を得て進められている。

第四に、労資双方の対応である。工場法が円滑に施行されていくためには、資本家側の理解と協力が不可欠である。内外の諸条件の変動、租界内施行交渉の進展のなかで、南京政府工場法の施行に資本家側がどのように対応していくのか。また、国共分裂以降の新たな環境のなかで、組織再建に取り組んでいた労働者側は、工場法の施行にいかなる対応をみせるのか。たとえ、上から与えられた法であったにせよ、工場法に規定された条項を実際に運用していく上で、決定的に重要な要素は、その時々の労資関係である。こうした労資双方の工場法に対する対応によって、南京政府工場法の実質的な性格が規定されることになる。さらには、労資双方の工場法に対する対応のなかから、南京政府と資本家側、あるいは労働者側との関係を具体的に明らかにすることもできよう。

第五に、上述した様々な諸要因に規定されながら施行された工場法の実施状況である。南京政府工場法は、規定内容から分類すれば、①女工・幼年工の保護を中心とした労働過程の規制、②労働者福利事業の推進、③労資協約の基準、という三つの内容から構成されていた。したがって、実施状況をみる時にも、それぞれの側面から評価されなければならないであろう。本稿では、①については工場検査の進展状況、②については労働者福利事業の進展状況、③については具体的な労資争議を素材として実施状況を測定することにする。

〔2〕　歴史的背景

南京政府工場法の施行過程第一期（一九三一年八月から一九三二年一月）は、「満洲事変」（一九三一年九月一八日）と「上海事変」（一九三二年一月二八日）という日本帝国主義の二つの侵略戦争にはさまれた時期にあたる。「満洲事変」による東北の喪失、対日経済絶交運動をはじめとした民族運動の空前の盛り上がりは、中国の政治・経済状況に大きな変動をもたらした(1)。

一九三一年五月以来の南京政府と広東政府との対立は、「満洲事変」の発生によって無意味なものとなり、九月末には両派の和平統一の動きが始まる。一一月中旬に開催された四全大会では統一宣言が発表され、一二月の四期一中全会（二二～二九日）開催を経て、一九三二年一月には南京に統一政府が組織され、国家の最高権力機関である中央政治会議の常務委員に就任した蔣介石、汪精衛、胡漢民による「三頭政治体制」が成立する。(2)

こうした国内統一の気運の高まりは民衆運動内部にもみられ、路線をめぐる対立を続けていた労働戦線にも統一のきざしがみえ始め、一九三一年一二月三一日には上海総工会が成立し、他の諸階層とともに抗日ボイコット運動への積極的な取り組みが開始される。(3)

したがって、工場法施行後には、日本との民族矛盾の激化にともなって、国内体制が統一へ向けて急転回し、労働者・資本家の独自な要求も後退し、労資関係においても一時的な「協調」が生まれ、工場法を実施していく国内的な条件は整いつつあったものといえる。

そこで鍵を握るのは、工場法の租界内施行をめぐる問題である。南京政府成立以降、帝国主義の側の対中国政策にも変化があらわれはじめていたが、この時期になって日本と他の欧米諸国との政策の相違が顕著となる。欧米諸国は、国民党政権による統一と建設を支持し、それへの一定の譲歩により権益を保持する政策へと転換し、(4)工場検査の実施方法や工場法の租界内施行問題についても、ＩＬＯ代表を通じて一定の援助を与える。一方、日本はこの時期の二度の侵略戦争に象徴されるように、中国との対立を深めていった。したがって、工場法の租界内施行においても在華紡などの利害関係が密接にかかわり、交渉の進展を阻害する役割を演じることになる。

最後に経済状況について触れておけば、この時期は、一九二九年以来の銀安による好況期の末期にあたり、「満洲事変」による東北市場の喪失、「上海事変」による産業破壊、イギリス、日本の金本位制離脱による中国の金融恐慌の発生などによって、景気にかげりがみえ始める。(5)

四では、こうした歴史的背景を念頭におきながら、南京政府工場法の第一次施行に内在した問題点を、工場法の施行に対する労資双方の対応、租界内施行交渉の進展、各地での施行状況の検証などを通じて明らかにすることにしたい。

〔3〕工場法の施行と労資の対応

1．工場法施行前夜の状況

一九三一年八月一日の南京政府による工場法の施行は、きわめて不十分な準備状況のなかで強行されたものであった。

施行一週間前に発行された『紡織周刊』は、①工場法施行を目前に控えているにもかかわらず、政府当局は何の指導も行なっていないこと、②資本家側も六カ月の延期期間中に何の準備もしていないこと、③労働者側も失業を恐れて施行を強く主張するものはいないこと、の三点を根拠に、工場法の施行は不可能であろうと指摘していた。(6) また、施行一週後に発行された同誌は、「当局は何の行動も行なっておらず、工場法が八月一日からすでに確実に施行されているのかどうかはいまだに疑問である」としていた。(7)

こうした施行前後の状況は、南京政府工場法の施行が、「強行」というよりはむしろ「なし崩し」的に行なわれたことを示唆している。したがって、工場法施行数日後において「各工場の作業は従来どおり行なわれ、みじんも変動はなかった」(8)し、一カ月後においても「多くの地方の工場主は依然静観しており」、「労働者側もはっきりした態度を示せず」、「外資工場は何の拘束も受けずに悠々と静観している」という状況が続いていたのである。(9)

こうした状況を招来した原因は、工場法の租界内施行問題の停頓、租界を除く国内の工場検査開始が一〇月一日にずれこんだことなどに求められるが、工場法施行直後に発表された陳達の研究も、(10) 工場法の施行をめぐる世論に大きな影響を与えた。陳達の研究は、上海の工場法適用工場を対象にした実情調査をもとに、工場法の規定が現実をかけ離れたものであることを指摘し、**表8**の如く、工場法の大幅な修正を提起していたのである。(11)

しかし、政府当局もこうした状況を坐視していたわけではなく、資本家側の態度に批判を加える一方、「科学的工

表8　陳達の修正案

事項	現状	工場法	修正案
記録保存	行われつつあるも簡単	15項目年2回報告	15項目年1回報告
労働時間	6種工業平均8〜10.3時間	8時間原則、特に10時間許可	10時間夜間交替、但し女工・少年工のみ
深夜業（女工）	午後6時〜午前6時	午後10時〜午前6時禁止	3年間は、午後6時〜午前6時の12時間
深夜業（少年工）	午後6時〜午前6時	午後7時〜午前6時禁止	女工と同じ
超過時間	制限なし	1日2時間、1カ月36時間	規定通り
休日	賃銀を支払う。平均1カ月2・6日。時に賃銀支払なきものあり	賃銀を支払う。1カ月4日	強制的に賃銀を支払わしめ、1カ月2日
祝祭日	平均1カ年14.4日、賃銀を支払うものと支払ないものあり	賃銀を支払う、年8日、但し、国定祭日	規定通り
少年工年令	9〜10才。但し紡績工場のあるものは14才	14才	協定標準による12才
少年工労働時間	成人労働者と同じ	1日8時間	2カ年昼夜とも10時間、その後8時間と2時間の教育、夜間交替
就業中の傷害	手当の支給あり、額は不定	6カ月2/3賃銀、その後は1/2支払	規定通り
永久傷害	手当の支給あり、額は不定	1年〜3カ年の賃銀支払	規定通り
死亡	手当の支給あり、額は不定	2カ年の賃銀に300元加える	規定通り
疾病	時に支払われる	傷害と同じ	工場病に限る
治療費	普通支払われる	30元	規定通り
葬儀費	普通支払われる	30元	規定通り
教育	55工場に設備あり	16才以下1週10時間	2年後12〜15才、1週10時間
出産手当	平均1件に16.02元	8週間の休暇、有給	勤務1年以上の者に限る、4週間の休暇、有給

賞与	普通	賞与あるいは利益金の分配	1カ年賃銀の4％以下
衛生・安全	不充分	明瞭を欠く	清潔法を明確にする
賃銀支払	月1回あるいは2回払　支給前に控除するものあり	月2回、控除を禁ずる	規定通り
賃銀決定	労働の需給による	地方における生活費を基準とする	生活費に対する科学的研究の発表
契約	時に記載される	無予告解雇は、2重賃銀の支払、予告期間の1/2あるいは全額賃銀の支払、就業年限による予告期間の増減、特別理由による解雇	予告期間　15日　無警告のときは賃銀のみ　其の他の原因による解雇
工場会議	なし	決議・運用・その他の権力あり	決議のみとする
徒弟	条件きわめて悪い	契約および各種条項の適用	規定通り

場管理の実行」こそが産業発展の基礎であるとして[12]、工場法の施行準備を着々とすすめていたのである。

また、労資双方の対応も上述した一般的状況にもかかわらず、工場法の施行を推進しようとする動きも少なからずみられた。

2. 資本家側の対応と推進派の存在

工場法施行直後の資本家側の対応は、以下の四派に分類できるという[13]。

第一は、工場法の施行は落伍した中国産業にとっては自殺政策に他ならないとする反対派である。反対派の基盤は、現状でも工場を維持するのがやっとで、さらに負担が増加すれば工場経営から手を引かざるを得ないとする中小工業資本家層であり、もっとも多数を占めていたといわれる。

第二に、工場法の原則には賛成するが、準備期間が不十分であることと、実施方法が画一的すぎることに疑問を呈し、「漸進主義」の採用を主張する条件付き賛成派＝漸進派である。

表９　1933年中国製造工業実態統計

規模別	企業数		資本額			労働者数		
1,000人以上	86	（0.4%）	167,551,550	（35%）	平均　195万元	196,666	（25%）	平均 2,287人
30人以上	2,349	（12.6%）	239,321,134	（49%）	平均　10万元	303,567	（39%）	平均　129人
30人未満	16,273	（87%）	74,832,622	（16%）	平均　4,600元	285,524	（36%）	平均　17.5人
総計	18,708	（100%）	481,705,256	（100%）	平均 25,000元	785,757	（100%）	平均　42人

第三に、工場法を施行して労働者に保護を与えるのは当然であるとする推進派である。推進派はすでに労働者の待遇が改善された少数の工場経営者で構成され、工場法が施行されても何ら問題はなく、むしろ国内の工場が同一の条件で規制されることに大きな期待をよせていた。

第四に、無関心派である。この派は工場法に対する明確な態度を表明せず、大勢に順応して行こうとする立場をとっていた。

以上の分類は、きわめて大雑把なもので、その基準も曖昧なものである。しかし、ここで指摘されている、工場法の施行を積極的に推進していこうとするグループが存在し、その背後に「資本間競争」すなわち市場における競争条件均等化の要求があったことは重要である。南京政府の対資本家政策も、こうした大資本をとりこむことにあったし、「少なくとも一部有力な資本家層が工場法に賛成しなければ、工場法が成立しない(14)」ことは明らかだからである。

当時、工場法を積極的に推進していたことが確認される工場は、天津の宝成紗廠、上海の永豫紗廠、杭州の通益公紗廠、衛輝の華新紗廠、長沙の湖南第一紗廠(15)などで、いずれも**表９**(16)の一〇〇〇人以上の規模の工場であり、当時の中国ではきわめて大規模なものであった。

このうち、中国で最初に八時間三交代制（「三八制」）を導入した天津宝成紗廠(17)では、生産率が四～五パーセント上昇し、労資双方の感情が融和したと報告されており(18)、「三八制」は各地に波及していった(19)。

3．労働者側の工場法履行要求

一九三一年八月一日の工場法施行を機に、労働者による工場法「履行」要求争議がいくつか発生する。

八月一日には、瑞華印務局労働者二〇名が工場法に規定された八時間労働制をみずから実行したことにより、資本家側との対立が発生する。この争議は、瑞華印務局（労働者数二〇名）が工場法非適用工場であったため、八月五日の上海市社会局の調停により、労働時間を暫定的に九時間とすることで解決した[20]。つづいて、八月三日には、活版印刷業の三一工場七四一人（鉛印業産業工会を組織）がみずから八時間労働制を実施したことにより、それに反対した鉛印業同業公会が調停を要求した。調停の結果、八時間労働の即時履行は、①鉛印業同業公会未加入業者との競争で労資とも不利になること、②労働者の実情に改善すべき点があること、③国家的見地から労資双方は、合作の精神を発揮すべきこと、の三点が確認され、当面これまでどおり九時間労働を継続し、一九三二年一月一日から労働時間を八時間三〇分にすることになった[21]。

また、工場法施行前後から続いていた琴業の争議でも①労働組合を承認し、雇用・解雇は労働組合の承認を得る、②毎月労働組合の福利事業経費を補助し、「恵工事業委員会」を組織して福利事業を推進する、③労働時間は一九三二年二月まで九時間とする、④毎月、一日、一五日を有給休日とし、労働した場合は賃銀を倍額支給する、⑤徒弟数は労働者数の三分の一を超過できない、など一四項目の合意事項が成立した[22]。

さらに、九月一一日には、達豊染廠の夜間織布労働者二〇名が待遇条件の改善を要求してストライキを行なう。上海市社会局の調停によって九月二二日に、①労働時間は日夜両班とも一〇時間とする、②夜班労働者は賃銀のほかに夜業ごとに二角五分の手当をうけるなど、七条件で解決した。その後、一一月四日には職員が一二時間半の労働を恢復するよう強迫したため、再びストライキが発生する（参加者五八〇名）が、社会局が該職員の工場への立ち入りをしばらく禁止したことにより解決する[23]。

これら諸争議は、工場法施行直後のものであったため、著しく社会の注目を惹いたといわれる。しかも、その解決条件が工場法の規定に近くかなり労働者に有利なものであったことは注目に値するであろう。

こうした労働者側の動きは、租界内の外資工場にも波及した。八月一四日、フランス租界内のフランス資本水電公司の電車労働者（機務部と車務部の労働者）は、「国民政府が八月一日工場法を施行して以来、上海の各大工場および工部局等において何れも遵命これを実行せざるはない。ただ貴社のみが該法第三章第八条による八時間作業の原則を実行しないのは何故であるか」として八時間労働を要求した。会社側の拒否によって、労働者側との衝突事件が発生し、労働者数名が負傷した。これによって「形勢はすこぶる厳重となった」が、上海市社会局の仲介によって、一五日に復業して水電公司側の出方を静かに待つことになった。しかし、労働者側の要求が認められなかったため、八月二七日に再びストに突入した。その結果、①公司支配人が一〇〇元分の爆竹を購入し遺憾の意を表わす、②事件の当事者を解雇する、③会社側が再び同様な事件を発生させないことを保証する、④八時間労働制を承認する、という四条件で労働者側が全面的に勝利をおさめた。(24)

以上、八月一日の工場法施行直後に発生した労働者側の工場法「履行」要求争議をみてきたが、租界内の動きも含めてこうした動きはこれ以上の広がりを持つことはなかった。もちろん、これらの諸争議とその結果とが他の産業および工場の労資関係に多かれ少なかれ影響を与えたであろうことは推測される。しかし、それが争議の形となって表面化することはなかったし、ましてや労働者階級全体の闘争課題となることもなかったのである。当時の労働者階級をとりまく環境や労働者の状態がそれを許さなかったといえよう。しかも、紡績業などの不熟練労働者の場合、工場法の完全な施行は、賃銀の減少を結果する可能性があるばかりか、幼年工・女工の失業をもたらす危険性も有していたのである。七大工会を中心として、党の指導から抜け出し自主的な組合運動をめざす動きは存在したものの、こうした矛盾を労働者側に有利なように解決しうるだけの力量はなかったといえよう。したがって、この時期に上述した工場法「履行」要求争議によって、あるいはそうした争議なしに、工場法に規定された保護条項を獲得しえた労働者は、比較的地位の安定した熟練労働者に限られていたのである。資本家側からの論評ではあるが、工場法の恩恵にもっとも浴した者は労働者中の「先生」であり、「愚魯可憐な労働者」は生活を維持するために甘んじて労役に服さなければならなかったと指摘している。[25]

〔4〕租界内施行交渉の進展

1．租界側の対応とILO代表の来華

南京政府工場法の施行を直前に控えた七月二九日、上海共同租界の最高機関である工部局董事会（構成メンバーはイギリス人五名、アメリカ人二名、日本人二名、中国人三名）が開催され、南京政府工場法に対する上海共同租界の対応策が協議された。

その結果、①工部局は労働法規の原則には賛成すること、②ただし国民政府の公布した工場法の規定内容がきわめて広範囲にわたっているため、法律中に規定された標準を遵守するには相当な準備期間が必要であること、③したがって、（中国人会員の建議に従って意見をのべれば、）工場法施行の第一段階は、労働時間、幼年工の工場労働の年令制限、休日と休暇、工業災害と工業疾病の賠償、奨励金、衛生及び安全、徒弟の取締り、労資の討論機関、工場記録、の九項目に限定すべきである、という三点が工部局の正式見解として発表された。[26]

ここには、租界側の原則賛成、「漸進主義」の採用という基本的態度は表明されているものの、工場法施行の鍵を握る検査権が南京政府にあるのか、租界当局にあるのかという点については何ら触れられていなかった。

南京政府による工場法の租界内施行交渉は、一月二四日のＩＬＯ中国分局主催の「茶話会」以来全く進展しておらず、ＩＬＯ代表の来華待ちという状態であった。ＩＬＯは、中国政府の要請をうけて、外交科長ポーンとイギリスの女性工場検査員アンダーソンの派遣を決めていた[27]が、九月一日まず実業顧問としてポーンが到着した。ポーンは、九月三日の工場検査人員養成所卒業式出席[28]を手始めに、ＩＬＯ中国分局代理局長王人麟、実業部労工司保工科長富綱侯らとともに、中国における工場検査のすすめ方を精力的に検討し始めた。九月五日には、上海市社会局に赴き、局長

潘公展、工場検査員田和卿らと工場検査のすすめ方について協議し、まず上海市で工場法の適用される工場（租界内も含む）を視察することになった。[29] 視察は九月八日から一八日まで行なわれ、「検査時に困難が発生するのは比較的規模が小さな工場にもっとも多い」として、小規模工場を中心に視察が行なわれ、「検査計画の準備材料」とされた。なお、一五日にはアンダーソン女史も到着し、視察に参加している。[30]

一〇月一日には工場検査法が施行され、上海市社会局は正式な工場検査に着手する。しかし、租界内施行問題が全く進展していなかったため、租界内では工場を確認したにとどまっている。工部局董事会は、一〇月一日からの施行に対して「社会局の公務人員が工場の建物を視察することに対して反対しない」と決議していたのである。[31] このように、イギリス人が多数を占める工部局董事会では、相対的に柔軟な態度を示していたが、租界内の工場経営者、とりわけ日本人経営者を中心に強硬論も抬頭しつつあった。

九月八日から開始された工場法施行準備のための工場視察に関連して、九月一〇日上海総領事村井倉松は、外務大臣幣原貴重郎に次のような報告を送っていた。「単なる参観なれば別に拒否する必要なきも、本件の如き無通知参観を許すことは、将来中国官憲の邦人工場に対する自由出入の端を開くことになり、面白からざれば紡績同業会とも協議の上、本件参観はこれを拒否することに決し居たる所期日に至りポーンは遂に同工場を往訪せざりしこと判明せるが、紡績同業会に於ては今後中国側より同様の申出ある場合は可成らず當館を経由せられ度き旨回答する意向なり[32]」。

また、租界内の工場経営者側の建議にもとづき、董事会会員O・S・リューを委員長に特別委員会が組織され、工場検査問題の調査も開始された。リュー委員長多忙のため、実際には専門家の上海紡常務黒田慶太郎が委員長代理として審議を進めていた。一〇月一日からの工場検査開始にともなって、社会局の工場検査員が公共租界内の工場を視察したことに対し、租界内の外国人工場で組織する「雇主連合会」は、工部局に抗議する。[33] これによって、工部局は

「今回の視察は工場法に依拠した正式な工場の検査ではなかった。もし正式な検査を欲するならば、主管当局と工部局とがまず正式に協議してはっきりと諒解すべきである」という宣言を発表した(34)。

2．租界内施行交渉の進展と中断

租界側のこうした態度をうけて、ポーン、アンダーソン両氏は、関係各方面との討論を経て、かつて租界側と協定を結び、印紙税および度量衡制度を租界内に適用したことを前例として、「上海租界工廠検査協定草議六條」を作成した。「検査協定草議」は実業部の審査を経て、一〇月二七日には中央政治会議二五九次会議に提出され、暫定的な交渉案として承認された。南京政府は、これを手がかりに、ポーン、アンダーソン両氏の協力を得て、租界当局と工場検査権をめぐる交渉を開始した(35)。

一一月三日に開かれた第一次交渉会議では、①上海の各工業区域においては、同一の労働法規を有するべきである、②この労働法規は工場検査員によって同一の方法の下で実施されるべきである、という二つの原則が確認された(36)。ついで六日に開かれた第二次交渉会議では、工場検査権問題を中心に意見が交された。ポーン、アンダーソン両氏は、「中国政府が派遣する工場検査員は、上海市各区域内の工場を視察でき、およそ共同租界およびフランス租界の工場を検査する時は各関係当局が人員を派遣してこれに協力する」という案を提議し、基本的には中国側に工場検査権を与えるべきであることを主張した。これに対し、共同租界側代表者は、「共同租界内の工場検査は中国政府が派遣し共同租界当局が支配する検査員がこれを執行する」という案を提出し、共同租界当局が工場検査権をもつべきことを主張した。さらに、フランス租界側代表も、「フランス租界の工場検査は現在フランス租界工部局が組織している工商業委員会が行ない、中国政府の中央検査員も随時これを監督できる」とし、工場検査権が基本的に租界側に帰属することを主張した(37)。

討論の結果、以下の三点が同意された。①共同租界とフランス租界当局は、中国政府が訓練し推薦した工場検査員を受け入れ、租界内の工場を検査することを希望する。この検査員は随時中国政府中央工場検査機関の監督を受けるべきである。②租界内の検査員は、定期的に中国政府および租界当局に検査の経過と問題点を報告する。③上海市政府、共同租界、およびフランス租界の工場検査員は、毎月一度定期会議を開き、意見を交換し互いに協力して問題点を解決する。(38)

以上のように、ほぼポーン、アンダーソン両氏の提案にそった形で合意に達し、基本的には中国政府に工場検査権が付与されることとなった。しかし、具体的方法に関しては今後の検討課題として継続審議されることになった。その後、ＩＬＯ代表ポーン、アンダーソン両氏の帰国にともない、租界内工場検査の具体策の検討は、実業部から上海市政府の手に移される。(39)

こうしたなかで、租界内の工場経営者が組織する「雇主連合会」は、中国側に「任命された男女約三〇名の工場検査官なるものが、殆ど技術的訓練のない素人ばかりである」ことなどを理由に、上述した同意事項に反発を強めた。これによって、一二月七日に開かれた工部局董事会は、一九三二年四月に特別納税者会議（租界内に居住し一定額以上の税金を収めている外国人によって構成された議決機関で、董事会はその承認を得なければ決定事項を執行できない）を開催し、「土地章程」（上海共同租界の根本法）附則第三四号を改正し、「警務處の機能を拡大し、管下工場の認可権及び設備改善の命令権を賦與する」かどうかを議決することを決めた。(40)もしこの改正案が成立すれば、工場検査権を租界側が握る法的根拠となることになる。

上海市政府は、一二月一一日から租界当局と工場検査の具体的方法について協議を開始することになっていた。しかし、これは「満洲事変」以来急激に高まりをみせていた対日ボイコット運動に対する中国政府の取締りがきわめて不十分であることを理由に、日本領事が拒否し実現されなかった。(41)さらに翌年一月二八日には、日本の手で「上海事変」が引き起こされ、工場法の租界内施行交渉は完全に中断されてしまった。

以上の経過から、租界内の工場検査権をめぐって共同租界内部に意見の相違が存在していたことは明らかで、検査権を中国側に付与することによってもっとも大きな損失を蒙る日本が租界内の工場経営者をリードし、中国側に工場検査権を付与することに反対する世論づくりをすすめていたのである。

以上、この時期には、租界内工場法施行問題は、ＩＬＯの協力によって中国側に工場検査権を与える方向で合意が成立するなど急進展をみせた。しかし、日本を中心とした租界内工場経営者の反対によって、交渉は阻害され、租界側が工場検査権を握る法的根拠として、「土地章程」附則改正の動きが日程にのぼり始めた。しかも、「上海事変」によって交渉は一時完全に中断されてしまうことになった。

〔5〕 各地での施行状況

1．上海における施行状況

上海の工場法施行準備は、もっとも進展していたが、八月一日の施行直後には若干の混乱がみられた。

上述したように、上海では工場法施行直後工場法の即時履行を要求するストライキが続発していた。八月七日、上海市社会局は①労働者は工場法に違反する工場があったとしても直接行動はとらずに、労働組合を通じて報告し本局の調査、処理を待つこと、②各工場は工場法の規定に従って必要事項をすみやかに届けでること、の二点を布告した(42)。また、八日には工場法の規定と抵触する上海の地方立法である「上海市職工退職待遇暫行辦法」、「上海市職工待遇暫行規則」、「上海市職工服務暫行規則」、「上海市学徒暫行規則」の四法規の廃止宣告が出される(43)。さらに八月一六日には、「ＩＬＯ代表の来華と工場検査員の卒業を待って」九月には工場検査を開始する予定であることが明らかにされている(44)。そして、八月二八日には「工廠管理審議委員会」が設置され、工場検査などで明らかになった工場設備および工場管理上の問題点を改善する方法を検討していくことになった(45)。

以上、上海においても八月一日の施行は全く実質のともなわないものであり、上海市社会局が施行に向けて本格的に動きだしたのは八月中旬以降であった。

上海市での工場検査の最終的準備は、九月初めのＩＬＯ代表の来華、工場検査員の卒業によって急速に進展する。九月三日に卒業した工場検査員（第一期生）のうち、上海市管轄下のものは、田和卿、王剛、江之水、余剛復、李宗樸、郭水熙、鈕因楚、楊尚灼、劉光宇、盧済滄ら一〇名で、すぐに上海市社会局第三科視察股に配属され、工場検査の準備工作に着手した(46)。九月一〇日には、ＩＬＯ代表ポーンらの協力を得て「工場検査計画案」を決定し、①登記（適用工場を選定し期限を定めて登記手続きを行なう）、②調査（検査員が工場に赴き規定に従って調査する）、③改善命令（最低標準条例を制定し、各工場に改善を指示する）、④勧告、指導、援助、⑤再検査（一定の準備期間を設ける）の五段階に分けて行なうことになった。九月一〇日現在、①が進行中であるといわれ、一〇月一日までには、工場検査を開始する準備はほぼ整えられていた(47)。

上海市社会局は、一〇月一日の工場検査施行と同時に、「工場と労働者に告げる者(48)」を発表し、工場検査の開始を宣言した。そこには、労資双方および社会人士の工場法に対する認識を深めさせるために、工場法の意義、工場検査の必要性、工場検査員の資格と紀律、検査拒否者の罰則などが明らかにされていた。そこで上海市社会局は、工場主側が工場法を「もっぱら労働者を保護して労働者の抗争力を増加させるもの」と誤解しているとして、「工場法の本旨は労資間の和平を保持し、階級闘争を消滅させて資本を合理的に発達させるためのものである」ことを強調し、生産政策的視点を前面に押し出していた。

一〇月一日からの工場検査は、九月一〇日に発表された「工場検査計画」の第二段階の「調査」にあたり、中外工場一律に工場検査法の規定（すべての項目を一度に）に従って行なわれることになっていた(49)。

外資工場に対する検査は、上述したとおり「雇主連合会」の反対などによって実施できなかった。しかし、中国資本の工場では比較的順調に進み、一九三二年一月には滬南区の工場検査を完成させている(50)。このように工場検査は比較的順調に進んだものの、工場法に規定された労働者保護条項は、必ずしも遵守されたわけではない。とりわけ、紡績工場の抵抗は強く、上海市社会局は実業部に実情を訴えた。それをうけた実業部は、上海の紡績工場に工場法の遵守を命じている。(51)

以上、上海市での工場法施行は当初若干の混乱がみられたものの、工場検査は一〇月一日に着手され、租界内を除いて比較的順調にすすんでいた。しかし、工場法の遵守という点では、紡績業を中心とした根強い抵抗があり、若干の工場で「三八制」が施行されたのを除き、みるべき成果はなかった。(52)

なお上海市では、工場法の適用されない小工場と工商業店員のための法規を制定し、一九三二年一月末に公布している。(53)

2．各地の工場検査進展状況

(1)　河北省（天津、北平を含む）

河北省での工場検査は、一九三一年九月工廠検査人員養成所を卒業した王衛、李金波、李士廉、藏魯昌ら四名が中心となって、実業庁の主管下で開始された。(54) 実業庁は、各工場の実行の有無と実行上の困難な点を明瞭にするために、九月八日〜一〇日および一四日の四日間にわたり、工場法の適用をうける工場の代表を召集して、天津で工場法の施行方法をめぐる会議を開催した。八日には、工場法施行の段取りが討論され、九日には、工場法施行上もっとも重要な位置を占める紡績工場代表と単独に会議が開かれ、施行上の問題点を聞いた。華新紗廠経理の労篤文は、これまでの営業不振で累積された欠損が多大なため、労働時間の制限（八条）、有給休日（一五条）、特別休假（一七条）、解雇規定（二七〜三三条）、傷病救済金（九章）、工場会議（一〇章）の各項は負担が大きく即座に実行することはきわめて困難であるとした。それに対し党部委員陳防先は、国家立法の威信を説き、誠意ある態度で確実に実行するよう要求したといわれる。しかし、一四日に関係する全工場の代表を集めて開かれた最終会議では、実施上困難な点をまとめて、中央に救済を要求することが決定した。(55) こうして北平を除く河北省では、中央の工場法がさらに「骨抜き」にされて施行されることになった。しかも、一九三二年三月には省予算が削減されたため、工場検査員全員が解雇され、工場検査は中断されてしまった。(56)

北平市では、社会局によって劉海皐、呉憲祖の二名が工場検査人員養成所に送られたが、卒業後も劉海皐は職務につかず、呉憲祖もしばらくして病気によって辞職してしまった。こうした北平での工場検査は正式な検査員不在のまま行なわれ、社会局第二科農工係の係員が各工場に赴いて検査し、工場連合会に各工場の状況を調査報告させるにとどまっていた。(57)

(2)　山東省（青島、威海衛を含む）

青島、威海衛を除く山東省内の工場検査は、一九三一年七月に設立された実業庁の管轄下で行なわれることになっていた。しかし、準備の遅れから工場検査人員養成所の開学にまにあわず、工場法施行後の九月にようやく二期生として邢国衡、鍾秀山、孟慶咸、王録勛の四名を入所させた。四名は一九三一年一二月に卒業して工場検査の実施準備にとりかかったが、一九三三年四月までは実施されなかった。(58)

威海衛特別区では、工場検査人員養成所を九月に卒業した黄體仁が、積極的に準備をすすめたが、イギリス統治時代以来、統計がなかったため、一九三二年までには工場登記が行なわれたにすぎなかった。(59)

青島市では、九月に陳基復、潘光漢の二人が養成所を卒業したが、潘光漢は卒業後他の職についたため、陳基復が一人で工場検査工作を開始した。青島では外資工場が多く、工場法を解釈するために、中外各工場代表を召集して談話会を開いた。中国資本工場の多数は、中国の工場法を遵守することは当然であるが、外資工場も同時に施行すべきであると主張した。日本籍工場は、上海租界における工場検査交渉の進展状況を眺め、その他の外資工場も日本に従ったといわれる。

表10　1931年9月 青島市工場検査進展状況

業種	検査工場数（労働者数）	未検査工場数（労働者数）	合計
化学工業	4 (1,110)	12 (1,903)	16 (3,013)
紡織業	5 (2,571)	7 (18,635)	12 (21,206)
食料品製造業	6 (1,049)	0	6 (1,049)
鉄工業	7 (339)	4 (236)	11 (575)
木工業	2 (177)	3 (238)	5 (415)
タバコ製造業	1 (70)	2 (2,384)	3 (2,454)
印刷業	2 (67)	0	2 (67)
電気工業	0	1 (198)	1 (198)
合計	27 (5,383) a	29 (23,594) b	58 (28,977)

注：a（うち童工216人、女工474人）、b（うち童工283人、女工3,069人）。

しかし、青島市当局は工場検査の実施に対して強い決心をもっており、一九三一年九月一日から工場検査を開始し、**表10**のとおり二七工場を検査した。しかし、「満洲事変」の発生などによる行政の混乱によって工場検査員も職を去り、工場検査は中断されてしまう(60)。

(3)　江蘇省

江蘇省では、九月に程啓元、朱之華の二名が工場検査人員養成所を卒業後、工場検査工作が開始された。一九三二年一月には実業庁が成立し、工場検査行政は実業庁の管轄下に移された。そこで、工場検査実施手順および視察表が制定され、それに従ってまず鎮江県内の工場が実際に視察された。

しかし、その後予定されていた視察は、省政府の財政緊縮断行にともなって停頓し、各県の工場登記を程啓之が継続して行なったにとどまっている(61)。

3．工場法施行状況

以上、比較的準備の進んでいた省市に限って工場検査の進展状況を中心とした工場法の施行状況を概観した。ここで触れなかった省市は、この時期にはほとんど工場法が施行されなかった地域である。

簡単にこの節の考察をまとめておこう。この時期（一九三一年八月から一九三二年一月）に、実際に工場検査が実行された地域は、上海市、青島市、河北省、江蘇省鎮江県の一省二市一県に限られていた。しかも、その内容はきわめて初歩的なものに限られ、地域による方法の運用の差異、検査内容の相違も顕著であった。また、工場検査官の地位もきわめて不安定で、地方政府の財政状況によって簡単に解雇されてしまう例が多かったといえる。こうした検査体制の不備に加え、「満洲事変」、「上海事変」などの直接・間接の影響によって、一九三二年一月以降、各地での工場検査は中断されてしまう。

〔6〕工場法第一次施行の問題点

1．「備忘録」と「漸進主義」の建議

予定された中国での全日程を終えたＩＬＯ代表、ポーン、アンダーソン両氏は、一九三一年一〇月一七日、「各工場の設備、待遇は工場法の規定と大きな相違があり、工場法の即時全面実施は工場側に大きな打撃を与える」として、実業部に「備忘録」(62)を提出した。その目的は、一九三一年一〇月一日に施行された工場検査法第四条に規定されている工場検査事項と現状とを比較検討して、「工場法中のどの条項が工場検査員によってすぐに執行できるのか」を明らかにし、「工場検査の実際に対して有効な方法を建議」することにあり、決して「工場法自体を批評することではなかった。

こうした主旨にもとづいて、彼らは工場法の規定を実行に移すべき事項（**表11**）と、しばらく猶予を与えるべき事項（**表12**）とに分類し、（その他は工場検査員の職務ではないとした）、「漸進主義」の採用を建議した。

さらに、当面は以下の三段階に分けて、すぐに実行に移すべき事項の完全遂行につとめるべきであるとした。

①　工場登記、帳簿類の準備を短期間に完了させて、工場検査に備えること。

②　検査員は、各工場の安全・衛生設備の検査に全力を集中し、重大な危険に対しては、すぐに改善を命令し、とりわけ幼年工の安全・衛生問題に注意を払うこと。

③　検査員は、休憩時間・休日・祭日の実施状況を検査対象に加え、残された事項の実施準備にとりかかること。

以上、ポーン、アンダーソン両氏の「備忘録」は、欧米先進諸国の経験をふまえ、中国政府に「漸進主義」の採用

表11　すぐに実行に移すべき事項

	内　　容	関連条文	備　　考
1	適用工場の確定	1条	
2	労働者名簿の作成	3条	
3	幼年工の労働種類の限定	6条	
4	幼年工・女工の禁止労働種類	7条	
5	休息時間	14条	
6	毎週の休日	15条	
7	祭日	16条	
8	安全・衛生とその訓練	41～43条	
9	8の強制的改善命令	44条	
10	補償金の支給	45～47条	
11	事故・災害の報告義務	48条	
12	徒弟契約	56条	
13	徒弟の禁止労働	59条	
14	徒弟の衣食住	61条	とりわけ衛生に注意
15	徒弟人数の制限	63～64条	
16	徒弟への義務	65条	

表12　しばらく猶予期間を与える事項

	内　　容	関連条文	備　　考
1	主管官署への報告	4条	
2	14才以下の幼年工の雇用禁止	5条	
3	労働時間の制限	8～13条	
4	特別休暇	17条	
5	産休（有給）	37条	
6	徒弟の年令・労働時間	57～58条	
7	罰則	68～71条	

を具体的に建議したもので、公共租界董事会の「原則賛成、漸進的実施」の方針と同じ立場に立ち、それをより具体化したものであった。

2．工場法第一次施行の問題点

一九三一年八月に施行された南京政府工場法は、上海市、青島市、河北省、江蘇省など一部の地域に実施され始めたが、一九三二年一月前後にはすべて中断されてしまった。その直接的原因は、「満洲事変」、「上海事変」、財政緊縮などであったが、ここでは**四**での考察を整理しながら、その内在的な原因を明らかにし、ポーン、アンダーソン両氏の「建議書」の持つ意味を考えてみよう。

第一に、工場法の施行に対する労資双方の対応が極めて消極的であったことである。とりわけ、工場法施行の鍵を握る資本家側の対応は、大資本家層を中心に少数の推進派が存在したものの、大勢を左右し得るほどの勢力とはなり得なかったのである。したがって、工場法施行をより確実なものにするためには、より広範な資本家層の支持を得なければならない。そのためには、条件付き賛成派とよばれるグループの要求していた「漸進主義」の採用が必要となる。

第二に、租界内施行交渉は、ＩＬＯ代表の仲介によって一定の進展をみせたが、日本を中心とした租界内資本家層の抵抗によって、最終的には失敗してしまう。租界側反対派の論拠は、南京政府工場法の規定があまりにも理想的過ぎることと、検査体制の不備にあった。したがって、租界側反対派勢力を切り崩すためには、「漸進主義」の採用と検査体制の確立とが南京政府にとっての緊急課題となる。

第三に、この時期の工場検査体制がきわめて不完全なものであったことである。これは基本的には南京政府の支配力が各地方政府にまで十分に及んでいないことに起因する。しかし、各地方政府での施行過程からみても、検査員不足、検査員の地位の不安定、各地方ごとの恣意的な検査基準など基本的な点での問題点が多く残されていた。たとえば、上海では新任の検査員一〇人が、六七三工場一七万三千人を対象に検査を行なっており、検査員一人あたり七五工場二万人を検査しなければならなかった。検査員の経験、工場主、労働者の法に対する無理解などをあわせ考えれば、工場法に規定されたすべての事項を同時に検査することは、明らかに不可能であった。また、各地でみられた地方政府による検査員の解雇は、検査員の地位の不安定さを象徴しており、今後工場法を確実に施行するためには、改善されなければならない点であったといえよう。

以上、南京政府工場法の第一次施行は、多くの点で問題を残すものであった。南京政府は、工場法を現実に実施していくなかで、ボーン、アンダーソン両氏が「備忘録」で提起していた「漸進主義」の採用に傾いていくのである。

四　注

（1）　菊池貴晴『増補中国民族運動の基本構造』（一九七四年）、第八章など。

（2）政治過程については、前掲、波多野『中国国民党通史』、池田『中国現代政治史』など。
（3）注（1）および、前掲『中国労働運動状況』など。
（4）木畑洋一「一九三〇年代におけるイギリスの東アジア認識」、（藤原彰・野沢豊編『日本ファシズムと東アジア』、一九七七年所収）など。
（5）前掲、劉大鈞『支那工業論』、久保論文など。
（6）「工廠法可如期施行乎」（『紡織周刊』一巻一五期、一九三一年七月二四日）。
（7）「工廠法實施問題」（『紡織周刊』一巻一七期、一九三一年八月七日）。
（8）同右。
（9）「工廠法實施一個月後之観察」（『紡織周刊』一巻二二期、一九三一年九月一一日）。
（10）陳達「我国工廠法的施行問題」（『申報』一九三一年七月三一日、八月一日、二日）。なお、その一部は『紡織周刊』一巻一七期などにも発表されている。
（11）戦前、戦後を通じて南京政府工場法の施行状況を否定的に評価した研究はすべて、この陳達の研究に依拠している。しかし、この研究は、工場法施行前に調査されたものであり、いうまでもなく施行状況を評価する場合の根拠とはなり得ない。なお、調査対象は、上海の二二八工場（外国籍工場五二を含む）である。
（12）「勞工局王人麟對工廠法實施之意見」（『申報』一九三一年八月二〇日）。
（13）注（7）に同じ。
（14）隅谷三喜男「社会政策論の再構成」（『経済評論』一九六五年一月）、一〇五ページ。
（15）当時の新聞、雑誌などで、工場法を積極的に施行していたことが確認されるものである。たとえば、湖南第一紗廠に関しては「惟一官辦的紡織工廠」（『紡織周刊』二巻四三期、一九三二年一一月）など。
（16）樊百川『試論中国資産階級的各個組成部分』（中国科学院歴史研究所第三所集刊、第二集所収）。
（17）一九三〇年二月一六日から実施されている。詳しくは、『社会政策時報』一一五号、一一六号など参照のこと。宝成紗廠は、当時資本金三〇〇万元、労働者数一四〇〇人であった。

(18) 陳達「支那に於ける工場法の制定」(『東洋貿易研究』一一巻五号、七号、一九三一年五月、七月)。

(19) 注(9)および、陳本之「衛輝華新紗廠之新三八制」(『紡織周刊』一巻二二期、一九三一年九月一一日)。

(20) 上海市政府社会局『近十五年来上海之罷工停業』(一九三三年)、九八ページ。

(21) 同右書、九八ページ、一二六ページ。

(22) 「工場法施行と労資争議頻出」(『上海週報』八七六号、一九三一年八月三〇日)。

(23) 前掲、『近十五年来上海之罷工停業』一〇〇ページ。

(24) 「法商水電工人工作時間問題」(『申報』一九三一年八月一六日)、前掲『近十五年来上海之罷工停業』九九ページ、および「外人工場の問題」(『上海週報』八七六号、一九三一年八月三〇日)。

(25) 注(7)に同じ。

(26) 「工部局對於工廠法態度」(『申報』一九三一年八月一日)など。

(27) 「国際労工局代表来滬」(『申報』一九三一年八月一日)など。

(28) 「實業部工廠検査人員養成所」(『申報』一九三一年九月四日)。

(29) 「今日起波恩視察工廠」(『申報』一九三一年九月八日)、「波恩氏視察上海工廠」(『紡織周刊』一巻二三期、一九三一年九月一一日)など。

(30) 「波恩昨日參觀各工廠」(『申報』一九三一年九月一〇日)、「英国工廠女検査長安迪孫來華」(『申報』一九三一年九月三日)など。

(31) 「本市昨日起實行工廠検査」(『申報』一九三一年一〇月二日)。

(32) 「在上海総領事村井倉松ヨリ外務大臣幣原貴重郎へ」(外務省文書、機密一一一四号、一九三一年九月一〇日)。

(33) 「紛糾中の共同租界工場法問題の近状」(『上海』八九九号、一九三三年五月五日)。以下、「租界問題の近状」と略称する。

(34) 「社會局検査租界内工廠所聞」(『申報』一九三一年一〇月九日)。

(35) 前掲『年報』五章一節。
(36) 同右。
(37) 前掲『年報』一章五節。
(38) 同右。
(39) 同右。
(40) 注(33)に同じ。
(41) 注(35)に同じ。
(42)「社会局昨布告推行工廠法」(『申報』一九三一年八月八日)。
(43)「市政府廃止労工法規四種」(『申報』一九三一年八月九日)。
(44)「下月實行檢查本市工廠」(『申報』一九三一年八月一七日)。
(45)「社會局組織工廠管理審議委員會」(『申報』一九三一年八月二九日)。
(46)「工廠檢查準備實行」(『申報』一九三一年九月五日)。
(47)「社會局擬定工廠檢查計劃」(『申報』一九三一年九月一〇日)、「上海市實施檢査工廠計劃」(『紡織周刊』一九三一年九月一八日)など。
(48) 前掲、『年報』四章。
(49)「今日起實施工廠檢查」(『申報』一九三一年一〇月一日)。
(50)「滬南区工廠視察完竣」(『申報』一九三二年一月一一日)。
(51)「部会申斥紗廠延玩工廠法」(『紡織周刊』一巻三四期、一九三一年一二月四日)。
(52) 注(9)に同じ。
(53)「本市公佈勞工四種法規」(『申報』一九三二年一月一日)。
(54) 前掲『年報』四章、一九〇ページ。

(55)「河北實業廳會商推行工廠法」(『紡織周刊』一巻二三期、一九三一年九月一八日)および前掲、『二次年鑑』三編二章、八一～八二ページなど。
(56) 注(54)に同じ。
(57) 前掲『年報』四章、五九ページ。
(58) 前掲『年報』四章、一七二ページ。
(59) 前掲『年報』四章、七二ページ。
(60) 前掲『年報』四章、一〇～一二ページ。
(61) 前掲『年報』四章、七六ページ。
(62) 前掲『年報』一章、一六～二九ページ。

五　工場法の修正と施行再開　一九三二年二月～一九三三年七月

〔1〕　歴史的背景と問題の所在

五では、工場法の施行過程第二期(一九三二年二月から一九三三年七月まで)を対象として考察をすすめる。この時期は、工場法の第一次施行を通じて明らかになった問題点の改善が試みられ、一九三三年八月に中央工場検査所が成立して、中央集権的な検査体制が確立されるまでの過渡期である。まず、**五**の考察に必要な限りで、歴史的背景をまとめておこう。

南京政府は、一九三二年一月の「三頭政治体制」の成立によって、一時的に安定したかにみえたが、二月には行政院長孫科が辞職し、その後をついだ汪精衛も八月には辞職してしまう。その原因は、「浙江財閥を背景とする南京派が牽制あるいはサボによって政府の機能を停滞」させたこと、とりわけ「浙江財閥の財政面における非協力」による財政難にあったといわれる。三月には蔣介石が軍事委員会委員長および国民革命軍総司令に復職しており、八月以降、一九三三年三月に汪精衛が行政院長に復職するまでの間、実権は完全に蔣介石・南京派が握ることになる。(1)したがって、一九三三年三月の「汪・蔣合作政権」の確立までは、蔣介石に権力が集中したものの、南京派はかえって不安定な状態におかれ、各地での工場検査もあまり進展をみせなかった。一九三三年三月以降、各地での工場検査が活発化し、租界内施行交渉が急展開することは決して偶然ではないだろう。

この時期の経済状況の特徴は、一九二九年以来の銀安を背景とした好況期に終止符がうたれ、経済恐慌が急速に進行したことにある。英、米、日の金本位制離脱は、おりからの銀高による銀の国外流出に拍車をかけ、金融恐慌を発生せしめた。これによって、金融の逼迫・国内物価の下落、さらには旱魃・洪水などの自然災害による飢饉の頻発、農村の荒廃による購買力の低下などの要因が重なり、深刻な経済恐慌に陥り商品需要も縮小した。綿紡績業でもこうした影響をうけ、中国民族紡では、一九三二年四月二一日以降二三％の操短を実施するが倒産・停業が相ついだ。製糸業は、列強の景気回復過程に照応して若干持ち直しつつあったものの、絹織物業では「上海事変」による工場焼失などもあって、多数の工場は長期間操業不可能な状態におかれていた。他の工場も程度の差はあるが一般的に不況に喘いでいたといわれる。(2)こうした経済状況の変化は、当然労資関係に何らかの変容をもたらすであろうし、労資双方の工場法に対する認識、対応にも何らかの変化をもたらしたものと思われる。

五の課題は、第一に、こうした政治状況と、経済状況の変動を背景とした労資関係の変容とを念頭におきながら、南京政府の労働政策の変化、そしてそれにともなう工場法および工場検査体制の「見通し」作業を明らかにすることにある。

第二に、経済恐慌をひとつの契機としてもたらされた労資双方の工場法認識の変化を可能な限り明らかにし、それらが第一の課題としてあげた工場法および工場検査体制の「見直し」作業とどのように関わっていたのかを考察する。

第三に、一九三三年三月以降急展開した工場法完全施行のひとつの鍵を握る工場法の租界内施行交渉がどのような形で展開され、いかなる結果を得たのかを明らかにすること。

第四に、工場法の租界内施行交渉と並行して展開された、各地での工場検査の実施状況を明らかにすること。

第五に、以上の諸問題の検討を通じて、工場法施行過程において、さらには南京政府の労働政策にとって、この時期がいかなる位置を占めていたのかを明らかにすることにしたい。

〔2〕労働政策の変化と工場法の修正

1．労働政策の変化

一九三二年の実業部労工司の労働行政方針は以下のとおりである。[3]（　）内は一九三三年度の行政順位。

① 各種労働法規の規定および修正（①）。
② 労働者団体の指導監督（②）。
③ 労資争議の処理（④）。
④ 工場検査実施の準備（⑤準備が消える）。
⑤ 労働者福利事業の推進（⑦）。
⑥ 労働者状態の調査・統計（③）。
⑦ 失業救済（⑥）。
⑧ ＩＬＯ代表大会への参加（⑧）。

一九三一年の行政方針と比較すれば、労働者保護に関する政策（④、⑤）が比重をさげ、労働者の指導・統制政策が再び強化されようとしていたことが窺える。また、労働法規の制定・修正が第一に掲げられていることなどを合わせ考えれば、一九三〇年前後に基本的に確立された南京政府の労働法体系が、この時期に至って再検討され始めていたことを示唆するものであったといえよう。

この時期の労働政策の変化をもっとも特徴的に示すのは、一九三二年一二月に「労資争議処理法」が「任意調停」から「強制調停」に修正されたことである。これによって、労資双方は、「調停」の裁決に強制的に服従させられることになり、異議申し立ては一切認められなくなった。修正理由としてあげられていたのは、以下の三点であった。①労働組合の組織が不健全で赤色分子も完全には掃蕩されていないこと。②工業の発達が不十分であるため、資本家は不当な圧迫を労働者に加え、労働者も容易に煽動に乗って常軌を逸しやすいこと。③「強制調停」を採用していた一九二八年から一九三〇年二月までは、九〇％の争議が円満に解決したのに対し、「任意調停」を採用して以来六〇〜七〇％は円満な解決がなく、残りの二〇〜三〇％は更に悪化したこと。「労資争議処理法」の修正にともなって、「工会法」、「工会法施行法」も関連条文が修正され、一九三二年一二月以降、労働者のストライキ権はきわめて限定されたものになった。(4)

こうした労働運動に対する指導・統制の強化の背景には、一九三二年に入り不況が深刻化し始めるとともに、労資争議が頻発化し、労資関係が極度に悪化し始めていたことがあったといわれる。(5) 好況期の労資関係を基礎にして構築された労働政策が、不況から恐慌へという経済情勢の変動に伴って再検討を余儀なくされていたものといえよう。こうした流れのなかで、南京政府の労働行政方針における労働者保護の比重は変化し、工場法自体も見直されることになった。

2．資本家側の工場法批判と工場法の修正

一九三二年に入って恐慌が進行するなかで、資本家側から工場法の施行猶予・修正を求める意見が頻出し始めていた。四月七日、国民政府国難会議が洛陽に召集される。国難会議会員で久興紗廠総経理でもある陶星如は、実業発展に対する政府の全面的保護を求める提案を国難会議に提出することになっていた。そのなかで陶は、工場法の施行が、①実業の発展を阻害していること、②資本家の工場経営に対する警戒心を増加させていることを指摘し、「工場法の

施行停止を命令し、一〇年間を猶予期間とするよう」要求していた(6)。

また、上海三友実業社の労資争議で、民衆運動指導委員会が「法治を尊重せよ」として資本家側に開工を強制したことに対し、資本家側は次のような痛烈な反論を加えたといわれる。「法治を言わんと欲すれば、まず工場法を確実に施行すべきである。また、政府、人民、労働者、工場側が共同遵守できる法律を作るべきである。現在の工場法に実施上の困難や障害があるならば、すぐに修正して工場法を時代に適合させるべきである。環境に適応した工場法とは決して虚文をそなえた工場法ではないはずである。そして始めて法治の尊重を口にすべきである(7)」。

こうした経済不況を背景とした資本家側の強い要求に対し、実業部労工司は、ついに「工場法修正委員会」を組織して、工場法の修正に本格的に取り組みはじめる。各方面の意見や国内状況を考慮した逐条審査は、数カ月に及んだといわれ、まとめられた修正案は、行政院を通じて立法院に提出された。立法院でも審査が重ねられ、一九三二年一二月一九日には、立法院第二一一次会議で二読会が開かれ、修正案の審査を完了し、三読を省略して全案が通過した。こうして一九三二年一二月三一日、修正工場法と修正工場法施行条令が公布・施行された(8)（以下、特別に区別する必要のある場合を除き、工場法、工場法施行条例と略称する）。

工場法の修正点は二五条項、工場法施行条例の修正点は五条項におよんだが、以下の八点以外は単なる字句上の修正にとどまった。

① 工場名簿記載事項が変更（第三条）され、(4)技能品行と(5)工作効率の記載が取り消されて(4)に工人体格が加わったこと。

② 天災、事変、季節関係に伴う労働時間の延長（一〇条）に関して、毎月の延長可能総時間が三六時間から四六時間に増加され、労働時間の延長には「工会の同意」が必要になったこと。

③ 幼年工の深夜業禁止（一二条）規定の、午後七時から午前六時が午後八時から午前六時に変更されたこと。

④　産休規定（三七条）が、工場に入って六カ月以上経たもののみ産休中の賃銀を全額支給され、六カ月未満のものには賃銀の半分が支給されることになったこと。
⑤　工場会議代表者選挙権（五二条）が、一八歳以上から一六歳以上に変更されたこと。
⑥　工場会議の開催（五五条）が、月一回から月二回に増加されたこと。
⑦　労働者に対する罰則規定（七三、七四条）から刑法の最高刑での処罰（七三条）、即時解雇（七四条）という文字が消え、法によって処理することに改められた。
⑧　祭日規定（施行条例九条）から、五月一日が除外されたこと。

以上、資本家側に有利な修正がいくつかみられるものの（②③④⑧）、労働者側の修正要求もある程度反映されており（①②⑦）、全体としては施行上不備であった点を修正（①④⑤など）し、現状に適応させようとした（②③）に留まり、政府の政策意図を変更するほどのものではなかった。しかし、こうした修正が現実に適応することを狙ったものであったとするならば、たとえば毎月の労働時間延長可能総時間が三六時間から四六時間へと増加されたことは、「工会の同意を得た後に」という条件が付されたものの、「困難時期」という特殊事情の下で実質的には一日一二時間労働という現実を承認したものと理解することもできる（一〇時間労働は第八条によってすでに保証されていた）。『紡織周刊』記者の修正案に対する論評も、「原文に比べるとすぐれているが、なお実行できるようには思えない」としながらも、労働時間の総延長時間の増加には無条件で賛意を表明しているのである。(9)

3．工場検査体制の見直し

一九三二年の実業部労工司の労働行政方針では工場法に関するものとして、ようやく四番目に「工場検査実施の準備」があげられ、五番目に「労働者権利事業の推進」があげられているにすぎない。ここからも明らかな如く、一九三二年は、「工場検査実施の準備」すなわち工場検査の実施方法が再検討された時期であったのである。

工場法の第一次施行を通じて、工場検査実施上の困難がいくつか明らかになっていた。また、それらの点は、ＩＬＯ代表のポーン、アンダーソン両名によっても、実業部への「備忘録」という形で指摘されていた。実業部は、上述した工場法の修正作業と並行して、みずからの経験と「備忘録」とにもとづいて、工場検査体制の見直しをつづけていたのである。

第一に、一九三二年五月に工場検査模範区を設定したことである。第一次施行では、各地方政府に執行権を委ねたため、様々な障害が発生しほとんど有効な成果をあげえなかった。ここから、工業の発達したいくつかの都市に関しては、中央が直接検査員を派遣し監督辦理する方法が採用されることになり、上海、無錫、漢口、青島、天津、広州の六都市が模範区に定められた。これらの都市での工場検査は、今後の工場検査遂行上の「実験」としての意味をもつことになっていた(10)。他地域では従来どおりの方法で工場検査がすすめられることになっていたが(11)、中央集権的な工場検査体制設立へ向けての模索が開始されたものといえる。

第二に、「工場検査実施状況調査表」が作成発行され、各地方から中央への報告制度が確立されたことである。これまでは、各地に派遣された工場検査員が各地の主管官署に検査結果を報告することになっていたため、中央で各地の工場検査進展状況を把握することは困難であった。この点を改善するために、中央では「工場検査実施状況調査表」の規格を定め、印刷して各地方政府に送り、報告を義務づけることになった(12)。これは、工場検査模範区以外の検査状況を中央で確実に把握しようとするもので、全国的な中央集権的工場検査体制確立への布石でもあった。

第三に、一九三二年九月二日の「工場検査員任用及奨懲暫行規定」の制定である。これまで、中央の派遣した工場検査員が、各地の財政状況などによって解雇され、工場検査が停頓するという事態が各地で発生していた。そこで、中央は工場検査員の地位を保障し、そうした事態の発生を防ぐことにしたのである。今後、「工場検査員はこの規程によることなく免職、停職、降格、減給される」ことはなくなり（三条）、工場検査員がその資格を奪われるのは、「（一）

懲戒により免職処分を受けた者（七条）」に限定された。[13] 工場検査員が懲戒・免職処分を受けるのは、工場検査法によれば、①賄賂を受けたり詐欺行為を行なったもの、②事実を変更あるいは捏造して報告したもの、③工場の工業上の秘密を漏洩したもの、④工場側と労働者側の感情を破壊したもの、⑤工場側あるいは労働者側の要求を勝手に認めた者、⑥その他の公職あるいは営業を兼任したもの、となっており（一四条）、主管官署が最終判断を下す（一五条）ことになっていた。[14] これによって、職務上で違法行為を行なった者以外は、いかなる事情があってもその地位を保障されることになったのである。この「規程」は、一九三一年九月二日に施行され、多くの省市で遵守されたといわれる。[15]

以上、工場法の第一次施行過程で発生した諸問題は、中央のこうした努力によって、改善されつつあったのである。

〔3〕工場法租界内施行第二次交渉

1．工場検査の再開と租界側との衝突

ＩＬＯの協力によって進展し始めていた工場法の租界内施行交渉は、日本の工場主を中心とした租界内の「雇主連合会」の策動と「上海事変」の勃発とによって暗礁に乗り上げていた。

一九三二年四月に予定されていた共同租界特別納税者会議での「土地章程」附則第三四条改正問題は、有権者の三分の一以上の出席が得られず、議決にまで至らなかった。ここで、工部局総董事は、①南京政府工場法は中国の現状では即時完全施行は困難であること、②租界内で工場法を施行するとすれば中国工場、外資工場に一律に施行すること、③工部局が租界内の工場法施行を管轄しようとするならば、「土地章程」附則三四条の改正が必要であることの三点を指摘し、時局の安定を待って近日中に再び特別納税者会議を召集して、決定は納税者の判断に委ねることを明らかにした。[16]

その後、しばらくは上海での工場検査が中断されていたため、事態の変化はなかった。しかし、九月一日に上海市

社会局が工場検査を再開し、租界内の工場をも検査しようとしたため、上海市政府と租界側との間に対立的な空気が醸成された。当時の日本人観察者は、この原因を「従前兩租界側と協調してゐた市政府當事者が變ったため、共同租界内工場にも、中国側の検査権を適用する形勢あった事から、自然兩租界當局乃至工場經營者と衝突を醸すこと、なった」とし、「雙方に諒解あるものなら兎も角、中国工場法の直接的適用は深甚の危倶を招致せずにはおかない」と述べている。(17)

こうした中国側の態度に対し、共同租界工部局董事会は、これまでの協調的な態度をかえ、「市政府の工場取締規則は不完全極まるものであり、比較的進んでいる租界内工場経営者を監督指導すべき法規としては、現在の市政府工場取締規則では全く不適当である。共同租界当局は租界内の中国側監督権を認めず、新に独自の法規を発布する」ことを明らかにし、その準備を本格的に開始した。(18)

2. 「土地章程」改正の動き

一九三三年二月に連続して発生したゴム工場の爆発事故（二一日、楊樹浦の中国資本正泰ゴム工場爆発、一〇〇名近く死亡。二七日、閘北の中国資本永和ゴム工場爆発、死者一七名。）を機に、共同租界内の工場取締法実施の気運が醸成された。そこで租界側は、工部局に工場検査権を与えるために、「土地章程」附則三四条の改正を急ぐことになった。(19) 四月一九日、共同租界特別納税者会議が開催され、董事会は「租界内での市場、小菜場、旅館、倶楽部……などの営業は、必らず工部局の発給する許可証を取得しなければならない」という「土地章程附則」三四条に、「工場あるいは作業場の開設、あるいは工業に従事する」という語句を付加するという改正案を提出し承認された。(20)

これによって、租界当局は、工業を経営している者、工場を開設しようとする者に対し、工場内労働者の保護と工場検査の受け入れとを条件として許可証を発行することができるようになり、工場検査の法的根拠を獲得したのである。しかし、「土地章程」の規定によれば、改正案が効力を発するには、更に領事国、公使団の承認が必要（一一条）

であった[21]。

租界側のこうした策動に対し、上海市長呉鉄城はすぐに「土地章程」附則の改正は「土地章程」の目的をより完全に遂行するためにのみ認められることで、「土地章程」に規定されている事項以外のことを新たに増加させることは「土地章程」一一条の土地章程と抵触してはならないという規定に触れるとして、その改正が無効であることを主張し、「租界内工場検査権は中国政府に属している」と抗議声明を発表した[22]。四月二六日には、上海市政府は各国の上海駐在領事に抗議し、イギリス総領事に、法を設けてこうした策動を制止するよう要求した。また、外交部でも非公式にイギリス大使と接触したが、「まったく誠意がなく少しも効果がなかった」といわれる[23]。しかし、中国民衆の世論の盛りあがりは激しく、それに屈した租界当局は「上海市政府に人を派遣して解釈し、交渉の継続を申し出た」といわれる[24]。

3．第二次交渉の展開

こうして、一九三三年四月末に上海市政府と租界当局との工場法租界内施行第二次交渉が開始された。

まず、原則的な討論によって、双方の同意事項が確認された後、具体的な方法の討論に移った。七月に入って、やっと上海市政府秘書長兪鴻鈞と工部局総裁フェイダン（費信惇）との間で七項目の草案が議定された（以下「兪費草議」とよぶ）。その内容は、以下の七点であった。①検査員を七人とし中国政府が四人を派遣し、工部局が三人を派遣する。②検査員は、上海市政府と上海公共租界工部局秘書長の組織する特別委員会の下で職務を執行する。③検査員はかならず以下の資格を備えていなければならない。（a）中国語、英語の知識、（b）工業科学、建築学、衛生工程学、統計学、電器工程学、機械工程学のうちいずれかひとつの知識および経験。④それぞれの検査員は派遣する前に、六カ月間の試用期間を経て、資格と経験を根拠に報酬を定める。⑤検査人員の賃銀は中国政府と工部局が同等の責任を負う。⑥検査員は中国の工場法を根拠に職務を執行し、（原則上）租界内のいかなる国の工場に対してもすべて検査（視察）

できる（この項目はなお未確定で、（　）内が租界側の主張である）。⑦いかなる工場法規も中国各地で有効に実施される時、同等に租界にも実施できる。もし工場法規に違反した者があれば、上海特別区法院は工場法に規定された罰則を執行する。(25)

以上のように、工場検査権を双方の代表で構成する機関に委ねるという、双方の主張の「折中案」ではあったが、租界内での工場法施行方法の具体化という点では第一次交渉の成果から大きく前進するものであったといえよう。

しかし、八月初旬に開催された工部局董事会では、「僉費草議」に対して反対を表示するものが多く、承認を得ることはできなかった。そこで、工部局総裁費信惇は、董事会の決議案をもとに修正意見四項を提出し、再び上海市政府との交渉に臨んだ。修正点は以下の四点であった。①検査員の定数を双方四名と改めること、②外国人の経営する工場は「単純に」中国人検査員の検査を受けない。③試験期間一年間は、工場法中の安全・衛生規定をまず実施する。④検査員は工部局秘書処の指導をうけ、争議が発生した時には双方の秘書長が調停して処理する。(26)

これに対し、上海市政府は、第一項には同意し、第三項は若干の修正を経て承認したが、第二項と第四項については、実質的に租界側に工場検査権を承認することになるといって拒否した。しかし、租界側もその主張を譲らず、これによって工場法租界内施行第二次交渉も決裂してしまった。(27)工部局董事会で決定された「修正意見」が如何なる経緯でまとめられたのかは明らかではない。しかし、それまでの交渉を完全に否定する修正要求を提出したことは、第二次交渉自体が、盛りあがる世論を鎮めるための単なるポーズにすぎなかったかの印象を与えるものであったことは否めない。

事実、一九三三年半ばごろには、「中国側が外人企業を圧迫するという見地から中国工場法の租界内適用を拒否する手前、否応なしにみずから工場法を作り上げねばならない破目に立ち至っている」として、租界内では「工場法は特殊性をもたせごく初歩的な段階から歩みだす」ということですでに合意に達しているといわれていたのである。(28)

4. 第一七回ILO代表大会

国内で第二次交渉が開始された直後の一九三三年六月に開催された第一七回ILO代表大会でも、中国工場法の租界内施行問題がとりあげられた(29)。中国代表団の提出した「在華外国工場は中国の労働法令に服従すべきである」という案は、まず議案審査委員会で審査された。しかし、審査委員会ではあえて発言する者は少なく、日本代表が「上海租界工部局董事会は、工場法の施行に関しても租界内の行政権の独立を維持することをすでに決定した」として、大会で審議することに反対する態度を表明した。これに対して、フランスの労働者側代表は「上海租界工部局董事会の議決と我々の討論とは全く別の問題である」として反論を加えたといわれる。その後、発言する委員はなく、中国側の提案は、反対者なしで通過し大会に提出された。

大会では議案提出の経過が報告された後、中国代表の謝東発が提案理由を説明した。その後すぐに票決に移り、賛成六三票に対し反対は〇票であった。しかし、投票総数が法定投票数に達しなかったため否決されてしまった。これに対し、フランスの労働者代表は、投票権を放棄した者の不当に抗議し、翌日に記名投票を行なうよう要求し、賛成多数で承認されたといわれる。しかし、記名投票の結果も賛成四九票反対一票で法定投票数を満たすことができず、再びこの問題は棚上げされてしまった。

以上、この時期に展開された南京政府工場法の租界内施行のための内外での試みはすべて失敗におわった。世界恐慌という悪条件の下で、治外法権撤廃とも関連する重大な問題を孕んだ工場法の租界内施行問題を解決することは、いうまでもなく、きわめて困難な課題であった。しかし、これによって中国内での工場法施行も重大な影響をうけることになるのである。

〔4〕 工場法の施行再開と労働者

1. 労働者側の工場法認識の変化

労働者の工場法に対する対応は、「拒否」から修正要求へ、更には「履行」要求へと変化してきたが、この時期にはより積極的に工場法を武器とした闘争を開始するようになる。

一九三二年のメーデーは、会場の内外に公安局が警官を派遣するという戒厳下で、郵務、出版など七大工会の代表をはじめとした六八工会代表五〇〇人が参加して挙行された。そこでは工会法の即時改正、失業労働者の救済、抗日救国運動の推進など一〇項目の運動方針が決議されたが[30]、従来の工場法修正要求は姿を消している。恐慌の進行下において資本家側の圧迫が強まるなかで、労働者側の闘争方針は変化をみせつつあったのである。いくつかの争議をみてみよう。

英米烟草（タバコ）公司は、新たな工場管理規制を制定して、七月一日から実施した。それは「工場内での談笑をも過失とみなし、食事、賃銀がカットされる他、一日の出勤停止となる。また、過失を三回犯すと大過失とみなされ、大過失を三回犯すと解雇する」というきわめて苛酷なものであった。労働者側は、「こうした待遇はかつての軍閥時代よりもひどいものだ」として、次々と第五区捲烟業工会に押しかけ、交渉して取り消すよう要求した[31]。要請を受けた工会は、新たな規則は工場法と従来の労資互助規則に抵触するとして、八月四日に緊急労働者全体代表会議を開催し、上級機関に修正を要求する一方、施行の停止を要求することを決定した[32]。しかし、要求が容れられなかったため、八月末に労働者側はストに突入した。社会局の調停の場で、労働者側は①工場法の実行、②労資契約の修正、③新管理規則の修正の三点を要求し、資本家側に、労働法令の遵守を約束させた[33]。労働者側は、工場法の規定を根拠に資本家側の新管理規則を修正させることに成功したのである。

また、八月には棉織業同業公会が「恐慌の進行によって、資本の薄弱な国貨工場は莫大な滞貨を抱え危機に瀕している」として、各区棉織業産業工会に「労資双方の共存共栄」をはかるために賃銀の引下げを要求した。調停に乗り出した社会局は、賃銀の引下げを認めないかわりに暫定的に各種補償金、救済金制度の取消しを決定した。これによって結果的には双方が譲歩する形で和約が成立したため、それを伝える『申報』は「労資合作精神の表現である」と絶賛していた。[34] しかし、申新第六紗廠で発生した事故によって不具者となった呉根雲（布機間工匠……技術工、賃銀は月三〇余元）は、工場法を根拠に不具者補償金（残廃津貼）一、九〇〇元の給付を要求して控訴した。工場側は工場の経営状態が悪化していること、工場法が施行されているとはいえ、実際上各工場では実行していないことなどを理由に支払う義務のないことを主張した。地方法院での審理の結果、工場側の過失は認められなかったものの、原告が不具者となった事実は否定できないとして工場法四五条第一項第二款の規定（不具者の補償金は当事者の過去三年間の平均賃銀を超過することはできない）を適用して、工場側に一、〇〇〇元の支払いを命じた。[35] 上述した補償金などの暫定的取消し決定直後であっただけに社会に与えた影響は大きかった。

また、一九三二年一月の「上海事変」以来停工を続けていた三友実業社に対する労働者の営業再開要求を機に発生した労資争議でも、工場側の停業、廃業、労働者の解雇などの措置が工場法第六章の規定（工作契約の停止）を全く無視したものであったため、上海市労資仲裁委員会は工場側に次のように命じた。①三カ月以内に一部分の工作を再開し、原有労働者の最低五分の一以上を雇用すること、②復工するまで、原賃銀は比例して労働者に食費を支給すること、③その他の労働者は法にしたがって解雇できるが、上海工場、杭州工場で労働者を雇傭するときには、解雇労働者を優先的に雇傭すること。

この争議は、工場側の異議申し立てによりその後も続くが、工場法の規定が不況下で地位の不安定な労働者の最低限の要求を守る規準として機能しえていたことを示している。[36] ここでは典型的な二つの事例しか紹介できなかったが、こうした例はこの時期以降散見されるようになる。こうした争議は、南京政府工場法の持つ労働協約的側面が十分とはいえないまでも機能していたことを示しているものといえる。

2. 労働者の工場法租界内施行要求

上述した如く、一九三三年二月のゴム工場の連続爆発事故を機に工場法の租界内施行の世論が急速に高まっていたが、労働者階級もその一翼を担っていた。

三月一六日には、郵務工会、各区棉織工会など七四工会は、「租界当局が政府の工場検査実施を阻碍し我国の主権を侵害している」として連名で宣言を発表した。宣言では、工場法の重要性を確認し労働者が工場検査を待ち望んでいることを明らかにした後、租界当局を「我国の主権を蔑視して妨碍し、ひそかに土地章程附則三四条の改正を謀り、租界内の工場およびそこに所属する労働者にその支配を受けるよう強迫した」として批判し、最後に「政府が毅然とした態度で工場検査権の統一を推進し、租界内の工場に対してすみやかに検査員を派遣して検査をすすめるよう」要求していた(37)。三月一九日には上海総工会も同様な宣言を発表し、租界当局が我国の行政を破壊していることを痛罵し、四月一日に共同租界特別納税者会議に抗議書を送った。抗議書の内容は「政府は工場法実施を謀るために各省市政府に検査員を派遣して各工場の検査を実行するよう命じた。上海では市政府が中国検査協会を組織して検査を開始してより後、租界外の各工場ではすでに初歩検査工作を完成させた。ただし租界方面では工部局が横からなんくせをつけて阻みならびに土地章程附則三四条の改正をひそかに謀り、検査権を奪い我国の行政を破壊しようとした。本会は国家の主権および労働者の福利をはかるために……、ここに厳重に抗議する」というものであった(38)。二つの宣言に若干のニュアンスの相違はあるが、双方とも南京政府の工場法施行の努力を評価した上で、租界内の工場検査権が中国側に帰属するものであることを主張している点では一致している。こうした宣言を労働者側が出すに至った理由のひとつには、民族矛盾の激化・民族意識の高揚という背景が考えられるが、南京政府の工場法が完全なものではないにせよ、労働者保護の側面をもつことが労働者の日常闘争のなかで認識されつつあったことを示すものとみてよいだろう。逆にいえば、南京政府の労働政策が単なる弾圧を背景とした指導・統制によって労働者を支配していこうとするものではなく、工場法に象徴される労働者保護の側面を持っていたからこそ、労働者による南京政府の支持をある程度とりつけ得ていたのである。ともあれ、工場法の租界内施行をめぐって南京政府と労働者側の「共闘」が実現したことの意義は大きい。

〔5〕　各地の実施状況

1．上海市の実施状況

(1)　工場検査の再開と進展状況

中央での労働政策の変化にともなって、上海市の労働行政方針にも変化がみられる。社会局の掲げた一九三二年の主要な労働行政方針は、①労働者、労働組合の指導・取締りおよび工会登記の推進、②労資争議の調停、③労働者状態の調査、④工場管理規則の審査の四点であった。(39)

上海では、「上海事変」以降、抗日ボイコット運動の激化や失業者の急増などによって、社会不安が広がっていた。七月二六日には、社会局と公安局の連名で「ストライキ厳禁の布告」が出される。上海市の秩序を維持し治安を保つために、ストライキはもちろん無許可の集会・結社も禁止され、ストライキやサボタージュを目的とした集会はとりわけ厳しく制止されたといわれる。(40)

上海での工場検査も「上海事変」による工場の閉鎖、停業の続出により中断されたままになっていた。四月二日から八日にかけて行なわれた滬南区の工場現状調査でも、二九一工場中なお九七工場が停業したままであった。(41)八月中旬になってようやく九月一日から工場検査を再開することが発表される。上海市当局は、「年来の不景気によって上海市の各種産業が日々衰退している」という実情と、「工場法施行後一年来の経験で工場法を短時間にすべて実施しようとすることが不可能であることを深く知った」という二つの理由をあげて、中央に先んじて「漸進主義」の採用を決定した。(42)

各工場に通達された初期検査範囲は、①工場法第四条に規定された労働者名簿、報告書類を六カ月に一度社会局に提出する、②労働時間の規定（八〜一二条）を厳守し、労働時間を延長する場合は規定にしたがって社会局の承認を得る、③賃銀規定（二〇〜二五条）を厳守する、④奨励金、純益金の分配を規定（四〇条）に従って処理する、⑤職務の執行にともなう傷病、死亡者の補償金・救済金を規定（四五、五六条）に従って処理する、⑥徒弟規定（五六、五七条）を厳守する、⑦工場規則の締結、変更（七五条）は社会局の承認を得る、の七点であった。[43] ここにあげられている七点のうち、③④は工場検査法に規定された工場検査の範囲外のものであり、②⑤は工場検査によって厳密に測定することが困難なものであった。したがって、①⑥⑦を除けばすべて自由裁量の余地の残されたものばかりであった。これらの七点に共通している点は、いずれも労資争議の直接的原因になりやすいという点であり、この検査が労資争議の発生を防止するという現実的要請に基づいて行なわれようとしていたことを推測させる。本来、もっとも緊急に実施されるべき、幼年工・女工の保護規定、工場の衛生・安全請備などの検査は全く除外されていたのである。検査区域は、滬南、龍華、閘北、浦松、江湾、呉淞、浦東、共同租界、フランス租界の九地区で、一人の検査員が一日に一工場を検査することになっていた。[44]

こうして、上海市では九月一日から工場検査が再開されたが、[45] 租界内工場の検査をめぐる租界当局との衝突で、租界内の工場検査は実施できなかった。また、租界外の工場経営者も「戦後の工商業の衰退」を理由に、激しく延期を請願したため、当初、検査はほとんど進展しなかった。

九月一二日、社会局局長呉醒亜は、工場側の「誤解」を解くための談話会の開催を各工商業団体に通知し、「工場法の意義は労働者が工場生活において蒙る弊害の発生を防止することにある」が、その本質は「労資間の和平を保持し階級闘争を消滅させ資本を合理的に発達せしめるものである」ことを再び強調した。[46] 一四日には、「上海国貨工廠連合会」、「中華工業連合会」、「上海市商会」、「華商紗廠連合会」、一五日には「華商皀業（石鹸製造業）公会」、「中国呢絨（毛織物）工廠公会」、「針織業（メリヤス製造）公会」、「電機絲織（絹織物）廠公会」、「華商捲烟（巻きたばこ）業公会」、

「銅鉄機器業公会」、「麺粉業公会」、「国貨橡膠（ゴム）製品業公会」など一五の工業団体がそれぞれ召集に応じた。(47)

社会局視察股主任田和卿は、国家の頒布した工場法および工場検査法の主旨を詳しく説明した後、今回の工場検査の目的は「一方では工場側に法律上の義務に対する注意を喚起し、他方では各工場と接触する機会を多く持ち各業の実際情形に対する見聞をできる限り広めようとするものである」とした。また、社会局代表は、初期検査範囲を説明した後、工場検査員が検査を執行する時、「工場側に困難な情況があれば検査員に十分説明するよう」要求した。(48)このように、社会局が今回の工場検査にきわめて柔軟な姿勢をみせたため、「結果ははなはだしく円満であった」(49)といわれる。「談話会」開催後、工場検査は進展をみせ始め、一九三二年末までに二〇四工場の検査を終えた。(50)一九三三年に入ると、社会局の労働行政方針にも再び明確に工場検査がうちだされるようになり、検査員も二二名に増員された。とりわけ、一九三三年二月末のゴム工場連続爆発事故以来、検査は急進展をみせ、一九三三年六月までには租界内を除くすべての工場法適用工場の検査を終えていたといわれる。(51)

(2)　労働者福利事業の進展

上海市では、この時期、工場検査の進展と並行して労働者福利事業への取り組みも強化されている。

一九三二年四月には、実業部が立案作業をすすめていた「工人儲蓄法」の公布をまたずに、「失業恐慌が極めて厳重な時にあって労働者儲蓄を開始することは一刻も猶予できない」として、工場法第三八条、工会法第一五条の規定にしたがって独自の「工人儲蓄暫行辦法」を制定し、行政院の許可を得て公布・施行している。(52)

五月には、「社会の悪習」であり劣悪な労働を余儀なくされていた「包身工」(53)を保護するため、関係諸団体を召集して具体的な方法を検討した。参加団体は、「中華慈幼協会」、「中華婦女節制会」、など二〇余団体で、討論の結果、暫定的に①保護団体が仲介して「包身工」を一般労働者として工場に斡旋すること、②家族に「包身制」の実態を知らせ契約を破棄させること、③「包身工」に対する差別・虐待を禁止する、などの手段を講じることが決定した。また、今後実情を徹底的に調査して完全に廃止するための方法を検討していくことも確認されている。[54]

九月には、失業労働者の騒擾の頻発を機に、社会・公安両局と民間公益団体とで「失業工人救済会」が組織され、失業者登録、職業紹介、食糧配給などが実施され始めた。また、一〇月末には失業者の救済とともに失業者の発生を防止するための根本方針を決定し、それに基づいて「上海失業工人救済計画実施方案起草委員会」が組織された。具体的救済方法には、第一期事業として①職業紹介所の設立、②労働者儲蓄会設立の督励、③労働者教育の充実、④消費合作社設立の督励、⑤託児所、医務室など工場内福利施設の督励など、第二期事業として、①労働者住宅の建設、②市立労働者倶楽部の設立、③労働者子弟学校の設置、④「労工保険公司」の設立、⑤労働者病院の建設、などがあげられていた。[55] 上海市では、恐慌の進行にともなう失業問題の深刻化を機に、労働者福利事業の重要性が認識され、積極的に推進され始めたといえよう。

2. 他の省市での実施状況

(1)　青島市

工場法施行の第一期（一九三一年八月から一九三二年一月）に工場検査が実施され、この時期に再開された地域は、上述した上海市を除けば青島市[56]だけである。

青島市社会局では、「満洲事変」以来、正式な工場検査は停頓していたが、一九三二年半ば以降、「名を棄てて実をとる主義」に方針を改め、各工場に工場法を遵守させるための努力を継続したという。この時期、青島市で行なわれた工場法実施に関係する行政は以下のとおりである。

① 華新紗廠など青島市を代表する三二工場の詳細な労働者待遇調査。

② 工場法非適用工場における待遇標準を規定した「工人待遇暫行規則」の公布・施行（一九三二年一二月）。

③ 社会局と各工場労働者代表とで「労工生活改進委員会」を組織（一九三三年五月）し、生活の改善と労働能率の

増進をはかった。

④「労工衛生運動」を行ない、期間中（八月三〇日から九月一二日）に一五、二〇一人の労働者に伝染病の予防注射を行なった。

⑤労働者講演会を各地で開催し、労働者の知識と労働能率の増進をはかった。

⑥工場会議の開催を督促し、社会局員を同席させ会議の進行を援助した。

⑦安全・衛生基準の達成を督促し、とりわけ幼年工の雇用制限を徹底した。

⑧女工の多い地区に託児所を設立した。

⑨「全市合作事業指導委員会」などを組織し、労働者の合作事業推進を援助した。

⑩労働者子弟学校、労働者補習学校など三〇余の教育施設の設立。

以上、青島市は上海市とならんで、この時期もっとも積極的な労働行政が展開されている。

(2)　新たに検査が開始された地域

この時期に、新たに本格的な工場検査を開始したのは、浙江省、山東省である。検査の実施状況を概観しておこう。

①　浙江省

浙江省では、(57)「浙江省初期工廠検査計画」が定められ、一九三二年一〇月から一九三三年一月までに省内の九〇工場で検査が行なわれることになっていた。一九三三年六月に実業部へ提出された「第一次工場検査報告書」によれば、検査開始が遅れたため四月現在七四工場の検査を完了させたにとどまっていた。そのうち、工場法の適用される工場は五三工場で、**表13**は産業別、**表14**は地域別内訳である。

表15は、工場法適用五三工場の調査結果である。この検査が浙江省における最初の検査であったことからみて、この結果は、工場法に基づく改善命令の出される以前の状況を示しているものと思われる。検査基準など詳細は知り得

ないが、この結果から少なくとも以下の三点は確認してもよいだろう。第一に、三友実業社杭州廠、和豊紡織公司、杭州市自来水工場、寧波永耀公司、光華火柴廠など資本金一〇〇万元以上の比較的大規模な工場では、安全・衛生設備に関してはすでに検査規準をほぼ満たしていたこと。第二に、産業別にみれば、紡織工場の状況がもっとも劣悪で、小規模な棉織物工場や絹織物工場の多くは、旧式の家屋を改装したものにすぎなかったといわれる。第三に、労働者福利事項に関しては、一部の例外を除いて、全体的にきわめて不十分な状況であったといえよう。この表には含まれていないが、ほとんどの工場では労働者の傷病記録すら全く存在しなかったと報告されている。

表13　浙江省工場法適用工場 産業別分類

（1933年 4 月までの調査）

産　業	工場数	労働者数	備　考
紡織工業	33	11,288	絹織物工場13 棉織物工場10
化学工業	5	2,245	マッチ製造工場 3 土石ガラス製造工場 2
木材製造業	3	666	マッチの軸木工場
飲食品製造業	3	358	製粉、搾油各 1
機器および金属品製造業	5	320	鉄工場 5
公共事業	2	101	
造紙・印刷業	2	601	
合　計	53	15,579	

表14　浙江省工場法適用工場

県市別内訳（1933年 4 月までの調査）

市 県	検査工場中工場法適用工場	未調査工場
杭州市	31	1
鄞　県	12	1
嘉　興	3	1
杭　県	2	2
呉　興	0	18
その他	5	6
合計	53	29

注：未調査工場29の中には、工場法の適用されない工場も、かなり含まれている。

② 山東省

一九三三年四月、実業部に提出された「山東省実施工場検査計画」[58]によれば、山東省では、工場法の適用される工鉱場の存在する地域を第一区（済南、泰安、済寧、新泰、萊蕪、寧陽、嶧県）と、第二区（章邱、淄川、博山、周村、濰県、烟台、龍口）とに分けて、安全・衛生事項を中心に検査を行なうことになっていた。

表15　浙江省工場法適用工場検査結果（1933年 4 月までの調査）

	工場名	資本金（元）	労働者数（女工）人	労働時間	労働者福利			安全設備			衛生設備					合格数
					救済・補償金	賞与・奨励金	教育施設	建築	機械	消防	防疫	空気	光線	飲料	便所	
棉紡織工業	三友実業社（杭州廠）	200万	2,433（1,796）	10.5	×	○	○	○	○	○	○	○	○	○	○	10
	和豊紡織公司	150万	1,993（1,400）	12.0	×	○	○	○	○	○	○	×	○	○	○	9
	通豊公紗廠	45万	1,240（980）	10.0	×	○	×	×	○	○	×	○	×	○	○	6
	恆豊染織布廠	1.5万	453（331）	11.5	×	×	×	○	○	×	○	×	×	○	×	4
	順興泰記機器染織廠	1.2万	130（65）	10.0	×	○	×	○	○	×	○	○	○	○	×	7
	嘉禾染織公司	1.0万	586（526）	10.0	×	×	○	○	○	○	○	○	○	○	○	9
	廣生棉織廠	1.0万	150（110）	9.0	×	×	×	○	○	×	○	○	○	×	×	5
	永新布廠	0.6万	106（80）	9.0	×	○	×	○	×	○	×	○	×	×	×	4
	厚生染織布廠	0.6万	229（140）	9.0	×	○	×	○	×	×	×	○	○	○	○	6
	振華布廠	0.3万	65（51）	8.5	×	×	×	×	○	×	○	×	○	×	×	3
	大豊盛記布廠	0.2万	220（0）	10.0	×	×	×	○	○	×	○	○	○	×	×	5
	九華永布廠	0.11万	126（110）	10.0	×	×	×	×	○	×	○	○	○	×	×	4
	恵民布廠	0.06万	126（120）	9.5	×	×	×	×	×	×	×	×	×	×	×	0
絹紡織工業	省立農場杭州繅絲廠	18万	320（300）	10.0	×	○	○	○	○	○	○	○	○	○	○	10
	震旦絲織公司	8万	199（35）	10.5	×	○	×	○	○	○	○	○	○	○	○	9
	慶成繅絲廠	5万	538（473）	10.5	×	×	×	○	○	○	○	○	○	○	○	8
	鳳凰電力織綢廠	5万	109（40）	11.5	×	×	×	○	○	○	×	○	×	×	×	4
	勤業電力織綢廠	5万	43（8）	9.0	×	×	×	○	×	×	×	×	×	○	×	2
	慶春絲織廠	3.8万	63（31）	11.0	×	○	×	○	○	×	×	○	×	○	×	5
	悦昌文記綢廠	3万	169（41）	11.0	×	×	×	○	○	×	×	○	×	○	○	5
	六一織造廠	2万	196（140）	10.0	×	×	×	×	○	○	×	×	×	○	○	4
	美球豊記針織廠	2万	144（9）	10.0	×	×	×	○	○	×	○	×	×	○	○	5
	永安電力織綢廠	2万	132（70）	10.0	×	○	×	○	○	×	○	○	○	×	×	6

	東方織綢廠	1.5万	61（19）	11.5	×	○	×	○	×	×	×	○	○	○	○	6
	都錦生絲織廠	1万	83（19）	8.5	×	○	×	○	○	○	○	○	○	○	○	9
	天豊織綢廠	1万	81（20）	10.0	×	×	×	×	×	×	×	○	○	○	○	4
	烈豊織綢廠	1万	66（23）	10.0	×	×	×	○	○	×	×	○	○	○	×	5
	緯成慶記絹絲廠	0.95万	850（580）	10.5	○	○	×	○	○	○	○	○	○	○	○	10
	文心恆織綢廠	0.6万	85（7）	11.0	×	×	×	○	×	×	×	○	×	○	×	3
	緯成謙記撚絲廠	0.5万	122（112）	10.5	×	○	×	○	○	○	×	○	○	○	○	8
	經綸絲廠	0.5万	80（80）	10.0	×	×	×	○	○	×	×	×	×	×	×	2
	怡昌鴻綢廠	0.5万	36（8）	12.5	×	×	×	○	○	×	○	○	○	○	○	7
	立成撚絲廠	0.44万	54（33）	10.5	×	○	×	○	○	×	×	○	○	○	○	7
飲食品製造業	立豊麺粉廠	30万	41	12.0	×	×	×	○	○	○	○	○	○	○	○	8
	通利源搾油廠	8万	84	10.5	×	○	×	○	○	×	○	○	○	○	○	8
	如生罐頭廠	2万	233（208）	10.0	×	×	×	○	○	×	○	○	○	○	○	7
公用事業	杭州市自來水廠	250万	58	8.0	×	×	○	○	○	○	○	○	○	○	○	9
	寗波永耀電力公司	120万	43	12.0	○	○	×	○	○	○	○	○	○	○	○	10
土石玻璃製造業	錦記玻璃廠	1万	35	11.5	×	○	×	○	○	×	×	×	○	×	×	4
	工業協記玻璃廠	0.3万	50	11.0	×	×	×	×	○	×	×	×	○	×	×	2
造紙業	民豊造紙廠	5万	431（120）	11.0	○	○	×	○	○	○	○	○	○	○	○	10
	華豊造紙廠	5万	170	12.0	○	○	×	○	○	○	○	○	○	○	○	10
機器及金属品製造業	武林鉄工廠	9万	64	8.5	×	○	×	○	○	○	○	○	○	○	○	9
	杭江鉄路工程局西興機廠	8万	47	8.0	○	×	○	○	○	○	○	○	○	○	○	10
	公路管理局修車廠	3万	43	8.0	×	○	×	○	○	×	○	○	○	○	○	8
	大來鉄工廠	2万	91	9.5	×	○	×	○	○	○	×	○	○	○	○	8
	順興機器廠	0.5万	30	9.5	×	○	×	○	○	○	×	○	○	○	○	8
化学工業	光華火柴廠	50万	1,421（965）	8.0	○	○	○	○	○	○	×	○	○	○	○	10
	光明火柴廠	10万	340（235）	8.5	○	○	×	○	○	○	○	○	○	○	○	10
	正大火柴廠	6万	399（274）	10.0	○	○	×	×	○	×	○	○	○	○	○	8
木材製造業	興華梗片公司	5万	195	8.5	○	○	×	×	○	○	×	○	○	×	×	6
	協隆火柴盒片廠	4万	324	8.5	×	×	×	×	○	○	×	×	○	×	×	3
	中華火柴梗片公司	2.5万	147	9.5	×	×	×	×	○	×	×	×	○	×	×	2

一九三三年五月山東省実業庁は、全省工商状況調査と同時に工場検査を実施した。しかし、実際に検査された工場は、済南二五工場、烟台一一工場、済寧一工場、合計三七工場にすぎなかった。**表16**は、検査結果の一覧表である。ここでもやはり規模の比較的大きな工場（資本金五〇万元以上、労働者数一〇〇人以上）は、ほぼ検査規準に近い状況であったことが確認できる。それに対し、済寧、烟台などの小規模な鉄工場や烟台の時計製造工場などは、きわめて劣悪な状況の下にあったのである。

この時期には、他にもいくつかの省市で、初歩的な検査が開始されたり、検査の準備がすすめられたりしている。簡単にみておこう。

③　威海衛特別区

第一期に工場登記が始められていた威海衛(59)では、本格的な工場検査実施のための準備がすすめられた。まず、安全・衛生設備、教育、福利を中心とした工場視察が行なわれ、不備な点に対しては改善が勧告された。また、この視察で得られた結果をもとに、「威海衛工廠最低限度設備条例」が制定され、今後の検査基準とされた。しかし、再検査までに相当な猶予期間がおかれることになっていたといわれる。

④　湖北省・漢口市

湖北省(60)では、一九三二年一〇月に「工場検査実施計画」が作成された。しかし、一九三三年一一月に実業部に提出された「工場検査実施状況調査表」によれば、検査の完了した工場は、武昌の六工場、漢陽の二工場にすぎなかった。漢口市(61)では、市政府の手で工場検査が遂行されることになっていたが、一九三三年七月までには、各工場主に検査方法を説明したにとどまっている。

⑤　その他

この他にも、雲南省、広東省、福建省、広西省でも初歩的な検査が試みられているが、いずれも正式な工場検査員

を持っておらず、きわめて不十分な検査に終わった。(62)

(3)　小結

各地での実施状況を簡単に整理しておこう。

第一期に比べて、工場検査の実施された地域は拡大しているが、全国的にみれば、七省二市一特別区という限定された地域にすぎなかった。しかも、実業部が「模範区」に指定した六都市のうち、無錫、漢口、天津、広州では全く実施されていない。また、検査が実施された地域にしても、その内容はいずれも初歩的な段階にとどまり、検査基準も地域によって異なり、中央立法としての統一的施行は全く実現されていなかったといえる。

しかし、以上のような不十分さを孕みつつも、経済恐慌の進行下にこうした試みが継続されていたことは、評価されねばならないだろう。ここでは十分に触れられなかったが、上海の実施状況の項で簡単にみた労働者福利事業への取り組みは、他の省市でも着実に始められているのである。(63)

〔6〕　総括

この時期は、一九三〇年頃に形成された南京政府の労働政策＝法体系に、経済恐慌の進行にともなう労資関係の変容への対応、政策遂行上発生した諸問題の改善などを要因として、修正が加えられた時期であった。それは、一方では「労資争議処理法」の修正にともなう「強制調停」の復活に象徴される如き、党と政府による労働者に対する指導・統制の強化であった。しかし、一方では、工場法に代表される労働者保護政策も、きわめて不十分ではあるが、試行錯誤のなかで一定の成果をあげ始めていた。この時期に行なわれた工場法の修正も、恐慌を背景とした資本家側の要求に対する単なる譲歩として行なわれていたのではなく、現実に施行するなかで発生した諸問題を改善すること、すなわちあまりにも理想的でありすぎた諸点を南京政府の政策の政策意図貫徹のために「現実的」に対応しようとしたものに他ならなかった。

表16　山東省（済南、烟台、済寧）内工場法適用工場検査結果一覧（1933年5月実施）

	工場名	資本金（元）	労働者数（女工）人	労働時間	労働者福利			安全設備			衛生設備					合格数
					救済・補償金	賞与・奨励金	教育施設	建築	機械	消防	防疫	空気	光線	飲料	便所	
紡織工業	魯豊紡織公司	186万	2,060（1,220）	12.0	○○	○○	○○	○○	○○	○○	××	○○	○○	○○	○○	10/10
	通成紡織公司	150万	710（ 600）	11.0	×○	○○	××	○○	○○	○○	××	○○	○○	○○	○○	8/9
	中国棉花打包公司	30万	89	10.0	××	××	××	○○	○○	○○	××	○○	○○	○×	○○	7/6
	東元盛漂染工廠	1万	38	12.0	×○	○○	××	○×	○○	×○	××	○×	○×	○○	○○	7/6
	厚徳貧民紡織工廠	0.5万	346	10.0	○○	○×	○○	○○	○○	○○	××	○○	○○	○×	○○	10/8
	中興織布廠	0.1万	57	12.0	×	○	×	○	×	×	×	○	○	○	○	6
飲食品製造業	通益精塩公司	100万	240	5.0	○○	○○	××	○×	○○	○○	××	○○	○○	○○	○○	9/8
	豊年麺粉公司	75万	88	12.0	○	○	×	○	○	○	×	○	○	○	○	9
	成豊麺粉公司	70万	151	10.0	○○	○○	○○	○○	○○	○○	××	○○	○○	○○	○○	10/10
	恵豊麺粉公司	50万	98	10.0	○○	○○	○×	○○	○○	○○	××	○○	○○	○○	○○	10/9
	華慶麺粉公司	30.8万	74	10.0	○○	○○	○×	○○	○○	×○	××	×○	×○	○○	○○	7/9
	醴泉啤酒公司	30万	124	12.0	○○	○○	××	○○	○○	○○	××	○○	○○	○○	○○	9/9
	成記麺粉公司	30万	94	12.0	○○	○○	○×	○○	○○	○○	○×	○○	○○	○○	○○	11/9
	瑞豊麺粉公司	29万	68	5.5	○○	○○	××	○○	○○	○○	××	○○	×○	○○	○○	8/9
	茂新第四麺粉公司	25万	96	10.0	○○	○○	○×	○○	○○	○○	○×	○○	○○	○○	○○	11/9
	宝豊麺粉公司	20万	63	10.0	○○	○○	○○	○○	○○	○○	○×	○○	○○	○○	○○	11/10

	済豊宝記麺粉公司	10万	56	8.0	×○	○○	××	○○	○○	×○	××	○○	○○	○○	○○	7/9
機器及金属品製造業	華豊針廠	12.5万	76（126）	10.0	×○	××	××	○×	○○	××	××	○×	○×	○×	○○	6/3
	六合提燈公司	2万	81（30）	10.0	○×	○×	○×	○×	○×	××	××	××	○×	××	××	6/0
	陸大鉄工廠	0.5万	132	9.0	×○	○×	○×	○○	○○	○○	○×	×○	○○	○○	○○	9/8
	誠豊鉄廠	0.4万	51	…	×	○	×	○	○	×	×	×	×	×	×	3
	斉魯鉄工廠	0.38万	42	…	×	○	×	○	○	×	×	×	×	×	×	3
	徳興鉄工廠	0.2万	45	10.0	×	×	×	○	○	○	×	×	×	○	○	5
	晋泰鉄鍋廠	0.22万	49	9.0	×	○	×	○	○	○	×	○	○	○	○	8
	復興鉄工廠	0.2万	52	10.0	×	○	×	○	○	×	×	×	×	○	○	5
	協成機器廠	0.15万	49	10.0	×	○	×	○	○	×	×	×	○	○	○	6
	義発成鉄工廠	0.15万	47	…	×	×	×	○	○	×	×	×	×	×	×	2
造紙・印刷業	華興造紙公司	35万	95	10.0	○○	○○	○×	○○	○○	○○	○○	○○	○○	○○	○○	11/10
	慈済印刷所	8.7万	50	9.0	○	○	○	○	○	○	×	○	○	○	○	10
公用事業	済南電話公司	76万	200	8.0	○○	○×	○○	○○	○○	○○	××	○○	○○	○×	○○	10/9
	済南電汽公司	74万	130	8.0	○○	○○	○○	○○	○○	○○	××	○○	○×	○×	○○	10/8
	生明電燈公司	60万	40	8.0	○○	○○	××	○○	○○	○○	××	○○	○○	○○	○○	9/9
飾物文具儀器製造業	永康造鍾公司	3.5万	280	10.0	×○	○○	○×	○×	○×	○×	××	○○	○×	○○	○○	9/5
	徳順興造鍾廠	2.5万	350	10.0	○○	○○	××	○×	○×	○○	××	×○	×○	○○	○○	7/7
	永業造鍾公司	2.5万	110	10.5	○○	○○	××	○×	○×	○○	××	○○	○○	○○	○○	9/7
	慈業造鍾公司	1万	100	10.0	○	○	×	×	×	○	×	×	×	×	×	3
	盛利造鍾公司	2万	95	10.0	×○	×○	××	○×	○×	××	××	○○	○○	×○	×○	4/6

（注）検査項目覧の小さな○、×は、1934年４月に行なわれた第２次検査の結果である。

工場法を完全に施行するための必要条件である三点（①全国的な工場検査体制の確立、②租界内施行問題の解決、③資本家側の理解と協力）については、検査体制の確立という点では進展がみえ始めたものの、租界内施行問題と資本家側の協力という二点においては、最終的にはたいした成果はあげることはなかった。しかし、それらに対する努力が、困難な諸条件にもかかわらず、継続されていたことは評価されなければならない点であろう。

したがって、この時期の工場法の実施状況は、ある程度の進展はみえ始めていたものの、きわめて不十分な状況にとどまっていた。しかし、一九三三年三月の「蔣・汪合作政権」の成立を機に、最終的には失敗するが租界内施行交渉が急展開をみせ、さらにはそれらを背景として全国的に工場検査が進展し始めたことは、工場法施行の可能性を示すものとして注目に値するものであったといえる。また恐慌の進行にともなう失業問題の発生によって、南京政府の労働者福利事業への取り組みも本格化し始める兆しをみせていた。さらに、工場法に含まれていた労働協約的規定が、恐慌下での資本側の圧迫に対する労働者側の「武器」として機能し始めていたことも見逃してはならないであろう。労働者側の工場法に対する認識は、この時期に大きく変化したのである。したがって、この時期の南京政府の労働政策は、単に指導・統制の側面が強調された（＝一九三〇年以前の政策にもどった）というのではなく、工場法という「労働者保護」政策の一定の政策効果を背景としたものであったと理解すべきであろう。恐慌の進行にともなって、資本家側の圧力が強まるなかで、労働者は南京政府に対する「幻想」を持ち始めていた。こうした「幻想」は、抗日運動の盛りあがりのなかで労働者みずからが打ち砕いていくことになるが、この時期には情勢はそこまで進展していなかったのである。

最後に、工場法施行過程上でのこの時期は、第一期の経験を踏まえて、工場法に関する様々な面での見通し作業がすすめられ、「蔣・汪合作政権」の成立によって国内体制が確立されたのを契機に、工場法の本格的な施行へ向けての体制作りが急速に進展し始めた時期であったといえよう。南京政府の労働政策体系のなかで、工場法が経済的側面での「労資協調」をもたらす唯一の法として不可欠重要な位置を占めていた以上、工場法を有効に機能させうるか否かは、南京政府の労働政策の成否を問うものでもあったといえよう。

五　注

（1）この時期の政治過程については、前掲、波多野『中国国民党通史』、池田『中国現代政治史』などを参照した。
（2）この時期の経済状況については、前掲、劉大鈞『支那工業論』、久保論文などを参照した。
（3）實業部勞工司『民国二十一年中国勞動年鑑』（一九三三年、以下、『二十一年鑑』と略称）、三編一章、二～一〇ページ。
（4）この間の事情については、前掲「支那の労資争議調停法と強制主義の復活」に詳しい（本稿一注（44）参照）。
（5）同右。
（6）陶家瑤「建議政府切實提倡實業保護工商向内地開發生産以立救國根本案」（『紡織周刊』二巻一二期、一九三二年四月一日）。
（7）「各廠對民運會二次宣言」（『紡織周刊』二巻三六期、一九三二年九月一六日）。
（8）工場法の修正過程については、前掲、『年報』一章二節、および『二十一年鑑』三編一章、三～四ページなど。
（9）「修改工廠法」（『紡織周刊』二巻四六期、一九三二年一一月二五日）。
（10）「實部劃定工廠検査區」（『申報』一九三二年五月一〇日）、および『二十一年鑑』三編一章、六ページ。
（11）『二十一年鑑』三編四章、一三七ページ。
（12）『二十一年鑑』三編一章、六ページ。
（13）『二十一年鑑』三編四章、一三七ページ。全文は、同書、五編三章、七〇～七一ページ。
（14）前掲、『二次年鑑』三編一章、一〇～一一ページ。
（15）『二十一年鑑』三編一章、四ページ。
（16）「上海租界行施工廠法問題」（『紡織周刊』二巻一五期、一九三二年四月二二日）。
（17）前掲「紛糾中の共同租界工場法問題の近状」、四三ページ。

(18) 同右。
(19) 同右。
(20) 前掲『年報』五章二節。
(21) 古川邦彦「上海共同租界法概観」(『支那研究』一九号、一九二九年五月)。
(22) 注(20)に同じ。この抗議声明は、一九三二年四月二一付の『上海民報』に掲載されている。
(23) 前掲『年報』五章二節、および「實部發表檢査工廠案經過」(『紡織周刊』三巻二一期、一九三三年五月一九日)。
(24) 前掲『年報』五章三節。
(25) 前掲『年報』五章三節、および「實業部勞工司長李平衡談」(『紡織周刊』三巻三五期、一九三三年八月二五日)。
(26) 前掲『年報』五章四節。
(27) 同右。
(28) 注(17)に同じ。
(29) 第一七回ＩＬＯ代表大会の様子については、前掲『年報』五章五節。
(30) 「工界紀念勞動節」(『申報』一九三二年五月一日)。
(31) 「英美工人請取消工廠管理規則」(『申報』一九三二年八月二日)。
(32) 「英美烟廠頒布管理規則之反響」(『申報』一九三二年八月六日)。
(33) 「英美烟廠工潮社会局決定兩原則」(『申報』一九三二年九月一日)、および「英美烟廠工潮廠方昨答復社會局」(『申報』一九三二年九月三日)。その後の経過については、「五區捲烟業工會請修改勞資互助條件」(『申報』一九三二年一〇月六日)。
(34) 「棉織業取消各項津貼、實現勞資合作之精神」(『申報』一九三二年八月二三日)。
(35) 「申新斷臂工人特院判廠方津貼千金、適用工廠法四十五條之規定」(『申報』一九三二年九月五日)。
(36) 「市府發表三友廠糾紛裁決着」(『申報』一九三二年九月二日)など。なお、この争議の経過については、胡超吾「上海三友實業社勞資糾紛記(上、下)」(『民衆運動月刊』一巻三期、四期、一九三二年一一月、一九三三年一月)に詳しい。

(37) 實業部勞工司『民国二十二年中国労動年鑑』(一九三四年、以下『二十二年鑑』と略称)、二編二章、五八～六〇ページ。
(38) 同右、六〇ページ。
(39) 前掲『二十一年鑑』三編一章。
(40)「公安社會兩局會銜佈告厳禁罷工」(『申報』一九三二年七月二七日)。
(41)「社會局調査滬南工廠現状」(『申報』一九三二年四月一六日)。
(42) 前掲『年報』四章、五ページ。
(43)「社會局定期實施工廠検査」(『申報』一九三二年八月一八日)、および、前掲『二十一年鑑』三編四章。
(44) 同右。
(45)「社會局明日起實行工廠検査」(『申報』一九三二年八月三一日)。
(46)「社會局召各業談話為推行工廠検査事」(『申報』一九三二年九月一三日)。
(47)「社會局召集各業解釋工廠検査意義」(『申報』一九三二年九月一七日)。
(48) 注(47)、および「検査工廠解釋誤會談話」(『紡織周刊』二巻三六期、一九三二年九月一六日)。
(49) 注(47)に同じ。
(50) 前掲『二十一年鑑』三編四章。
(51) 前掲『二十二年鑑』三編一章。
(52)「社會局令辦工人儲蓄」(『申報』一九三二年四月一六日)。
(53)「包身工」は労働請負制度の一種である「包身制」下の労働者で、請負人によって農家から人身売買的に獲得され、工場労働に提供された。未婚の若年女子が中心で、請負人は日常生活の一切の管理を行ない、中間搾取の対象としていた。なお、詳しくは高綱博文「中国近代産業労働者の状態」(『講座中国近現代史』第五巻所収)一九九～二〇〇ページの整理を参照のこと。
(54)「社會局召集各團體處理包身制工人」(『申報』一九三二年五月一〇日)。

(55)「上海市政府の失業者救済計劃実施」(『社会政策時報』一四七号、一九三二年一二月)。
(56) 青島市の実施状況は、前掲『年報』四章二節、一二～一六ページ、前掲『二十一年鑑』三編一章、三六ページ、および、前掲『二十二年鑑』三編一章、三六～三八ページ。
(57) 浙江省の実施状況は、前掲『年報』三章一節、四章七節、一三一～一四六ページによる。表13～15も同『年報』四章七節により作成。
(58) 山東省の実施状況は、前掲『二十一年鑑』三編一章、二〇～二一ページ、『二十二年鑑』三編一章、二〇～二一ページ、『年報』四章九節、一七二～一七九ページ、表16は、『年報』四章九節より作成。
(59) 威海衛の実施状況は、『年報』四章五節、七二～七四ページ。
(60) 湖北省の実施状況は、『年報』四章一一節、二〇二～二〇三ページ。
(61) 漢口市の実施状況は、『年報』四章一一節、二〇三～二〇四ページ。
(62) 前掲『年報』四章一六～一九節、二二六～二二九ページ。
(63) 前掲『二十一年鑑』三編三～七章、『二十二年鑑』三編六、七章など参照のこと。

六　恐慌下における工場法の施行　一九三三年八月～一九三七年七月

〔1〕　歴史的背景と問題の所在

南京政府工場法の施行過程第三期(一九三三年八月から一九三七年七月)は、「蔣・汪合作政権」の成立による国内の安定を背景に、中央工場検査所が成立し、本格的な工場検査が開始されてから、一九三七年七月七日の「盧溝橋事件」にはじまる日中の全面戦争開始によって、工場検査が中断されるまでの時期である。

一九三三年三月の「蔣・汪合作政権」成立とその対日宥和政策の採用によって、一九三四年には、一時的に日本の侵略政策が緩和されたこともあって、「国内の安定状態は、三全大会以後、これほどいい時期はなかった」といわれるまでになっている。[1]こうした国の内外の安定を背景に、この時期には南京政府の経済建設が本格化し始める。一九三三年一〇月には、経済建設全体の最高指導機関たる「全国経済委員会」が正式に成立している。また、一九三四年一月の国民党の四期四中全会では、国防を中心とした国家統制による経済建設の方向が強力に打ち出され、一九三五年以降実現に移されていったといわれる。[2]

こうした経済建設の本格化に伴って、中国経済もようやく恐慌からの回復を迎えつつあったが、[3]華北をめぐる日中の「争覇戦」が本格化するなかで、再び政治不安がもたらされることになる。中国国内では、抗日民衆運動の高まりのなかで、中共の「八・一宣言」、「一二・九運動」、「西安事件」などを経て抗日民族統一戦線結成への動きが急速に高まってくるのである。

六では、こうした歴史的背景を念頭におきながら、①南京政府工場法の施行過程において、中央工場検査所の成立はいかなる意味を持っていたのか、②日本との対立が深まるなかで、工場法の租界内施行問題はいかなる展開をとげるのか、③恐慌の一層の進行というなかで、工場法に対する労資双方の認識・対応はどのように変化するのかといった問題を明らかにする。また、④南京政府工場法の最終的な実施状況を整理し、⑤南京政府工場法の施行過程を総括することにしたい。

〔2〕　中央工場検査所の成立とその活動

1．中央工場検査所の設立

一九三三年六月一日、工場検査体制の見直し作業をすすめていた実業部に、ポーン、アンダーソン両氏から「建議書」が届けられた。「建議書」は、この建議が西欧主要工業国の経験に基づくもので、中国の特殊な実際情況に適用させることは中国当局の仕事であるとした上で、以下の三点を建議していた。[4]

① 中国政府が現在採用している地方分権の検査機関制度は、「工場法の有する性格から検査員の自由裁量の入り

込む余地が大きい」ため、地域間で法運用に相違が発生しやすいという欠点を持っている。したがって、中国政府が中央集権的な検査専門機関を設置し、各地で平等かつ一致して施行できる体制を整えることが望ましい。

② 中央の直轄下に地方検査機関の充実をはかり、一般原則に基づいて各地方の特殊情況に適応した検査基準を設け、最低年に一度の検査を行なえる体制をつくるべきである。

③ 工場法施行の成否は定められた検査項目を確実かつ一律に実施し得るかどうかにかかっている。したがって、工場法の規定を一挙に実現させようとするのではなく、最初の数年間は目的を安全・衛生設備の改善などに限定し、主として準備工作と労資双方への「教化」にあてることが望ましい。

他にも、工場検査員およびその監督官の地位の安定、女性検査員の採用などの具体的な改善事項も指摘されているが、主要な建議は以上の三点であった。

「建議書」を受けとった実業部長陳公博は、六月五日、行政院に中央工場検査所を速やかに組織するよう提議した。その提案理由は、①工場検査事業が初めての試みであるため、労資双方ともに誤解している点が多く、必ずしも十分な成果をあげていないこと、②統一した監督機関がないため、工場法を全国で一律に実施することができず、工場検査遂行上での妨げになっていること、③工場検査遂行の遅れが、租界内工場法施行交渉をすすめる上で、ひとつの重大な障碍となっていることの三点であった。提議を受けた行政院でも中央工場検査所設立の重要性を認め、行政院一〇七次会議において「中央工廠検査所組織章程草案」および予算案を通過させている。(5)

こうして、一九三三年八月六日に中央工場検査所は正式に成立した。所長には、実業部労工司長李平衡が就任し、秘書長に韓鈞衡、事務科長に李武喬、衛生科長に王世偉、検査科長に程海峯が任命された。(6)

九月二九日に公布・施行された「中央工廠検査處組織章程」(全一三条)によれば、「中央工場検査所は実業部に直属し、工場検査法の規定に従って全国の工場検査事項を辦理し、ならびに全国の各省市政府に所属する工場検査員を指導・監督する（一条）」ことになっていた。また、必要に応じて各省市政府に地方検査所の設置を要請すること（二条）、専門家を招いて研究委員会を設置できること（九～一二条）などが規定されている。(7)

これによって、従来の地方分散的な検査制度の問題点は改善され、全国一律に工場法を施行し得る可能性が制度的には確立されたものとみることができる。ここに、一九三二年二月以降すすめられてきた工場検査体制の見直し作業は、一応完成したといえよう。

2. その活動と「漸進主義」の採用

中央工場検査所は、成立直後、「初歩行政計画」を制定し、本格的な工場検査実施のための準備を開始した。一九三四年六月までに行なわれた主要な活動は、以下の五点であった。

第一に、「地方工廠検査所組織簡則」を制定し、地方での工場検査機関の改組・設立を推進したこと。「簡則」によれば、「地方での工場検査は各省市主管庁局が、実業部の設置した中央工場検査人員養成所を卒業し、試験に合格した者のなかから検査員を選任し、実業部の指導を受けて」行なうことになっており、別に検査機関を設置することは禁じられていた。しかし、地方での工場検査の経費はこれまでどおり各省市政府が出すことになっていた。(8)

第二に、各省市政府の主管官署に一九三三年七月までの工場検査の実施経過および今後の実施計画を報告させ、工場検査の進展状況を把握し、今後の参考としたことである。しかし、**五**でみた如く、実際に実施されていた地域はきわめて限られていたため、報告書が提出された地域も浙江、江蘇、山東など一〇余カ所にすぎなかった。(9)

第三に、一九三三年一一月から一九三四年五月まで、比較的工場検査の進んでいた、上海、江蘇、浙江、山東、青島などに、検査科長程海峯、検査員王瑩らを派遣して各地の工場検査状況を実際に視察させたことである。その結果、工場検査の経費が不足していること、検査の進行方法が明確でないことの二点が、各地での工場検査の進展を妨げていることが明らかになり、可能な限りでの改善がはかられた。(10)

第四に、一九三三年一一月に「安全衛生研究委員会」が設立され、工場の安全・衛生問題に対する具体的な取り組みが開始されたことである。委員には、程海峯、王世偉らの他に専門家多数が含まれていた。そこでは、工場法の規定は原則的なものに限られていたため、検査実施上の基準として「工場安全衛生条例八三条」が制定された。また、「労資双方および社会人士に工業の安全・衛生に対する注意を喚起する」ために、「工業安全衛生運動実施辦法」を制定し、各省市の主管官署に確実に施行するよう指令したという。[11]

第五に、こうした報告、視察、条例の制定などをもとに、一九三四年四月までに「初期検査計画」を制定して、未だに工場検査を実施していない省市を中心に、確実に施行するよう督促したことである。「初期検査計画」中の「工廠検査実施程序」（以下「検査程序」と略称）によれば、「すべての規定を同時に実施することは困難であ」り、労資双方の需要と環境を考慮して、工場法に規定された検査項目を五期に分け、順次実施していくという「漸進の原則」が採用されることになっていた。各期の検査内容は次のとおり。[12]

第一期。①工場記録（労働者名簿、傷病・災害記録など）。②幼年工・女工・徒弟の有害・危険労働の禁止。③労働者の負傷・死亡が職務執行上のものであるか否かの検査。④重大な災害と善後策の報告。⑤徒弟契約の締結とその厳守。⑥第二期以降の準備。

第二期。①第一期の検査事項。②一般労働者の安全・衛生設備。③徒弟人数の規則。④第三期以降の実施準備。

第三期。①第二期までの検査事項。②労働時間（二交替制は一週ごとに班が交替、天災などによる延長は一二時間をこえない、幼年工・徒弟の八時間労働実施と深夜業の禁止）。③休息時間、休日。④幼年工・徒弟・一般労働者の補習教育。⑤第四期以降の準備。

第四期。①第三期までの検査事項。②幼年工の年令制限（一四歳未満禁止）。③女工の深夜業禁止。④女工の有給産休。⑤第五期の準備。

第五期。①第四期までの検査事項。②八時間労働制の確立。③休暇規定の厳守。

以上の「検査程序」に加えて、「工場検査員検査執行手順」も定められ、各時期とも①法令の解釈、②改善勧告、③実施警告、④懲罰、の四段階に分けて執行することになっていた。また、「検査程序」が送付された地域は、河南、山東、浙江、江蘇、陝西、湖南、広東、察哈爾の八省、上海、青島、南京、漢口、北平、天津の六市、および威海衛の一特別区であった(13)。

こうした内容をもつ「初期検査計画」は一九三四年七月から順次実施されていった。予定では二年間で各期を完成させることになっており、順調にすすめば、一九四四年六月に工場法の規定が完全に実施されることになっていた(14)。

次に、中央工場検査所の一九三四年七月以降の活動をみておこう。「行政計画二八項」に従って、一九三四年一二月までに行なわれた主要な活動は以下のとおりである。①各省市政府に「検査程序」第一期工作を確実に実行し、三カ月に一度報告するよう督促したこと。②各省市政府に「工場安全衛生委員会」を組織するよう督促したこと。③『工場検査員須知』というパンフレットを編纂して配布。④実業部に工場検査法の修正を要求。⑤全国の衛生状況の調査。⑥各省市政府に、職業病の調査、救急の訓練、消毒などの実行を督促(15)。

また、一九三四年一一月には、再び天津、北平、南京、漢口の四市、江蘇、浙江、河北、山西、河南、湖北の六省で工場検査進展状況の視察が行なわれている。詳しくは、〔5〕でみるが、湖北省が未着手で、天津が租界問題で困難を抱えていたのを除き、各地とも順調に進行し始めていたといわれる(16)。

一九三五年以降の「行政計画」には、①引き続き各地での工場検査を指導督促し、第一期工作の実施状況を審査すること、②安全衛生展覧会の開催、③「安全衛生研究委員会」全体会議の召集、④「全国工場検査会議」の召集などが予定されていた(17)。

以上、一九三三年三月の「蔣・汪合作政権」成立による国内の安定を機に、中央工場検査所が成立（八月）し、中央集権的な検査体制が確立するとともに、工場法を「漸進主義」に基づいて施行していくことが決定された。これによって、工場法の施行に関する制度的な面での体制はほぼ完成した。工場法を完全に施行するために残された問題は、租界内施行問題と資本家側のより広範な協力をとりつけるという問題であった。とりわけ、租界内施行問題は、資本家側のより広範な協力をとりつける前提としても不可欠なものであり、この時期に至って「わが国の工場検査史上の重要段階を占める」ことになったといわれる。次節では、この時期における租界内施行交渉の展開をみることにしよう。

〔3〕　工場法租界内施行交渉の継続

1. 第一八回ＩＬＯ代表大会と個別交渉

一九三四年六月に開催された第一八回ＩＬＯ代表大会では、中国政府代表（中央工場検査所所長）李平衡によって、再び租界内工場検査権問題が提起され、各国代表の深い理解を得たといわれる。[18]ＩＬＯ局長パドレイ（巴特列）も「全面的に協力し、できるだけ早くこの問題を解決させる」旨、表明している。

ＩＬＯ秘書長ポーンは、局長の意を受けて開催した中国代表団顧問包華国との会談で、中国政府の工場法施行に対する努力を評価し、イギリスから特に招いたアンダーソン女史を加えて、今後の対策を協議した。協議の結果、以下の四点が確認された。①中国側は短期間のうちに無錫の第一期工場検査の完成に尽力すること。②ＩＬＯ局長がイギリス、フランス両国に赴き調停をはかること、③ＩＬＯは中国代表団が作成した解決案（上海租界内に双方が同数の代表で工場検査の監督機関を組織するなど）をもとに関係各国と交渉し、双方の妥協点を見い出すこと。④最も烈しく妨害している日本に対しては、アンダーソン女史からＩＬＯ大会日本代表団の鬼頭、岡両名に調停を依頼すること。[19]

大会終了後の六月二九日、李平衡・パドレイ会談が開かれ、パドレイの仲介によって中国代表団（李平衡、包華国）がフランス、イギリスに赴き、両国政府と直接交渉することになった。

七月四日、パリに到着した李平衡らは、ＩＬＯ代表大会議長ゲーダ（フランスの前労働部長、現上院議員）の紹介で労働部長マークティと会談した。マークティは、中国租界内の工場検査権問題に理解を示し、「前向きに検討する」ことを約束し、ＩＬＯ局長パドレイとの会談でも「申し分のない結果を獲得することは困難ではないだろう」と語ったといわれる。

次いで、七月五日夜、ロンドンに到着した李平衡らは六日から交渉に入った。まず、労働部次長ノーマン、およびアンダーソン女史らと個別に協議した後、外交部との会談に入った。外交部スタンドホープは、領事裁判権などの点で難題は多いが、「中国の主張には道理がある」として理解を示しつつも、「上海共同租界はいくつかの国が管理しているためイギリスだけが単独で応じる権利のない」ことを表明した。李平衡は、この会談の結果を「現状維持あるいは外人の在華勢力の拡大を欲している」という点で、「上海の一般的イギリス人と同じ」反応であったと回想している。また、李平衡は、英、仏両国との個別折衝に先立ち、ＩＬＯ代表大会開催中に、租界内検査権問題に関係を有するイタリア、アメリカの代表団とも協議していた。その際、両国代表は、「中国が争そっていることは頗る正当な理由がある」とした上で、利害関係の深い「他の国々が同意すれば決して反対はしない」という態度を表明していたといわれる。

以上の交渉経過からも明らかな如く、李平衡は交渉の結果、「将来、イギリス、フランス、イタリア、アメリカ諸国の同意を得ることは困難ではない」が、「日本との交渉は最も困難なものになるであろう」という見通しを明らかにしている。

第一八回ＩＬＯ代表大会開催を機に展開された外交折衝は、欧米諸国に工場法租界内施行問題に対する理解を深めさせたものの、直接的成果は何もなかった。

2．租界当局との第三次交渉

第一九回ＩＬＯ代表大会を目前に控えた、一九三五年五月、中央工場検査所所長李平衡は、ＩＬＯ局長パドレイに次のような要請文を送った。「我国の工場検査は、貴局の援助と中央工場検査所の成立によって長足の進歩をとげつつある。しかし、上海租界工場検査権問題は未だに解決せず、その影響の及ぶところは、上海の一隅に留まらず、我国の工場検査の前途に大きな影響を与えている。本所は工場検査を完全に実施するために各国と交渉した。閣下にも尽力していただいたが、今日に至るまで上海租界当局の態度は不明なままで難局に陥っている。今回の大会でも、我国代表は、この問題を提出する意向であり、確実に御協力いただけることを希望する……」[20]。

こうして、一九三五年六月に開催された第一九回ＩＬＯ代表大会でも継続してこの問題がとりあげられ、問題解決のための努力が続けられていた。

こうした努力の結果、一九三六年四月から上海市政府と共同租界当局との協議が再開され、「工廠検査協定草案」がまとめられて工部局董事会を通過した。「協定草案」の内容は知り得ないが、双方の合意事項が董事会を通過したのは、これが最初であった。上述した外交努力が実を結びつつあったとみてよいだろう。しかし、この「協定草案」も領事国の「この協定を認めることは、領事裁判権という国際条約上の特権の一部を廃止することになる」という反対によって、施行されるまでには至らなかった。領事国の提出した修正案は、「租界内の中国人工場にのみ中国側に検査権を与え、領事裁判権を有する国の工場に対しては租界当局が『土地章程』附則に賦与された権利に基づいて執行する」というものであった。

租界側のこうした動きに対し、上海市総工会は深い驚きを表明し、実業部に「交渉を継続して租界内工場検査権獲得という目的の達成に全力をあげるよう」要求した。また、上海市総工会は「領事国の言う『土地章程』附則に基づく検査権というのは、中国人民の反対を押し切って決定されたもので、中国政府も未だ承認していないものである。また、工部局自身も多くの困難を感じて未だ執行し得ないものである」として、領事国の修正案に抗議している[21]。

こうして再び工場法の租界内施行交渉は決裂してしまう。しかし、交渉のたびに少しずつではあるが、租界内工場検査権獲得へ向けて前進していたことは確認できる。これは、もちろん国際関係の変化とも関連しているが、中国政府の工場法施行に対する国内での努力とその成果とを帝国主義諸国が認めざるを得なかったという点も見過ごしてはならないであろう。

〔4〕恐慌下の施行に対する労資の対応

1．恐慌下での工場法をめぐる議論

中央工場検査所所長李平衡は、恐慌下の中国であえて工場検査を推進する意義を次のように論じている。「現在、国内各工業の衰退は極限に達し大多数の工場は破産に瀕している。一方、各地での工場災害も続発し犠牲者は驚くべき人数に達している。こうした現実に存在する二つの矛盾は工場検査問題をますます厳重かつ複雑なものにしている。しかし、工場検査や労働者福利事業が推進されることなく我国の工業が発展を続けるとすれば、その前途には必ず重大な障害が発生する。現在、工場検査を実施することの意義は、労働者の健康を保持することによって生産効率を増加させる点のみにあるのではなく、工場に災害が発生するのを防止することによって工場側の損失を減少させ、直接間接に工場主に利益を与えようとするものである[22]」。

ここには、工業発展と労働問題を同時に解決しようとする南京政府官僚の決意が表明されており、恐慌下での実施に対する抵抗を強めつつあった資本家層に対して、直接間接の利益を揚げることによって工場法施行への協力を獲得しようとしたものであったといえよう。

李平衡によれば、この時期の工場検査に対する労資双方の一般的反応は、労働者側が「工場内の設備改善を督促することは、労働者の健康と生命の安全にとって有益である」として積極的に評価していたのに対し、資本家側は「工場側にみだりに安全・衛生設備の費用を増加させるもので、現在の工業不景気の折に、この種の施設は急務ではない[23]」として実施に反対していたという。

しかし、一九三三年一〇月の全国経済委員会成立を機に本格化し始めた経済建設の遂行とも関連して、政府官僚の工場法施行に対する熱意は、恐慌下でも揺らぐことはなかった。一九三三年一二月には「棉業統制委員会」も専門家を招聘して工場法実施問題を研究中であったといわれ、『紡織周刊』誌上でも政府の意向を受けて、工場法実施の重要性が力説されていた(24)。その主要な論点は次のとおりである。

① 日本人工場の製品が優秀で安価な理由は、機械に差があるからではなく、労働者の労働能率に差があるからである。労働能率を高めるためには、工場法を実行して労働者の待遇の改善、労働者教育の充実などをはからなければならない。

② 我国の機械が不足し労働力が過剰であるという条件を利用すれば、工場法の規定にしたがって徹底的に機械を使用して生産力を上げることができる。たとえば、これまでの「三・八制」(三交替八時間労働制)に改良を加え、労働者数の六分の一を増加し「七組制」とすれば、週に一日の休日を労働者に与えても機械は一年中休まずに運転できることになる。工場法は機械の運転時間までは制限していない以上、こうした研究をすすめるべきである。

③ 工場法の実施によって負担が増加するとして反対するものが多いが、同業が一致して工場法を実施すれば、原価の上昇分を販売価格に転嫁できるので問題はない。

④ 工場法の実行を妨げているものは不平等条約である。不平等条約を排除できるかどうかは政府が強力であるかどうかにかかっている。政府が強力であるかどうかは、人民がどの程度政府を擁護するかにかかっている。したがって、全力をあげて工場法を実行し、政府の威信を高めて不平等条約の排除に努力すべきである。

こうした議論は、もちろん資本家側にそのまま受け入れられたわけではない。晋華紗廠の王世毅は、「我々が棉業統制委員会に要求することはぜいたくな望みではなく、ただ目前の身を切るような痛みをとりのぞいてほしい」ということであるとして、関税の引き上げなどとともに、工場法の七年間の施行猶予を要求していた[25]。

こうした紡績資本を中心とした工場法の施行に対する強い抵抗が表面化してきた背景には、租界内施行交渉も進展せず、恐慌の進行に伴って停業、倒産が普遍化してきたからに他ならない。工場法の施行をめぐる労資の対応をもう少し具体的にみてみよう。

2.「三・八制」取消しをめぐる争議

一九三二年四月以来、操短を続けていた「華商紗廠連合会」は、一九三三年七月には夜間工作の完全中止を提唱するに至ったといわれる。同時期には、無錫、漢口でも二三％の操短が行なわれ、天津では操短をめぐって労資争議が頻発していた[26]。

ここでは、天津の宝成紗廠と河南省衛輝の華新紗廠で「三・八制」の取消しをめぐって発生した二つの争議をとりあげて、当時の労資関係と工場法との関係について考察を加えることにしよう。

一九三〇年に「三・八制」を最初に導入して世間の注目をあびていた天津の宝成紗廠は、一九三三年七月末に、経営状態の悪化を理由に「三・八制」を廃止して昼夜二交替制に復帰することになった。それにともなって、工場側は労働者を順番に労働させて二五％の賃銀カットを行なうことを発表した[27]。しかし、組合側がこの措置に反対したため、工場側は八月一三日に経営不振を理由に一方的に停業を宣言した。当局の調停などを経て、労働者側は譲歩する意志のあることを明らかにしたが、工場側は全労働者を解雇して帰郷を命じた[28]。その為、党政当局が、労働者の生計の維持と社会治安への影響を憂慮して強力な調停を行なった結果、上海浙江興業銀行が債権人となって「三班制」を「二班制」に改めることを条件に、九月五日に復業することが決定した。六日には全労働者の三分の一にあたる六〇〇余人の解雇が発表され、七日～八日に未解雇労働者の登記が行なわれ、九月一〇日に営業が再開された[29]。しかし、開工と同時に解雇労働者も含めた全労働者は、雇用条件と解雇条件への不満を表明してストライキに突入した。再び当局の調停を経て九月二一日、労資間で和約が成立し、工場法の規定にしたがって一二時間二班労働制が承認された。[30]しかし、その後も営業は振るわず、一九三五年七月一四日には赤字の累積により債権人が救済を停止し、倒産してしまう。社会局の調停で成立した労働者の解雇条件は、①六カ月分の賃銀を支給、②復業する時には優先的に原労働者を雇用する、というものであった。[31]

また、河南省衛輝の華新紗廠でも一九三四年六月一七日に「三・八制」の取消しが宣言され、労働者五〇〇余人が解雇され、一二時間二班労働制が採用されることになった。一八日にはこれに反撥した解雇労働者五〇〇余人が工場を包囲して復工を請求したが、当局の調停によって工場側が解雇金と見舞金を支払うことで妥結した。その後、午後九時三〇分に夜工が開始される時、労働者側は労働時間の増加にもかかわらず賃銀が減少したことに反発してストライキに突入した。この争議は、工場検査員趙聴竹や地方各機関人員の調停を経て、二四日に労働者側の賃上げ要求が認められて解決している。[32]

以上の「三・八制」廃止をめぐる二争議から以下の三点を確認しておこう。

第一に、工場法推進派グループによって、好況期の生産拡大を背景として導入された「三・八制」が恐慌の進行するなかで維持できなくなったこと。「三・八制」を採用していた他の諸工場もこの時期にすべて廃止しており、紡績業に関する限り、省営の湖南第一紡織工場が「工場法実施暫行細則」を定めて一〇時間労働制を採用していたのを除き、労働時間の制限を守っている工場はなかったといわれる。[33]しかし、この時期は停業・倒産が普遍化していた時期であり、これによって「三・八制」そのものの失敗を結論することはできないであろう。「三・八制」が限られた機械設備を多数の労働者によって有効に使おうとしたものであったため、好況期の生産拡大期には有効に機能し得たものの、不況期に入り操短が必要になった時、過剰労働者の処分問題が発生したのである。しかし、これによって、工場法施行反対派が勢いを得たこともまた事実であった。

第二に、恐慌下における労働者の地位はきわめて不安定なもので、労資関係にあっては圧倒的に資本家側の力が大きかったことである。労働者側は、資本による一方的停業、解雇、労働条件の改悪などに対して、政府当局の調停や工場法の規定などによって抵抗し得たのみで、これまでの生活を維持することすら困難な状況であった。

第三に、宝成紗廠にみられるように、恐慌の進行につれて、銀行資本の綿紡織業支配が強まり、産業資本の地位が国民経済のなかで低下しつつあったことである。この時期を境に、紡織業などの工業資本も「政治的力に依拠する方向をとらざるをえなかった」といわれる。(34) したがって、恐慌下での工場法実施に対する資本家側の抵抗は大きかったものの、最終的には政府の方針に反対できない状況が生まれつつあったものといえる。

以上、きわめて不十分ではあるが、この時期の労資双方の工場法に対する対応をみてきた。最後に、恐慌進行下にあっても、労働者福利事業を推進させていた工場のあったことを確認しておこう。

中国で最大の絹織物工場である美亜織綢廠では、徒弟教育、補習学校の開校、講演会の開催、図書館の拡充などへの取り組みが、積極的に推進され、大きな成果をあげていたといわれている。(35) また、中新第三紗廠でも、従来の中新小学校の開校、女子宿舎の改良（一九年夏）、女子工作伝習所の設置、職工医院の組織（三二年秋）などの事業を継続し、一九三三年春には、病院の建設、「労工自治区」の建設などが行なわれ、(36)「新しい労働者」像を求めて実験的な試みが始められている。

〔5〕 各地の実施状況

1. 工場検査の進展状況

中央工場検査所の作成した「工廠検査実施程序」に基づいて、「第一期実施計画」に着手することになっていたのは**表17**のとおりである。まず、この時期（一九三三年八月～一九三七年七月）に各地で工場検査がどの程度進展したのかを概観することから始めよう。(37)

表17　1934年以降の工場検査概況

省市	開始	完成	検査員	月予算	検査対象工場（労働者数）
山東省	1934年7月	1934年12月	王録勛（2期生）、鍾秀山（2期生）	440元	37工場（6,529人）
青島市	1934年6月	1934年12月	李士魁（1934.7～訓練合格）、劉崇璐（1933.7～試用）	不明	79工場（29,078人）※うち外資工場35
威海衛特区	1934年9月	1934年12月	黄體仁（1期生）	不明	2工場（63人）
河北省	1934年10月	1935年3月	李金坡（1期生）	不明	28工場（14,382人）
天津市	1934年7月	1935年6月	4名（氏名不詳）	270元	92工場（20,100人）
北平市	1934年8月	1934年11月	蔡済生（1934.7～試用）、陶容海（1934.7～試用）	150元	31工場（2,920人）
江蘇省	1935年1月	1935年12月	程啓元（1期生）	200元	206工場（74,638人）
南京市	1934年10月	1935年2月	婁良海（1934.4～試用）、劉華国（1934.4～試用）	年間7140元	25工場（3,554人）
浙江省	1934年8月	1935年6月	葉海寞（1期生）	不明	53工場（15,579人）
上海市	—	—	田和卿（1期生）、江之永（1期生）、盧済滄（1期生）、李崇樸（1期生）、沈日升（2期生）、李樹徳（2期生）、呉冰梅（2期生）、王爔予（2期生）	3000元	1,186工場（214,736人）
湖北省	1934年7月	1934年12月	王伯軒（2期生）ほか1名	500元	不明
漢口市	1934年7月	1934年12月	包君達（2期生）	160元	69工場（17,398人）※うち外資工場9
湖南省	1934年8月	1935年6月	劉仲麟（1934.8～試用）	300元	39工場（8,940人）
山西省	1934年10月	1935年4月	不明	不明	27工場（7,923人）
河南省	1934年7月	1934年9月	趙銘軒（1933.10～試用）、劉延實（〃）	400元（3人）	24工場（8,810人）
陝西省	1934年8月	1934年12月	不明	不明	2工場（82人）
安徽省	—	—	1名	年1000元	42工場（3,656人）
雲南省	—	—	不明	不明	16工場（4,011人）
江西省	—	—	不明	不明	2工場（772人）

①　山東省

山東省では、一九三三年九月から一九三四年三月までの財産難による中断を経て、一九三四年四月に独自の第二次検査が開始されている。済南市、烟台、長山、濰縣、済寧の一市四県に存在する工場法適用三五工場で、第一次検査（表16参照）と同内容の検査が行なわれたが、改善された形跡はほとんどみられない。

一九三四年七月から一二月には、「山東省工廠検査第一期実施計画」に基づいて工場検査が行なわれているが、検査結果は知り得ない。また、一九三六年七月以降も検査員二名、毎月の予算四四〇元で工場検査が継続されている。

②　青島市

青島市でもこの時期の初期には、

労働時間の規定、労働者宿舎の衛生など独自の検査が行なわれている。一九三三年一一月に行なわれた工場調査によれば、工場法適用七九工場のうち三五工場が外資工場であった。

また、一九三四年九月一日から一二月末までは、「青島市工廠検査第一期実施計画」に基づいて、幼年工・女工・徒弟の保護に関する事項を中心とした検査が行なわれている。

③　上海市

上海では、租界内施行交渉の停滞によって、一九三三年以降、工場検査は中断されている。しかし、一九三六年七月以降は、八人の検査員によって毎月三、〇〇〇元の検査経費をかけて検査が継続されている。工場数が多いため、詳細な調査結果は発表されなかったが、検査内容は他の省市に較べて綿密であり、安全・衛生に対しても厳しい注意が払われていたといわれる。

④　浙江省

浙江省では、まず一九三二年一一月以来の初歩検査を完成させることに全力が注がれた。「第一期実施計画」は、一九三四年八月に開始されているが、検査員が一名でしかも他の職務もかかえていたため、十分な結果を得ることはできなかった。一九三六年八月には再び検査を開始するが、工場検査のための独立した予算は組まれていない。

⑤　江蘇省

江蘇省は、中央工場検査所成立以降、急速に検査が進展した地域のひとつである。省内の工場法適用工場は二〇六工場で、無錫に六一工場が集中していた。江蘇省では財政難の為、検査員として程啓元一人しか雇用できなかった。そこで、中央工場検査所の協力を得て、無錫を重点地区として検査を進めた。一九三四年一一月までに無錫の三二工場の検査を終えている。その後の状況は知り得ないが、第一八回ＩＬＯ代表大会でも無錫の工場検査完成が租界内施行問題の鍵とされていることからみて、積極的に推進されたことが予想される。

⑥　南京市

南京市でもこの時期に工場検査が急速に進められた。その理由は、首都で法令が十分に履行されなければ、他地域に悪影響を及ぼすこと、とりわけ上海、天津の租界内施行に重大な影響を及ぼすという点にあった。しかし、南京は工業都市ではなく、工場法適用工場は二〇工場にすぎなかった。

⑦　天津市

天津市では、一九三四年七月から「第一期実施計画」に着手した。天津市の工場法適用工場は九二工場であった。しかし、租界問題が未解決であったため、検査の進行は困難をきわめたといわれる。一九三六年七月以降も、四人の検査員の手で、毎月二七〇元の経費をかけて検査が継続されている。

⑧　河北省

河北省では、一九三四年一〇月に「第一期実施計画」に着手しているが、中央の規定に違反して「工場監察員制度」（内容は不明）を設けていたため、検査員はその制約を受けて十分な検査を行なえなかったといわれる。一九三六年七月以降も「工場監察員制度」は改められていない。

⑨　北平市

北平市では、工場検査人員養成所卒業の二名が他の職についたため、陶容海、蔡済生の二名が検査員として試用された。一九三四年八月に開始された「第一期実施計画」は比較的順調にすすみ、工場法適用三二工場で工場管理、労働者待遇、機械設備、安全設備、衛生設備などの検査が行なわれ、改善勧告が出されている。また、「設備不良の小工場も同時に検査して取締ま」ったという。

⑩　河南省

河南省でも検査員が不在であったため、一九三三年一〇月に、中央の承認を経て、二名の検査員が黄河以南（劉延実と黄河以北（趙銘軒）とを分担して検査することになった。一九三四年七月に開始された「第一期実施計画」では、工場法適用二七工場を対象に、安全・衛生、傷病・災害、労働時間・休日などが検査されている。また、一九三六年七月以降には、更に検査員が一名増加され、毎月四〇〇元の予算で積極的に推進されている。

⑪　漢口市

漢口市では、一九三四年七月に「第一期実施計画」に着手し、宣伝、調査、検査という三段階の工作が積極的に推進された。漢口市の工場法適用工場は六〇工場であり、そのうち九工場は英米煙草公司などの外資工場であった。漢口では、この時期にこうした外資工場も含めて第一期検査を終了させており、「外資系工場の検査に先例を開いた」といわれている。

⑫　その他

威海衛、湖北省、湖南省、山西省、陝西省、江西省、雲南省、安徽省などでも「第一期実施計画」が施行されたといわれるが、詳細は知りえない。

以上、各地での工場検査の進展状況をみてきたが、ここで簡単に整理しておこう。

第一に、工場検査の実施された地域が更に拡大され、一二省六市一特別区になったことである。しかも、実業部が「模範区」に指定していた六都市（上海、青島、天津、漢口、無錫、広州）のうち、広州を除く五都市で検査が進展し始めていた。とりわけ、この時期には、無錫と漢口での検査が急進展をみせていた。一九三四年前後には、広州を除き、工場検査の必要な主要省市での検査は開始されていたのである。

第二に、租界内施行交渉の停頓によって、上海、天津など租界を有する都市での検査の進行が困難をきわめていたこと。とりわけ、初歩検査を終了させていた上海では、租界問題が解決しない限り、次の段階には進めない状況であった。

第三に、検査内容や検査方法が、中央工場検査所の制定した「工廠検査実施程序」に基づいており、地域の実情に応じて多少の変更はあるものの、ほぼ統一されていたことである。これは、一九三三年七月以前の検査と決定的に異なっている点である。

第四に、検査体制はかなり改善されているものの、まだ完全なものにはなっていなかったことである。たとえば、検査員が他の職務を兼任していたり（浙江省など）、別に「工場監察員制度」を設置したり（河北省）、中央の方針に違反している例がいくつかみられた。

以上、この時期の工場検査は、（検査体制上の不備、租界内施行問題未解決による検査の停頓など）いくつかの問題を残しつつも、全体としては、中央工場検査所の成立によって、順調な進展を開始し始めていたものとみてよいだろう。

2．労働者福利事業の進展状況

南京政府による労働者福利事業への取り組みは、工場法施行前後から開始されていたが、一九三三年半ば以降、「長足の発展を遂げた」といわれる。ここでは、工場法の規定と密接に関係するものについて概観しておこう。(38)

① 労働者住宅

一九三〇年代前半には、各地で「労工模範新村」の実験がすすめられていたが、一九三五年以降、**表18**の如く、本格的な建設が開始されている。他にも天津、北平、杭州、無錫、重慶などの県市でも、積極的に建設されていたといわれている。また、他に杭州、寧波などの社会機関の手による救済院や中新第三廠の「労工自治区」など大規模な工場の施設などにも、注目すべき進展がみられる。

② 儲蓄事業

一九三一年四月に「工人儲蓄暫行辦法」が公布されているが、一九三五年六月現在の調査では、ほとんど進展していない。報告のあった北平、青島、漢口など一〇省市で、儲蓄会は二五にすぎなかった（工会が行なっているもの五、雇主が行なっているもの一八、その他は二〇。

③　託児所

女工を雇用する工場は、哺乳室を設け、可能な範囲内で託児所を設置することになっていた。しかし、一九三六年段階ではきわめて少数の大工場に設置されていたにすぎない。社会施設としても、上海、南京、杭州、青島、広州などで設置されているがきわめて不十分であった。そこで、実業部は一九三六年に「工廠設置哺乳室及託児所辦法大綱」を公布し、女工を雇用する工場に強制的に設置させることになったのである。

④　教育施設

「生産効率を増進するためには労働者教育が不可欠である」との認識から、南京政府は労働者教育を積極的に推進している。一九三三年の調査（六省三市二県）では、労働者学校が三六四校あり、そのうち二三〇校が工場労働者を対象としたものであった。一九三四年五月には、上海、無錫、青島、天津、漢口の五カ所に労働者教育実験区が設立され、本格的な取り組みへの準備が開始されている。

⑤　災害賠償

工場法には、労働保険法が施行されるまで、職務執行中の受傷あるいは死亡者に対し工場側が賠償金を支払うよう義務付けられていた。鉄道や郵便などの国営事業所では、法律によって明確に規定されていた（「鉄路員工撫卹辦法」など）が、私営企業の場合にはこの種の賠償を享受できた例はきわめて限られていたといわれる。一九三五年に集められた一九四の労資団体協約のうち、災害賠償の規定があったのは九四であったといわれる。

表18　労働者住宅の建設状況

	予算（予定）	建設状況（1936年中旬まで）
上海	100万元	4カ所　1,062戸
南京	280万元（7年計画）	不明
漢口	40万元（10カ所、1,000戸）	3カ所（同時に貧民宿舎も完成）
湖南	3カ所	1カ所完成（その他は建築中）
青島	不明	700軒
広州	不明	2,400人分建設

以上、工場法の規定と関係するものを中心に、この時期の労働者福利事業の進展状況を概観した。全体的にみれば、きわめて不十分であり、ようやく本格的な取り組みが開始されようとしていた段階にあったといえる。しかし、工場検査と並行して、こうした労働者福利事業への取り組みが続けられていたことの意義は、評価しなければならないであろう。工場法の施行を完全なものにするためには、こうした環境の整備（たとえば、工場労働を禁止された一四歳未満の児童を収容して教育する施設）が不可欠であるからである。また、少数の大規模な工場では、この時期にはかなり充実した福利施設を備えていたことも詳細に報告されている。(39)

〔6〕総括

六での考察を整理しながら、南京政府工場法の施行過程全体を通じてのまとめを行なっておこう。

一九三三年八月の中央工場検査所の成立によって、中央集権的な工場検査制度が確立し、工場法の漸進的施行が開始された。これは、南京政府の工場法施行体制が、ほぼ確立したことを意味している。

これによって、工場法施行体制の不備を理由に、南京政府の租界内工場検査権要求を拒否してきた帝国主義諸国は、その根拠を失ったのである。一九三六年の交渉では、帝国主義諸国は、「治外法権に抵触する」として、中国側の工場検査権を否認せざるを得なかった。これは、民族矛盾の顕在化を意味している。しかも、租界内施行交渉の過程で、英・仏など西欧諸国が、次第に南京政府の要求に譲歩する姿勢を示しつつあったのに対し、日本は在華紡というその密接な利害関係の故に、ここでも必然的に中国との対立を深めていったのである。

一方、工場法施行に対する中国資本の対応は、一部の大資本家層が推進勢力となっていたものの、大半はその施行にきわめて消極的であった。資本家側は、その最大の理由として、工場法の規制を受けない租界内工場との競争上での不利をあげていた。したがって、租界内施行交渉がこの時期に解決し得なかった以上、南京政府がより広範な資本家層の協力を得ることは困難な作業とならざるを得なかった。しかも、恐慌の進行するなかで、資本家層の工場法に対する否定的な動きも、かなり顕在化しつつあったのである。

これに対し、労働者側は工場法の施行に対して、次第に積極的な対応をみせ始めていた。恐慌の進行するなかでの資本側の攻勢に対し、工場法は、労働者の最低限の生活を守るための唯一の武器として機能し始めていた。したがって、不安定な雇用状況のなかで、労働者にとっては、工場法の完全な施行要求こそが、みずからの生活を守り改善するための唯一の方法として意識され始めていたのである。南京政府の工場法租界内施行交渉に対する、労働者の積極的な支援闘争は、こうした「工場法体制」とでもよびうるような状況を背景として展開されたものであったと思われる。

さて、南京政府工場法の実施状況は、工場検査、労働者福利事業、労働協約としての機能のいずれの側面をとってみても、きわめて不十分なものであった。しかし、きわめて不利な状況（恐慌の進行、租界問題など）を考慮すれば、実施状況の不十分さをもって、その意義を否定することはできないだろう。工場法施行直前の一九三一年前半に、上海における工業実態調査をもとに、南京政府の工場法をあまりにも現実と掛け離れているとして批判した陳達も、一九四六年の上海における労働条件調査の結果、工場法の効果が若干表われ始めていたことを認めている(40)。

南京政府の工場法に込められた政策意図に関しては、資本家層の抵抗、恐慌の進展という現実のなかで、次第に生産政策としての側面が強められていったことが確認できた。「健全な労働力」を確保し生産効率を高めるというねらいが、どの程度実現されたのかを、全体として測定することは困難である。しかし、工場法が恐慌下において労働者の生活を守る最後の砦として機能していたという事実は、個別資本の利害をこえて、工場法が生産政策としての最小限の役割を果し得ていたことを示しているとみることができよう。

六　注

(1) この時期の政治過程については、波多野前掲書などを参照。
(2) これについては、最近いくつかの研究が発表されている。石島紀之「南京政権の経済建設についての一試論」(『茨城大学人文学部紀要』第一一号、一九七八年三月)など。
(3) 奥村哲「抗日戦争前中国工業の研究をめぐって」(『東洋史研究』三五巻二号、一九七六年九月)。なお、一九三五年半ばを境に政治的にも経済的にも大きな変動があるが、ここでは資料的な制約もあって、一九三三年八月以降を一括して論じている。
(4) 前掲『年報』一章附録、二九〜四一ページ。
(5) 同右書、二章一節、一〜二ページ。
(6) 同右書、二章二節、三ページ。
(7) 同右書、巻末附録、二〇〜二一ページ。
(8) 同右書、三章一節、二ページ。
(9) 同右書、三章一節、一六ページ。
(10) 同右書、三章一節、一四〜一六ページ。
(11) 同右書、三章一節、一二ページ。
(12) 同右書、三章一節、三〜一二ページ、および『紡織周刊』四巻二一期(一九三四年五月二一日)。
(13) 同右書、三章一節、二〜三ページ、なお、注(9)〜(13)については前掲『二十二年鑑』三編四章でも確認できる。
(14) 「中央工廠検査處検査科科長程海峯氏談」(『紡織周刊』四巻四期、一九三四年一月二二日)によれば、工場法を四期八年計画で実施していく予定であることが紹介されているが、最終的には五期一〇年計画に変更されたものと思われる。
(15) 前掲『年報』三章二節、一八ページ以下。
(16) 同右書、三章三節、八九ページ。
(17) 同右書、三章、一〜二ページ。

(18) 第一八回ILO代表大会およびその後の外交折衝については、前掲『年報』五章五節、七～九ページによる。
(19) アンダーソン女史は、すぐに日本代表団と二度の会談を持ち、「日本代表団は帰国後調印を試みる」約束をしたという。
(20) 「滬租界工廠檢査問題」(『紡織周刊』五巻一八期、一九三五年五月一一日)。
(21) 以上の経過については、「上海市總工會請實業部力争租界工檢主權」(前掲『中国労工運動史』第五編)一二六二～一二六三ページによる。
(22) 前掲『年報』序一。
(23) 同右。
(24) 任尚武「與紡織同業討論實行工廠法」(『紡織周刊』三巻五一期、一九三三年一二月一八日)。
(25) 王世毅「為全國經濟委員會棉業統制委員會華北調査團團長聶先生借箸一籌」(『紡織周刊』四巻一八期、一九三四年四月三〇日)。
(26) 「紗廠減工問題嚴重」(『紡織周刊』三巻一七期、一九三三年四月二一日)、「紗廠停夜工問題召集大會」(『紡織周刊』三巻二八期、一九三三年七月七日)など。
(27) 『紡織周刊』三巻三四期(一九三三年八月一八日)、一〇六二ページ。
(28) 『紡織周刊』三巻三五期(一九三三年八月二五日)、一〇九一ページ。
(29) 『紡織周刊』三巻三八期(一九三三年九月一五日)、一一七五ページ。
(30) 『紡織周刊』三巻四〇期(一九三三年九月二九日)、一二三三ページ。
(31) 「天津寶成紗廠停工」(『紡織周刊』五巻二八期、一九三五年七月一九日)。
(32) 『紡織周刊』四巻二六期(一九三四年六月二五日、六七一ページ)、同四巻二七期(一九三四年七月二日、六八七ページ)。
(33) 『紡織周刊』四巻二六期、六五七ページ。
(34) 前掲、石島論文、五九、六四ページ。
(35) 「美亜織綢廠最近幾年恵工工作」(『紡織周刊』三巻一〇期、一九三三年三月一〇日)。

(36)「中新三廠勞工自治區概述」(『紡織周刊』四巻一二期、一九三四年三月一九日)。
(37) 以下(表17も含めて)前掲『年報』四章、前掲『二十二年鑑』三編四章、および「行政院工作報告關於實業者(對五届三中全會報告)」(『抗戦前國家建設史料、實業方面』革命文献七五輯所収)による。
(38) 以下、呉至信「中国勞工福利事業之現状」(『民族』四巻一〇期、一九三六年一〇月)による。
(39) 呉至信『中國恵工事業』(一九四〇年)。調査年度は、一九三七年三月から六月末までで、三五の工場がとりあげられている。
(40) Ta Chen, "The Labour Policy by the Chinese Government and its Reaction on Industry and Labour", *International Labour Review* Vol XXIV No. I (Jan. 1949).

おわりに

以上、南京政府工場法の立案・施行過程における、政策意図とその変化、労資双方および帝国主義諸国の対応、実施状況などについて、不十分ながら論じてきた(1)。ここで、はじめに掲げた二つの課題に即して、これまでの考察を整理し、きわめて粗雑なものとならざるをえないが、南京政権論、抗日民族統一戦線論に対する、現時点での筆者なりの展望を若干示しておきたい。

戦後、南京政権を「大買辦大地主」のファッショ的政権とする通説的理解の影響で、南京政府の労働政策は、その抑圧・指導・統制という側面のみが強調されてきた。しかし、本稿で行なった工場法の立案・施行過程の考察によって、南京政府の労働政策は、その抑圧・指導・統制という枠組みのなかではあるが、政策意図においても、実際においても、労働者保護によって「健全な労働力」を確保するという生産政策的側面を強く持つものであったことが、ある程度明らかになった。また、実際の施行過程では、資本家の抵抗によってほとんど効果をあげえなかったものの、工場法の規則によって労働者保護を実現させることが「私的資本主義」の発展の抑制にもつながるものとして理解され、工場法には、孫文の民生主義にみられる国家資本主義的政策の具体化としての意図も込められていたのである。さらに、工場法の租界内施行をめぐる問題は、南京政府のかかえる「帝国主義列強の中国における権益の擁護・拡大と中国の民族的利益の間の矛盾」[2]のなかで、南京政府に後者の道を選択させるひとつの要因として、労働者の闘争が存在していたことを示唆している。こうした点から、南京政府の経済建設は、はじめから民族的自立の経済的基盤を形成するひとつの路線としてあったのではなく、労働者の運動をも含めた民衆運動をひとつの契機として、はじめてそうした性格を持つものとしてたちあらわれ得る可能性を持ち得たと理解し得るのではないだろうか。

次に、南京政府の労働政策を別の角度から評価すれば、それは「健全な労働力」を確保するために必要な限りで、労働者を保護しようとするものであった。これは、孫文の民生主義にもとづいて、いかなる粉飾がほどこされようとも、「反人民的・非民主的性格」を持つものである。しかし、こうした政策が恐慌の進行するなかで、個別資本による労働力の食い潰しを、実際にある程度阻止し、労働者の最低限の生活を守る機能を果していた事実は、その政策の主観的意図にかかわらず評価されなければならない点であろう。南京政府の労働政策が、単なる抑圧・指導・統制という面だけではなく、こうした結果的には労働者の改良主義的な経済要求に対し応え得るという面を持っていたからこそ、階級的組合運動に対置するものとして、三〇年代において改良主義的組合運動が存立し得たのである。また、南京政府はそうすることによってはじめて労働者階級からの一定の支持をとりつけ得たのである。少なくとも、工場法の恩恵にあずかった、機械を使用し、三〇人以上の労働者を雇用する工場に働く、相対的に地位の安定した熟練労働者層のなかには、南京政府に対するある種の「幻想」が生まれていたのである。[3]ここに、抗日民族統一戦線が、「反蔣抗日」ではなく、「逼蔣抗日」あるいは「連蔣抗日」として沸きあがってきた理由のひとつを求めることができるのではないだろうか。

しかし、労働者の圧倒的多数は、「原生的な労働関係」が支配的であったといわれる、[4]工場法の適用を受けない工

表19　1927-1938年 中国における労働争議・ストライキ・組合数・組織労組者数

年	争議数	争議参加者数	ストライキ数	ストライキ参加者数	組合数	ILOに報告された組織労働者数
1927			110*	230,256		
1928			120*	213,966	1,117	
1929			111*	68,887		
1930	87*	64,130*	82		741	
1931			145			
1932	317	306,160（109件で）	104	128,325（41件で）	647	421,329
1933	296	119,943（ 84件で）	79	60,605（37件で）	695	422,730
1934	261	135,656（ 93件で）	84	49,955（36件で）	759	462,742
1935	300	323,884（121件で）	141	176,993（68件で）	823	469,240
1936	278	258,672（131件で）	134	215,490（72件で）	872	734,764
1937	297	199,718（153件で）	141			
1938	81	92,164（ 54件で）	23			

注：*は上海のみの数字。空欄は不明。

場の労働者や恐慌下で絶えず失業の危機にさらされていた不熟練労働者層であった。南京政府の労働政策は、明らかに労働者階級の分断を狙ったものであり、少なくとも一時的には、それに成功していたといえよう。しかし、こうした南京政府に対する「幻想」を持ち得ない労働者層が、民族解放闘争の場で、みずからの生活の改善を掲げてたちあがる条件を得た時、南京政府の労働政策は矛盾を露呈する。それは、蔣介石の抗日戦略の破綻へと連なり、南京政府は中共と合作し、労働者をも含めた民衆の抗日運動を容認する方向へと転換せざるを得ない状況が生まれ、またそれを生み出すひとつの要因として労働者の闘争があったのである。⑤

南京政府の労働政策は、「アメ」と「ムチ」を巧みに使い分け、みずからの政策を実現するために必要な「健全な労働力」を確保しようとする、きわめて矛盾にみちたものであった。南京政府下の労働運動は、こうした労働者支配体制の下で、前衛党から隔離され、恐慌の進行にともなう労働条件の劣悪化、雇用の不安定という厳しい状況を背景として、改良主義的な経済闘争を不断に展開する（表19参照）⑥なかで、民族矛盾を媒介としつつ階級意識を鮮明にし、再び階級としての力量を形成していくのではないだろうか。

以上、きわめて大雑把な展望を述べてきたが、これらについては今後の課題として検討をすすめていくことにしたい。

おわりに　注

（1）南京政府工場法の立案・施行過程において、十分考慮されるべき以下の諸点に関しては、その多くを今後の課題として残している。①国民党内各派、南京政府官僚内部における工場法に対する認識の相違、②ソビエト政権における中共の労働政策が南京政府工場法に与えた影響、および中共による南京政府工場法批判、③工場労働の実態と南京政府工場法との関係、④工場法の施行をめぐる中央政府と地方政府との矛盾、⑤南京政府の経済政策全般との関連、⑥一九三五年以降の恐慌離脱過程における労資双方の工場法認識および対応、など。

（2）姫田光義「中国の『ファシズム』と『反ファッショ』」（『日本ファシズムと東アジア』一九七七年、所収）、一六四〜一六五ページ。

（3）今井駿「抗日民族統一戦線と抗戦戦略の問題――国民党系の抗戦戦略論をめぐって――」（藤井昇三編『一九三〇年代中国の研究』一九七五年）。

（4）遊部、前掲書、一四〇ページ。

（5）遊部、前掲書によれば、一九三三〜三四年に上海では、労働者五人以上の工場が三、六四四存在し、そのうち工場法の適用を受ける工場は、一、二八四工場であった。

（6）Nym Wales, *The Chinese Labour Movement*, 一九四五、一六六〜一六七ページより作成。

補記　原載は『中国労働運動史研究』誌。一九八二年から一九八三年にかけ、以下のように分載された。広田寛治「南京政府工場法研究序説（一）」同誌第一〇号、一九八二年、同「南京政府工場法研究序説（二）」同誌第一一号、一九八二年、同「南京政府工場法研究序説（三）」同誌第一二号、一九八三年。

資料一　中国労働運動史研究会の軌跡

菊池敏夫・高綱博文

本稿は、中国労働運動史研究会の会員による研究成果を紹介する形で同研究会の軌跡をたどったものである。なお、文中、敬称を省略したことをお断りしておく。

中国労働運動史研究会は一九七六年に中国の労働運動史に関心を抱く学生・若手研究者たちによって設立された。一九七七年には機関誌『中国労働運動史研究』が創刊された。それはその後約一〇年間にわたって第一六号まで刊行され、合計四〇本前後の論文・研究ノート・史料紹介・書評・翻訳などを掲載してきた。また一九七八年には日本文・中国文の文献を集約した『中国労働問題・労働運動史文献目録』（汲古書院）を出版した。これは日本と中国で刊行された中国労働問題・労働運動史関係の文献三六〇〇点を分類・整理したものである。同研究会は一九九一年まで活動をつづけたのち休会し現在に至っている。それは会員の多くが一九八〇年代後半以降、その問題関心を労働運動史から都市史、経済史、企業史などにそれぞれ転化・発展させていったことと関係している。たとえば一九九〇年に設立された日本上海史研究会には、中国労働運動史研究会の会員が何名か参加するといった具合であった。

さて、はじめに中国労働運動史研究会が設立される以前の日本における中国労働運動史研究について言及しておく。まず戦前における中国労働運動・労働問題の研究には、鈴江言一の『中国無産階級運動史』（のち『中国解放闘争史』と改題し出版された）に代表されるような、中国革命を主体的に受けとめ、革命の基本潮流を明らかにしたものもあるが、量的に圧倒的に多いのは満鉄研究陣を中心とする植民地経営的観点に立った中国労働者の性格・状態分析、労務管理研究であった。次に戦後の研究では、中国革命の勝利という政治過程の現実につよく依拠するものが多かった。つまり中国共産党指導下の労働運動の高揚を取り上げたり、それらの運動の頂点を単線的にたどるような研究が多く、そのほとんどが革命史研究の一環に位置づけられた。これらの研究は、戦前の研究成果の批判的継承も不十分であり、中国労働運動の具体的な姿を実証的に検証しようとする姿勢にも乏しく、政治的評価に第一義の意味を求めるものであったといえよう。中国労働運動史研究会に参加した研究者・学生たちは、このような研究状況の克服を課題とするとともに、さらに今ひとつ重要な関心事として、当時中国現代史研究の主流を占めていた中国共産党とそれに動員され立ち上がった農民という二つの要素のみによって中国革命を捉える、いわゆる「農民革命論」を批判し、都市と労働者階級をも含むよりトータルな中国現代史像を再構築すべきであるとの問題意識を共有していた。(1)

同研究会が設立される少し前、つまり一九七〇年代初頭になると、これまでの研究とは全く質を異にする中国労働者階級形成論、労働運動史研究が古厩忠夫と小杉修二によって発表された。その新しい研究の波に大きな刺激を受けて中国労働運動史研究会は成立したのである。

古厩は、一方では「暗黒の時代」、他方では「民族資本の黄金時代」と呼ばれる一九一〇年代に注目した。そしてこの時期の湖南省における労働者階級の形成過程を考察した論文において、労働者階級の存在形態（あるいは賃労働の形成）は当該時期の産業形成や発展、その構造や再編の特質との関連の中で解明すべきであるという視点を提示し、湖南省の労働者階級を近代産業労働者、鉱山労働者、都市の手工業労働者、都市雑業労働者、農村工業・農業における賃労働（いわゆる「半プロ層」を含む）、破産農民・遊民という六つの形態・階層性において捉え、その階級形成の全体像を明らかにしようとした。これは、中国革命の主体を農民だけに求めるのではなく、農村の賃労働者や都市の労働者諸層を含んだ労農同盟（具体的には湖南工団連合会と農民協会）に求めようとする見方であった。(2)他方、小杉は従来の労働運動史研究が、労働運動における左右の潮流の存在、政治情勢の変動、労働大衆の未熟さを補う役割を果たした統一戦線、労働大衆の思想・意識構造、また同業・同郷幇、秘密結社などの労働者の在来組織、等々の考察に正当な注意を払ってこなかったと批判し、(3) このような問題視角から五・三〇運動に至る労働運動において右翼的潮流の代表とされていた上海工団連合会を考察し、それが独自の現状打破の論理と行動を保持していたことを解明した。(4) この両名の研究によって中国労働運動史研究が直面していた課題や論点、そして分析視点と叙述方法などが、はじめて学問的な確かさと具体性とを以て提示された。その後も引き続き、古厩は湖南の労働運動を、また小杉は五・三〇運動をそれぞれ論じていった。(5)

中国労働運動史研究会ははじめ古山隆志・菊池敏夫・高綱博文によって結成されたが、まもなく木村郁二郎・古厩忠夫・久保亨・広田寛治・佐藤明子・上野章・斎藤哲郎・黒山多加志などが相次いで参加した。木村郁二郎は中国労働運動史研究の必須の工具書ともいうべき『中国労働運動史年表』（汲古書院、一九七八年）と『中国労働運動史資料四種人名索引』（汲古書院、一九八一年）を独力で完成し出版した。また木村は中国共産党の労働運動指導者鄧中夏と国民党右派の労働運動指導者馬超俊のそれぞれの年譜を発表した。(6) このうち前者は木村のライフワークとなり大作『鄧中夏とその時代』（汲古書院、一九九四年）として結実した。

高綱・古山・菊池は一九一〇～一九二〇年代の近代産業における労働者の実態をその生産過程に即して把握し、それを踏まえたうえで労働争議史や労働組合運動史の分析を深めようとした。高綱は紡績・鉱山・鉄道労働者、(7) 古山は造船・海員労働者、(8) 菊池は鉄道・造船労働者について、(9) それぞれ、生産＝労働過程における労働力や労働力編成の具体的解明とその特質の把握、さらにそれらをベースとした労資関係の産業的特質把握を踏まえて運動史に迫るという視点と方法をもって、労働者状態史と労働運動史との統一的な、整合的な把握を試みようとした。これらの研究によって、一口に近代産業労働者といってもその在り方はきわめて多様であり、大きく分けても「熟練工」と「非熟練工」という範疇の異なる労働者が存在し、そのなかで労働組合運動や経済闘争の主要な担い手は主として前者であり、また後者の労働運動への参加が闘争や運動の急進化を招く要因となることが多かった、という当該期労働運動の一特徴が明らかにされた。また菊池は清末福州船政局の労働力編成や機械工の熟練形成・確保問題を取り上げ、開港後の広東は中国最初の機械工養成地で、清末、福州や上海の江南製造局など各地の近代産業における機械工需要に際し最有力の供給地であったが、福州はその機能を受け継ぎ、民国初期の工業化の過程で熟練の新たな給源となっていったと論じた。

古廐は五・四時期上海の労働諸団体の実態分析を行い、それらを、「実業救国」路線をとるブルジョア民族主義的潮流の労働運動として位置づけ、それが当時の中国労働運動の主流をなしていたと主張した。当時流行語でもあった「労工神聖」などの概念もプロレタリア的スローガンにとどまっていたのではなく、むしろ「実業救国」という中国におけるブルジョア的必要の表明であったのである。このような視点から、彼は当該期の上海労働大衆の実態を近代産業労働者・商業部門労働者・手工業労働者・雑業労働者・ルンペンプロレタリアートの諸階層として具体的に捉え、それぞれの五・四運動への対応を考察した(10)。

この頃の古廐の研究をまとめておく。湖南の労農同盟、上海の「ブルジョア的潮流の労働者運動」およびブルジョアジーそのものにまで拡がった研究が展望するのは、新民主主義革命論である。古廐の研究には、新民主主義革命の担い手たちがいかなる条件の下で生まれ、成長していったのかという観点がいつでも根底にあった。また、その担い手も、農民とか、労働者とか、ブルジョアジーとかいった一つの階級や階層ではなく、いつでも複数の、ある限りの階級や階層の連合した姿であった。労働者階級もこのような連合体の一環を担うものとして位置づけられていた。かかる特徴をもつ古廐の労働運動史研究の枠組みは、当時、同時進行的に取り組まれていた統一戦線史研究とともに、その後の環日本海研究、「クレオール上海」論、ネットワーク論などの枠組みづくりに、深く関係していったと考えることができる。

さて、研究会の関心は当初どちらかといえば一九二〇年代に絞られていたが、久保はこの枠を取り払うべく上海郵務工会を事例として、一九二七年「四・一二」以降、南京国民政府下で労働運動の主流を占めるに至った改良主義的組合運動に詳細な検討を加えた。また、久保は一九二五〜二七年における武漢の労働運動を考察し、そこでの主要な労資紛争は手工業職人・商店員などの労働者層と彼らの雇用主たる中小ブルジョアジー層との対立によるものであり、武漢政府はこの対立矛盾を「調整」する政策を実施したことを明らかにした(11)。

広田は広東機械工の一九二一年の争議を検討し、この時、彼らが一九一〇年代の民族ブルジョアジーの影響から脱却していたと指摘した。さらに機械工と同様に国民党主導下に組織されつつあった広東の手工業労働者・職人層をとりあげ、彼らの諸争議の分析を通じて一九二二年一〇月に成立した広東総工会の変容と動揺、サンディカリズム（組合主義）を標榜する新たな労働運動の潮流が形成されたことを論じ、そしてそれらの意味するところを考察した。また広田は南京国民政府の労働政策、なかでもそれまでとりわけ軽視あるいは否定的に評価されてきた工場法をとりあげ、立案・施行過程、さらに実施状況を実態に即して具体的に検討した。その結論として南京国民政府の労働政策は「健全な労働力」を確保しようとする生産政策的側面を強く持つものであり、それは一九三〇年代の改良主義的組合運動の現実的基礎・条件を創り出したと指摘した(12)。

佐藤は一九二〇年代前半の上海製糸業女子労働者の運動を考察し、紡績業では労働運動の初期には男子労働者が指導したのに対して、製糸業の運動を推進したのは常に基幹的な生産過程に従事する繰糸女子労働者であったとし、彼女たちが在来の「帮」組織から自由になり総工会に結集していく過程を明らかにした。また、佐藤は紡績業における「工頭制」を分析し、それを資本による労務管理制度の一つとして捉え、労働運動における「工頭」の役割を検討した(13)。

上野は「四・一二」以降の南京国民政府統治下の上海製糸業における職員と男子労働者の労働組合運動を詳細に分析し、その意義を明らかにした(14)。

黒山は、研究会においても従来あまり論じられることのなかった天津に着目し、一九二五年の紡績業労働争議を分析し、その争議の主導者が「熟練工」層であり、同時期の上海紡績業争議とは異なり「非熟練工」層が争議主体として登場していないことを指摘した。また、黒山は郵務工会の大立者であり、南京国民政府下の改良主義的組合運動の代表的指導者であった朱学範という人物をとりあげ、一九三〇年代上海の労働運動と青帮、杜月笙の恒社など秘密結社との深い関わりについて論じている。そのほかにも、黒山にはGail Hershatter の論文"Fling Hammer, Walking Chisels: The Worker of Santiaoshi" および著作 *The Workers of Tianjin, 1900–1949* の書評があり、そこでは労働者の生活、家族、文化に関する研究の必要をつよく意識しながらHershatterの研究を紹介している。また、研究会における唐玉良『中国民主革命期工人運動史略』の共同翻訳では、第四章の全訳出を分担した(15)。黒山が研究会に参加するようになったのはおそらく一九八〇年前後だと思う。最年少のメンバーだった。語学が堪能で、地道な努力を厭わない性格であった。それは研究だけでなく、雑誌づくりやその他の活動にあっても一貫していた。

一九三〇年代後半から一九四〇年代に関する労働運動史研究は当時ほとんど欠落した状態にあった。その穴を埋めるような研究もいくつか生まれた。古厩は上海における一九三六年後半～一九三七年前半の日本資本紡績業と絹織物業の労働争議を分析し、これと抗日運動との関連や国民党・共産党・救国会勢力などの対応を考察し、日中戦争勃発に際して上海労働者がどのような組織的実態にあったかを明らかにした(16)。

久保と菊池は一九三〇～四〇年代に活動をつづけた中国最大の労働団体「中国労動協会」について、その組織的実態と活動の特質を分析した。それによれば、中国労動協会は創設期には「熟練工」層が主体の労働組合の連合体の性格が強かったが、戦時・戦後期には「非熟練工」層の参加も増加し、それに伴い活動のあり方も変化したことを示唆している(17)。

斎藤哲郎は一九四八年上海の申新紡織第九廠の紡績労働者による労働争議とそれへの武力弾圧事件（「申九惨案」）

の事例研究を通して、内戦期国民政府と民衆運動の関係を考察した[18]。

労働統計は南京国民政府の成立後、比較的信頼できる形で蓄積され始めた。久保は一九二七年七月に成立した上海市政府農工商局（一九二八年八月に「社会局」と改称）による各種労働統計について総括的な紹介を行い、続いて古山はストライキ統計をとりあげ、社会局による集計・分析結果を紹介・検討し、さらに業種別にストライキ統計の再集計を試みた[19]。この統計資料のなかには古厩がアメリカ研修留学中に収集した社会局、ＩＬＯ関係の資料も多数含まれていた。

最後に、中国労働運動史上、最大の運動であった五・三〇事件・運動に関する一連の比較的まとまった研究がある。一九二五年の上海租界における同事件を考察した高綱は、五・三〇運動に関する研究史を紹介し、併せて「五・三〇運動関係文献目録」を発表した。また、高綱はその後、現地調査と新たに発見した史料にもとづいて、一九二五年の「在華紡」労働争議と五・三〇運動について再論している[20]。

注

（1）高綱博文「『中国労働運動史研究』の創刊にあたって」、古厩忠夫「中国労働運動史研究の課題」（『中国労働運動史研究』以下、『研究』と略称、第一号、一九七七年）。

（2）古厩忠夫「中国における労働者階級の形成過程——一九一〇年代湖南省におけるプロレタリアと半プロレタリア」（『歴史学研究』第三八三号、一九七二年）。

（3）小杉修二「戴季陶主義の一考察」（『歴史評論』第二七九号、一九七三年）。

（4）小杉修二「上海工団連合会と上海の労働運動についての一考察」（『歴史学研究』第三九三号、一九七三年）。

（5）古厩忠夫「省憲法体制下湖南の労働運動と統一戦線」、小杉修二「五・三〇運動に関する一考察」（野沢豊編『中国国民革命史の研究』青木書店、一九七四年）。

（6）　木村郁二郎「鄧中夏年譜・著作目録初稿」（『研究』第三号、一九七八年）、「馬超俊略年譜稿」（『研究』第八号、一九八〇年）。

（7）　高綱博文「中国近代産業労働者の状態――一九二〇～三〇年代の紡績労働者」（『講座中国近現代史』第五巻、東京大学出版会、一九七八年）、「日本紡績資本の中国進出と『在華紡』における労働争議」（『歴史学研究』〔一九八〇年度大会報告別冊特集号〕、一九八〇年一一月）、「黎明期の青島労働運動――一九二五年の青島在華紡労働争議について」（『東洋史研究』第四二巻第二号、一九八三年）、「解放前中国における炭鉱労働組織」（『日本大学史学科五十周年記念歴史学論文集』一九七八年）、「開灤炭鉱における労働者の状態と一九二二年の労働争議」（『歴史学研究』第四九一号、一九八一年）、「『満州』における炭鉱労務管理体制――撫順炭鉱労務管理成立史」（小島淑男編『近代中国の経済と社会』汲古書院、一九九三年）、「中国鉄道労働運動の展開とその構造――「二・七」事件の基礎的考察」（『歴史評論』第三二八号、一九七七年）。

（8）　古山隆志「一九二〇～二二年の香港労働者の闘い」（『歴史評論』第三二八号、一九七七年）、「五・四時期上海造船業労働者についての基礎的検討」（『研究』第一号、一九七八年）、「中華海員工業連合会の成立」（『研究』第四号、一九七八年）。

（9）　菊池敏夫「一九二〇年代中国鉄道労働運動の展開」（『転換期の歴史学』合同出版、一九七九年）、「京漢鉄道二・七惨案に関する一考察」（『研究』第六・七合併号、一九七九年）、「近代中国における機械工の形成――福州船政局労働者論ノート」（『研究』第一五号、一九八六年。のち大幅に補正して「清末工業化と機械工――福州船政局の考察」「清朝と東アジア　神田信夫先生古稀記念論集」山川出版社、一九九二年、に所収）。

（10）　古厩忠夫「労働運動の諸潮流」（『講座中国近現代史』第四巻、一九七八年）、「五・四期上海の社会状況と民衆」（『五・四運動史像の再検討』中央大学出版部、一九八六年）。

（11）　久保亨「一九二〇年代末の中国『黄色工会』」（『研究』第二号、一九七八年）、「国民政府期の労働運動――郵務工会の活動を中心として」（『研究』第一五号、一九八六年）、「国民革命期の武漢労働運動に関する覚書」（『研究』第六・七合併号、一九七九年）。

（12）　広田寛治「広東労働運動の黎明と機械工」（『中国近代史研究会通信』第六号、一九七七年）、「広東労働運動の諸潮流」（上）

（中）（下）（『研究』第四号、第五号、第九号、一九七八～一九八〇年）、「南京政府工場法研究序説」（一）（二）（三）（『研究』第一〇号、第一一号、第一二号、一九八二～一九八三年）。

(13) 佐藤明子「上海製糸女工に関する一考察」（『中国近代史研究会通信』第一五・一六合併号、一九八二年）、「中国紡績業における『工頭制』の検討」（『研究』第二号、一九七八年）。

(14) 上野章「上海製糸業と労働運動」（『研究』第一四号、一九八五年）。

(15) 黒山多加志「一九二五年天津紡績争議史小論」（『研究』第一一号、一九八二年）、「朱学範――労働運動と秘密結社」（日本上海史研究会編『上海人物誌』東方書店、一九九七年）。

(16) 古厩忠夫「八・一三（第二次上海事変）と上海労働者」（『研究』第一二号、一九八三年）。

(17) 中国労働運動史研究会報告者集団「民国期中国労働者の構成・意識・組織」（『歴史学研究』第六二六号〔一九九一年度大会報告別冊特集号〕、一九九一年）。

(18) 齋藤哲郎「戦後中国の国民政府と民衆運動――『申九惨案』の歴史的考察を通じて」（中国現代史研究会編『中国国民政府史の研究』汲古書院、一九八六年）。

(19) 久保亨「上海労働統計の紹介と簡単な検討」（『研究』第一〇号、一九八二年）、古山隆志「上海市社会局ストライキ統計の紹介と業種別統計」（『研究』第一三号、一九八四年）。

(20) 高綱博文「上海公共租界と五・三〇惨案」（日本大学『桜信論叢』第三号、一九八四年）、「五・三〇運動研究の動向」（『研究』第一三号、一九八四年）、「上海『在華紡』争議と五・三〇運動」（中央大学人文科学研究所編『民国前期中国と東アジアの変動』中央大学出版部、一九九九年）。

補記　原載は『近きに在りて』第四三号、二〇〇三年八月。中国労働運動史研究会の会員であった古厩忠夫、黒山多加志の両氏を追悼する特集を『近きに在りて』誌同号が組んだことから、その意味を込めた文章も書き込まれた。本書への掲載に際し、雑誌の巻号表記などを一部改めた。

資料二　『中国労働運動史研究』総目次

第一号（一九七七年一〇月二〇日）
『中国労働運動史研究』の創刊にあたって　高綱博文
中国労働運動史研究の課題　古厩忠夫
五・四時期上海造船業労働者についての基礎的検討　古山隆志
瞿秋白の中国労働運動観　菊池敏夫
中国労働運動史研究会の一年半の歩み　高綱博文

第二号（一九七八年一月三〇日）
一九二〇年代末中国の「黄色工会」　久保亨
＊久保亨『現代中国の原型の出現』（汲古書院、二〇二〇年）に「政権成立期の上海郵務工会――一九二八年一〇月のストライキを中心に」と題し収録。
「中国労働運動の基礎＝工業労働関係」の基礎的考察　高綱博文
紡績業「工頭制」における「工頭」の役割　佐藤明子
最近の活動報告

第三号（一九七八年四月二〇日）
鄧中夏年譜 著作目録初稿　木村郁二郎

＊木村郁二郎『鄧中夏とその時代』（木村郁二郎、一九九四年）に収録。

鄧中夏論ノート　木村郁二郎

＊木村郁二郎『鄧中夏とその時代』（木村郁二郎、一九九四年）に収録。

第四号（一九七八年七月二〇日）

中華海員工業連合総会の成立（一九二一年三月）　古山隆志

広東労働運動の諸潮流（上）　広田寛治

〔文献案内〕ベトナム労働組合史研究委員会編『ベトナム労働運動・労働組合史』　日向野妙子

第五号（一九七九年四月二〇日）

シンポジウム「アジアの労働問題」の研究方法　高綱博文・古山隆志・菊池敏夫

広東労働運動の諸潮流（中）　広田寛治

〔資料紹介〕中国の国際婦人デー　佐藤明子

〔書評〕中村三登志著『中国労働運動の歴史』（亜紀書房版）についての若干のコメント　木村郁二郎

一九七八年度総会報告

最近の活動報告

第六・七合併号（一九七九年一二月二〇日）

京漢鉄道二七惨案に関する一考察　菊池敏夫

国民革命期（一九二五〜一九二七年）の武漢労働運動に関する覚書　久保亨

＊久保亨『現代中国の原型の出現』（汲古書院、二〇二〇年）に「政権成立前夜の武漢労働運動」と題し収録。

二〇年代前半期　朝鮮精米労働者の闘争について　大和和朗

最近の活動報告

第八号（一九八〇年三月二〇日）

馬超俊年譜稿　木村郁二郎

第九号（一九八〇年七月二〇日）

広東労働運動の諸潮流（下）　広田寛治

〔資料紹介〕在北京日本大使館『食料労務物価事情』　風間秀人

〔論文評〕菊池敏夫「京漢鉄道二七惨案に関する一考察」　古山隆志

最近の活動報告

第一〇号（一九八二年五月三〇日）

南京政府工場法研究序説（1）　広田寛治

上海労働統計の紹介と簡単な検討　久保亨

＊久保亨『現代中国の原型の出現』（汲古書院、二〇二〇年）に「上海労働統計（一九二八―一九三九）について」と題し収録

『中国労働運動史研究』第一～一〇号総目次

第一一号（一九八二年一二月三一日）

一九二五年天津紡績争議史小論　黒山多加志

南京政府工場法研究序説（2）　広田寛治

『中国無産階級の局限性』をめぐる小論争（一九八〇―八二年）の紹介と若干の検討　古山隆志

〔史料紹介〕鈴江言一の青島「在華紡」争議視察報告――『青島支那人罷業真相』　高綱博文

第一二号（一九八三年一一月一〇日）
八・一三（第二次上海事変）と上海労働者　古厩忠夫
＊古厩忠夫『日中戦争と上海、そして私――古厩忠夫中国近現代史論集』（研文出版、二〇〇四年）に収録
南京政府工場法研究序説（3）　広田寛治
最近の活動報告

第一三号（一九八四年八月二〇日）
上海市社会局ストライキ統計の紹介と業種別再集計　古山隆志
五・三〇運動研究の動向　高綱博文
〔文献紹介〕Gail Hershatter, "Flying Hummer, Walking Chisels: The Workers of Santiaoshi", *Modern China*, 9(4), Oct. 1983　黒山多加志
〔文献紹介〕Bobby Siu, "Struggling Together: Women, Peasants and Labourers", in Bobby Siu ed. *Women of China: Imperialism and Women's Resistance, 1900–1949*, London: Zed Press, 1982　佐藤明子
〔文献紹介〕中国革命博物館編『北方地区工人運動資料選編、一九二一―一九二三』北京出版社、一九八一年　菊池敏夫

第一四号（一九八五年一二月二〇日）
上海製糸業と労働運動――一九二七―一九二八年　上野章
〔史料・文献紹介〕T・H・アカートヴァ『国民党中国における労働運動、一九二七～一九三七年』ナウカ、一九八三年（ロシア語）　久保亨
〔史料・文献紹介〕B・И・ハリーコヴァ『中国における労働運動――南京国民党と労働問題、一九二七―一九三一、

文書と史料』ナウカ、一九八二年（ロシア語）　久保亨

〔史料・文献紹介〕武漢市社会科学研究所主編『中国工人階級』湖北人民出版社、一九八三年　久保亨

〔史料・文献紹介〕工人出版社編『中国工人運動的先駆』第一集・第二集、工人出版社、一九八三年　菊池敏夫

〔史料・文献紹介〕中華全国総工会中国工人運動史研究室編『中国工会歴次代表大会文献』（第1巻）工人出版社、一九八四年　斉藤哲郎

〔史料・文献紹介〕河南省総工会工運史研究室編『焦作煤鉱工人運動資料選編』河南人民出版社、一九八四年　高綱博文

〔史料・文献紹介〕史兵『中国工人運動史話』第一集・第二集、工人出版社、一九八五年　久保亨

〔史料・文献紹介〕沙東迅編・解説『労動者』広東人民出版社、一九八四年　古厩忠夫

『中国労働運動通史』東陽書房、一九八五年及び手嶋氏からの聴きとりについて

第一五号（一九八六年一二月二〇日）

国民政府期の中国労働運動——郵務工会の活動を中心にして　久保亨

＊久保亨『現代中国の原型の出現』（汲古書院、二〇二〇年）に「政権統治下の中国労働運動——全国郵務総工会の結成と護郵運動」と題し収録。

近代中国における機械工の形成——福州船政局労働者論ノート　菊池敏夫

＊加筆し『清朝と東アジア——神田信夫先生古希記念論集』（山川出版社、一九九二年）に「清末工業化と機械工——福州船政局の考察」と題し収録。さらに改稿し、本書第一章に収録。

戦後中国労働運動の研究のために　斉藤哲郎

〔書評〕Gail Hershatter, *The Workers of Tianjin 1900–49*, Stanford: Stanford University Press, 1986　黒山多加志

〔史料・文献紹介〕中国社会科学院近代史研究所劉明逵編『中国工人階級歴史状況（一八四〇―一九四九）』第一巻第一冊、中共中央党校出版社、一九八五年　高綱博文
〔史料・文献紹介〕唐玉良編『中国民主革命時期工人運動史略』工人出版社、一九八五年　久保亨
〔史料・文献紹介〕中華全国総工会編『中共中央関於工人運動文献選編』（上）檔案出版社、一九八五年　久保亨
最近の活動報告

第一六号（一九八七年一二月二〇日）

翻訳・訳注『中国民主革命時期工人運動史略』　中国労働運動史研究会
中国労働運動史研究会合宿追記　沈祖煒
〔資料・文献紹介〕湖南総工会編『湖南労工会研究論文及史料』湖南人民出版社、一九八六年　塚本元
最近の活動報告

文献目録

【日本語文献】著者名五〇音順

アジア史部会報告者集団「中国労働者階級の状態と労働運動」『人民の歴史学』第五四号、一九七八年。

石井知章『中国社会主義国家と労働組合――中国型協商体制の形成過程』御茶の水書房、二〇〇七年。

泉谷陽子『中国建国初期の政治と経済――大衆運動と社会主義体制』御茶の水書房、二〇〇七年。

岩間一弘『上海近代のホワイトカラー――揺れる新中間層の形成』研文出版、二〇一一年。

上野章「上海製糸業と労働運動――一九二七―一九二八年」『中国労働運動史研究』第一四号、一九八五年。

上原一慶『中国社会主義の研究』日中出版、一九七八年。

宇高寧『支那労働問題』国際文化研究会、一九二五年。

衛藤安奈『熱狂と動員――一九二〇年代中国の労働運動』慶應義塾大学出版会、二〇一五年。

菊池敏夫「瞿秋白の中国労働運動観」『中国労働運動史研究』第一号、一九七七年。

菊池敏夫「一九二〇年代中国鉄道労働運動の展開」『転換期の歴史学』（合同出版）、一九七九年a。

菊池敏夫「京漢鉄道二七惨案に関する一考察」『中国労働運動史研究』第六・七合併号、一九七九年b。

菊池敏夫「近代中国における機械工の形成――福州船政局労働者論ノート」『中国労働運動史研究』第一五号、一九八六年。大幅に加筆し神田論集に収録

菊池敏夫「清末工業化と機械工――福州船政局の考察」神田信夫先生古稀記念論集編纂委員会 編『清朝と東アジア――神田信夫先生古希記念論集』（山川出版社）、一九九二年。

木村郁二郎「鄧中夏年譜 著作目録初稿」『中国労働運動史研究』第三号、一九七八年。木村『鄧中夏とその時代』収録
木村郁二郎「鄧中夏論ノート」『中国労働運動史研究』第三号、一九七八年。木村『鄧中夏とその時代』収録
木村郁二郎編『中国労働運動史年表　一五五七―一九四九』私家版、一九七八年。

木村郁二郎「馬超俊年譜稿」『中国労働運動史研究』第八号、一九八〇年。

木村郁二郎『中国労働運動史資料四種人名索引』私家版、一九八一年。

木村郁二郎『鄧中夏とその時代――中国共産党第一世代の青春その生と死の記録・全年譜』汲古書院発売、一九九四年。

久保亨「一九二〇年代末中国の「黄色工会」」『中国労働運動史研究』第二号、一九七八年。久保二〇二〇ａに収録。

久保亨「国民革命期（一九二五～一九二七年）の武漢労働運動に関する覚書」『中国労働運動史研究』第六・七合併号、一九七九年。久保二〇二〇ａに収録。

久保亨「上海労働統計の紹介と簡単な検討」『中国労働運動史研究』第一〇号、一九八二年。久保二〇二〇ａに収録。

久保亨「国民政府期の中国労働運動――郵務工会の活動を中心にして」『中国労働運動史研究』第一五号、一九八六年。久保二〇二〇ａに収録。

久保亨・加島潤・木越義則『統計でみる中国近現代経済史』東京大学出版会、二〇一六年。

久保亨『現代中国の原型の出現』汲古書院、二〇二〇年ａ。

久保亨『20世紀中国経済史論』汲古書院、二〇二〇年ｂ。

黒山多加志「一九二五年天津紡績争議史小論」『中国労働運動史研究』第一一号、一九八二年。編集後記によれば正しい発行日は一九八三年二月。

小嶋華津子『中国の労働者組織と国民統合――工会をめぐる中央―地方間の政治力学』慶應義塾大学出版会、二〇二一年。

小島淑男「辛亥革命期における工党と農党」『歴史評論』第二五六号、一九七一年。

小杉修二「戴季陶主義の一考察」『歴史評論』第二七九号、一九七三年ａ。

小杉修二「上海工団連合会と上海の労働運動についての一考察」『歴史学研究』第三九三号、一九七三年ｂ。

小山清次『支那労働者研究』東亜実進社、一九一九年。

斉藤哲郎「戦後中国労働運動の研究のために」『中国労働運動史研究』第一五号、一九八六年。

斉藤哲郎「戦後中国の国民政府と民衆運動――『申九惨案』の歴史的考察を通じて」中国現代史研究会編『中国国民政府史の研究』（汲古書院）、一九八六年。

佐藤明子「紡績業「工頭制」における「工頭」の役割」『中国労働運動史研究』第二号、一九七八年。

佐藤明子「上海製糸女工に関する一考察」『中国近代史研究会通信』第一五・一六合併号、一九八二年。

鈴江言一『中国解放闘争史』石崎書店、一九五三年。原版は南満州鉄道株式会社庶務部調査課刊『中国無産階級運動史』一九二九年。

曽田三郎「中国における製糸女工の状態」『（広島大学総合科学部）地域文化研究』第六号、一九八〇年。曽田一九九四に収録。

曽田三郎「上海女子工業進徳会の結成計画と製糸女工の活動」『下関市立大学論集』第三二巻第一号、一九八八年。曽田一九九四に収録。

曽田三郎「一九二四年の上海製糸業における労働争議と糸繭女工会の成立」『（一橋大学経済研究所）経済研究』第四二巻第四号、一九九一年。曽田一九九四に収録。

曽田三郎『中国近代製糸業史の研究』汲古書院、一九九四年。

高綱博文「中国労働立法運動に関する一考察」『史叢』第一九号、一九七六年。

高綱博文「『中国労働運動史研究』の創刊にあたって」『中国労働運動史研究』第一号、一九七七年a。

高綱博文「中国労働運動史研究会の一年半の歩み」『中国労働運動史研究』第一号、一九七七年b。

高綱博文「中国鉄道労働運動の発展とその構造――「二・七」事件の基礎的考察」『歴史評論』第三二八号、一九七七年c。

高綱博文「「中国労働運動の基礎＝工業労働関係」の基礎的考察」『中国労働運動史研究』第二号、一九七八年。

高綱博文「中国近代産業労働者の状態――一九二〇～三〇年代の中国紡績労働者」『講座中国近現代史』第五巻、一九七八年。

高綱博文「日本紡績資本の中国進出と「在華紡」における労働争議――五・四～五・三〇時期をつうじて」『歴史学研究』別冊〔一九八〇年度歴史学研究会大会報告――世界史における地域と民衆-続-〔近代史部会 帝国主義と労働者階級〕、一九八〇年。

高綱博文「開灤炭砿における労働者の状態と一九二二年の労働争議」『歴史学研究』第四九一号、一九八一年。

高綱博文「黎明期の青島労働運動――一九二五年の青島在華紡争議について」『東洋史研究』第四二巻第二号、一九八三年。

高綱博文「五・三〇運動研究の動向」『中国労働運動史研究』第一三号、一九八四年。

高綱博文「「満州」における炭砿労務管理体制――撫順炭砿労務管理成立史」『(日本大学経済学部経済科学研究所) 紀要』第一〇号、一九八六年。

高綱博文「上海『在華紡』争議と五・三〇運動」中央大学人文科学研究所編『民国前期中国と東アジアの変動』中央大学出版部、一九九九年
中国労働運動史研究会報告者集団「民国期中国労働者の構成・意識・組織」『歴史学研究』第六二六号〔一九九一年度大会報告別冊特集号〕、一九九一年。

中国労働運動史研究会『中国労働問題・労働運動史文献目録：解放前』中国労働運動史研究会、一九七八年。

中国労働運動史研究会「翻訳・訳注『中国民主革命時期工人運動史略』」『中国労働運動史研究』第一六号、一九八七年。

広田寛治「広東労働運動の諸潮流（上）」『中国労働運動史研究』第四号、一九七八年。

広田寛治「広東労働運動の諸潮流（中）」『中国労働運動史研究』第五号、一九七九年。

広田寛治「広東労働運動の諸潮流（下）」『中国労働運動史研究』第九号、一九八〇年。

広田寛治「南京政府工場法研究序説（一）」『中国労働運動史研究』第一〇号、一九八二年。

広田寛治「南京政府工場法研究序説（二）」『中国労働運動史研究』第一一号、一九八二年。

広田寛治「南京政府工場法研究序説（三）」『中国労働運動史研究』第一二号、一九八三年。

古厩忠夫「中国における労働者階級の形成過程――一九一〇年代湖南省におけるプロレタリアと半プロレタリア」『歴史学研究』第三八三号、一九七二年。

古厩忠夫「中国労働運動史研究の課題」『中国労働運動史研究』第一号、一九七七年。

古厩忠夫「労働運動の諸潮流」野沢豊・田中正俊編『講座 中国近現代史』第四巻（東京大学出版会）、一九七八年。

古厩忠夫「八・一三（第二次上海事変）と上海労働者」『中国労働運動史研究』第一二号、一九八三年。

古厩忠夫「五・四期上海の社会状況と民衆」中央大学人文科学研究所『五・四運動史像の再検討』、一九八六年。

古厩忠夫『日中戦争と上海、そして私：古厩忠夫中国近現代史論集』研文出版、二〇〇四年。

古山隆志「一九二〇～二二年の香港労働者の闘い」『歴史評論』第三二八号、一九七七年a。

古山隆志「五・四時期上海造船業労働者についての基礎的検討」『中国労働運動史研究』第一号、一九七七年b。

古山隆志「中華海員工業連合総会の成立（一九二一年三月）」『中国労働運動史研究』第四号、一九七八年。

古山隆志「『中国無産階級の局限性』をめぐる小論争（一九八〇―八二年）の紹介と若干の検討」『中国労働運動史研究』第一一号、一九八二年。

古山隆志「上海市社会局ストライキ統計の紹介と業種別再集計」『中国労働運動史研究』第一三号、一九八四年。

マンダレ、エクトゥール他編（山下佑一訳）『毛沢東を批判した紅衛兵――紅衛兵通信集』日中出版、一九七六年。

南亮進／牧野文夫編著『アジア長期経済統計 3 中国』東洋経済新報社、二〇一四年。

向山寛夫『中国労働法の研究』中央経済研究所、一九六八年。

【中国語文献】著者名の拼音アルファベット順

巴杰『民国時期店員工会研究（一九二二～一九三〇）』上海古籍出版社、二〇一八年。

陳達『中国労工問題』商務印書館、一九二九年。

鄧中夏『中国職工運動簡史（一九一九―一九二六）』新華書店、一九四九年。原版は一九三〇年にモスクワで出版された。

高愛娣編著『中国工人運動史』中国労動社会保障出版社、二〇〇六年。

高愛娣『工運史論』光明日報出版社、二〇一三年。

李国芳「進城初年中共対天津市労資関係的調処」東洋文庫現代中国研究班編『集体化時代的中国』東洋文庫、二〇二一年。

李玉賦主編『新編中国工人運動史〔修訂版〕』上下二巻、中国工人出版社、二〇二〇年。

劉明逵・唐玉良主編『中国工人運動史』全六巻、広東人民出版社、一九九八年。

陸象賢主編『中国労動協会簡史』上海人民出版社、一九八七年。

呂国泉・王永璽主編『新編中国工人運動史』上下二巻、中国工人出版社、二〇一六年。

斉武『抗日戦争時期中国工人運動史稿』人民出版社、一九八六年。

人民出版社『第一次国内革命戦争時期的工人運動』人民出版社、一九六三年。

上海市紡織工人運動史編写組『上海市紡織工人運動史』中共党史出版社、一九九一年。

沈以行『工運史鳴弁録』上海社会科学院出版社、一九八七年。

沈以行・姜沛南・鄭慶声主編『中国工運史論』遼寧人民出版社、一九九六年。

田明『一九二七―一九三七年上海郵務工会研究』中国社会科学出版社、二〇一七年。

王永璽『中国工人運動史研究』中国工人出版社、二〇一三年。

巫宝三編『中国国民所得（一九三三年）』上下二冊、中華書局、一九四七年。商務印書館から二〇一一年に改版され復刊された。

中国科学院上海経済研究所・上海社会科学院経済研究所編『上海解放前後物価資料彙編（一九二一年―一九五七年）』上海人民出版社、一九五八年。

中国労工運動史編纂委員会『中国労工運動史』全五冊、中国労工福利出版社、一九五九年。

中国社会科学院近代史研究所 劉明逵編『中国工人歴史状況』第一部、中共中央党校出版社、一九八五年。

朱邦興・胡林閣・徐声合編『上海産業与上海職工』遠東出版社、一九三九年。上海人民出版社の一九八四年復刻版によれば、編者の名は仮名で、中共の指示の下、調査・編集・出版が進められた。

【英語文献】著者名のアルファベット順

Bian, Morris L.（卞歴南）., *The Making of the State Enterprise System in Modern China: the Dynamics of Institutional Change*, Harvard University Press, 2005.

Chesneaux, Jean, *The Chinese Labor Movement 1919–1927*, Stanford University Press, 1968. 原著を英訳した訳者はH. M. Wright。フランス語の原著は一九六二年に出版された。

Hershatter, Gail, *The Workers of Tianjin, 1900–1949*, Stanford University Press, 1986.

Honig, Emily, *Sisters and Strangers: Women in the Shanghai Cotton Mills, 1919–1949*, Stanford University Press, 1986.

Perry, Elizabeth J., *Shanghai on Strike: The Politics of Chinese Labor*, Stanford University Press, 1993.

Strand, David, *Rickshaw Beijing: citypeople and politics in the 1920s*, University of California Press, 1989.

あとがき

なぜ、本書が生まれたか。話は半世紀前、一九七〇年代半ばに遡る。当時、中国近現代史研究を志す若者は、目黒区柿の木坂の野澤ゼミに集まっていた。毎週土曜の午前、東京都立大学の野澤豊先生が主宰していたゼミである。そこには首都圏のさまざまな大学から――一橋大学、明治大学、東京大学、日本大学、東京学芸大学、早稲田大学、筑波大学等々、ほんとうにさまざまな大学から――、院生、学生が集まっていた。開放的な雰囲気に包まれていたし、中国近現代史を議論できるゼミが他になかったという事情もある。ゼミが終わると門前のソバ屋でワイワイガヤガヤと昼食をとり、午後は中国近代史研究会（これは都立大学で開催）、辛亥革命研究会（こちらは日本女子大学で開催）などに向かう者も多かった。いつも二〇人程度が出ていたから、参加者の累計は相当の数に達する。ゼミでは、例えば一九三〇年代の「中国統一化」論争に関わる文献を読んだり、戦後日本における中国現代史研究の重要論文を検討したりしていた。

ここで、私たち三人も出会った。菊池は、明治大学大学院で古代史の堀敏一先生に師事したけれども、一年先輩の内山雅生氏に都立大の野澤ゼミを紹介され、参加するうちに堀先生の専攻とは異なる道へ進むことになった。髙綱博文氏にもここで出会い、中国の労働者について語り合った。ある時、このゼミに買辦資本など中国近代の資本の研究で奮闘する上海社会科学院の丁日初先生が参加されたことがあり、私の視野も少しずつ広がっていった。私たちは雑誌『中国近代史研究会通信』の先行グループに倣って雑誌『中国労働運動史研究』を出した。久保は東大で野澤先生の講義を聴講したのを機に都立大の野澤ゼミにも出席するようになり、その後、一橋大学大学院への進学後も、さらに東洋文化研究所の助手になってからも暫くはゼミに出続けていた。学部卒業論文のタイトルは「武漢政府期の民衆運動に関する一考察」というものであり、中国労働運動史に当時から関心を抱いていた。広田は、横浜国立大学の史学科（東洋史）に在籍し、卒論のテーマとして中国の労働運動史に取り組んでいたが、孤立無縁の状態。それを見兼ねた明代を専門とする鶴見尚弘先生の紹介で野澤ゼミの門を叩き、中国近現代史研究の手解きを受けた。そこで中国労働運動史を研究する方々の存在を知り、研究の意義や方向性に確信を持つことができ、そのまま都立大の大学院に進み、幸運にも野澤先生の指導を引き続き受けることができた。野澤ゼミ、並びにそれを一つの基盤として様々な研究会が活動する中で、一九七六年に中国労働運動史研究会（略称：中労研）が発足する。研究会発足の頃の事情は、本書に収録した〔資料一〕に詳しい。また研究会が発行した雑誌『中国労働運動史研究』の総目次は〔資料二〕に整理した。

本書をまとめる直接の契機になったのは、著者の久保と菊池が、二〇二三年五月一九日、中野駅近くで再会し話し合ったことである。実は中野は、中労研にとって大切な場所の一つであった。中労研の会合は、中野駅傍にあった桃丘《ももがおか》小学校で開かれることが多かったからである。その後、中国研究から離れていた広田とも連絡がとれ、本書の編集作業が開始された。

本書に収録した文章は、書き下ろしの序章を除き、いずれも一九八〇～九〇年代に執筆され発表されたものである。三〇年以上を経た今、あえて本書にまとめる意味があるかどうか、何度か自問自答した。そして、私たちなりに感得した本書刊行の意義は、巻頭の「刊行にあたって」に書いたとおりである。中国労働史、工場法史を、本書のように広い視野で論じた類書はない。さらにつけ加えるならば、人民共和国期に関する研究を、長いパースペクティブの中で位置づける必要性を感じる機会が増えたこと、ほかならぬ中国で、今、二〇世紀の中国労働者と労働運動の歴史研究を志す若い人々が出てきており、彼らにとっても本書はある程度の意味を持つと考えられること、そして二〇二二年末、中国のコロナ・ウイルス対策が大きく転換した時、労働者を含めた民衆が動いたことにも、一つの感慨を抱いたことを、つけ加えておきたい。本書には、もちろん中国労働運動史研究会の研究成果を記録に残す意味があるし、柿の木坂「梁山泊」で過ごした青春の思いが詰まっている面もある。しかし、たんにそれだけのためであるならば、あえて書籍の形にして汲古書院で出版するには至らなかった。

最後に、本書がなるにあたっては、多くの方に助けていただいたことを記さなければならない。まず「中国労働運動史研究会の軌跡」を資料一として掲載することを御快諾いただいた高綱博文氏には、改めて深く御礼申しあげる。同研究会の発足と活動全体が、氏のエネルギッシュな活動に追うところが多かった。また、第三章の原本をテキストファイルに入力し直してくださった島田順子様の、極めて丁寧なお仕事にも感謝する。読みづらいタイプ印刷の原本を短期間に正確に入力してくださったことが、本書の制作を進める大きな力になった。そして、汲古書院の三井久人社長と編集部の大江英夫氏には、今回もひとかたならぬお世話になった。本書刊行の意義を認め、出版元になっていただいたことに改めて心から謝意を表しておきたい。

二〇二四年八月一日

久保亨
菊池敏夫
広田寛治

『中国労働史・工場法史研究序説』索引

[あ行]

[か行]

［さ行］

［た行］

［な行］

［は行］

著者略歴

久保　亨（くぼ とおる）

1953年生まれ。1981年一橋大学大学院博士課程中退、1981年から東京大学東洋文化研究所助手、信州大学教授などを経て、現在は東洋文庫研究員。

主著に『中国近現代史④　社会主義への挑戦 1945-1971』（岩波新書、2011年）、『現代中国の原型の出現』（汲古書院、2020年）、共著に『統計でみる中国近現代経済史』（東京大学出版会、2016年）など。

菊池敏夫（きくち としお）

1947年生まれ。2010年日本大学大学院博士課程修了　博士（総合社会文化）。神奈川大学附属学校教員、神奈川大学外国語学部特任教授などを経て、現在は神奈川大学非文字資料研究センター、同人文学研究所客員研究員。

主著に『民国期上海の百貨店と都市文化』（研文出版、2012年）、共著に『上海　職業さまざま』（勉誠出版、2002年）、『上海モダン　『良友』画報の世界』（勉誠出版、2018年）、『東アジアにおける租界研究―その成立と展開』（東方書店、2020年）など。

広田寛治（ひろた かんじ）

1952年生まれ。横浜国立大学卒業後、東京都立大学大学院修士課程修了。山梨県立大学非常勤講師などを経て、現在は編集プロダクション／フロム・ビー代表。

主著に『現代史のなかのロックンロール』、同増補改訂版（以上河出書房新社）、『ビートルズ学入門』（新潮社）、火の鳥人物文庫『ザ・ビートルズ』（講談社）など。

中国労働史・工場法史研究序説

二〇二四年九月一〇日　発行

著　者　久保　亨
　　　　菊池敏夫
　　　　広田寛治

発行者　三井久人

整版印刷　富士リプロ㈱

製　本　牧製本印刷㈱

発行所　汲古書院

〒101-0065　東京都千代田区西神田二-四-三

電　話　〇三（三二六五）九七六四

ＦＡＸ　〇三（三二二二）一八四五

ISBN978 - 4 - 7629 - 6746 - 7　C3022

KYUKO-SHOIN, CO., LTD. TOKYO